U0604516

金融蓝皮书

BLUE BOOK OF FINANCE

中国金融中心发展报告（2013~2014）

ANNUAL REPORT ON CHINA'S FINANCIAL CENTERS
DEVELOPMENT (2013-2014)

中国金融中心城市金融竞争力评价

中国社会科学院金融研究所
中国博士后特华科研工作站

主 编/王 力 黄育华

社会科学文献出版社
SOCIAL SCIENCES ACADEMIC PRESS（CHINA）

图书在版编目（CIP）数据

中国金融中心发展报告：中国金融中心城市金融竞争力评价.
2013~2014/王力，黄育华主编. —北京：社会科学文献出版社，
2014.11

（金融蓝皮书）

ISBN 978 - 7 - 5097 - 6727 - 6

Ⅰ.①中…　Ⅱ.①王…②黄…　Ⅲ.①金融市场 - 市场竞争 -
研究报告 - 中国 - 2013~2014　Ⅳ.①F832.5

中国版本图书馆 CIP 数据核字（2014）第 262321 号

金融蓝皮书

中国金融中心发展报告（2013~2014）
——中国金融中心城市金融竞争力评价

主　　编/王　力　黄育华

出 版 人/谢寿光
项目统筹/周　丽　蔡莎莎
责任编辑/蔡莎莎　冯咏梅

出　　版/社会科学文献出版社·经济与管理出版中心（010）59367226
　　　　　　地址：北京市北三环中路甲 29 号院华龙大厦　邮编：100029
　　　　　　网址：www. ssap. com. cn
发　　行/市场营销中心（010）59367081　59367090
　　　　　　读者服务中心（010）59367028
印　　装/北京季蜂印刷有限公司

规　　格/开　本：787mm × 1092mm　1/16
　　　　　　印　张：17　字　数：278 千字
版　　次/2014 年 11 月第 1 版　2014 年 11 月第 1 次印刷
书　　号/ISBN 978 - 7 - 5097 - 6727 - 6
定　　价/75.00 元

皮书序列号/B - 2011 - 159

编委会成员

主编简介

王 力 经济学博士，毕业于中国社会科学院研究生院，北京大学金融研究中心博士后，中国博士后特华科研工作站执行站长。主要研究领域：区域金融、产业经济、资本市场、创业投资。中国社科院金融研究所博士生导师、北京大学经济学院校外导师、湖南大学金融学院和上海商业发展研究院兼职教授。主要社会兼职有中国生产力学会常务理事和副秘书长、中国保险学会常务理事和副秘书长、中国城市经济学会理事等。

主要学术成果有《兼并与收购》（2000）、《香港创业板市场研究》（2001）、《中国创业板市场运行制度研究》（2003）、《国际金融中心研究》（2004）、《中小企业板市场发展研究》（2005）、《中国区域金融中心研究》（2007）、《国有商业银行股份制改造跟踪研究》（2007）和《中国金融中心发展报告（2010～2011）》等10多部著作。在国家核心期刊发表《中国金融中心城市金融功能区建设若干问题研究》和《中国建设金融中心评价指标体系研究》等学术论文170余篇。

黄育华 经济学博士，毕业于中国社会科学院研究生院，金融学博士后，现就职于中国社科院城市所城市经济研究室。主要研究领域：金融理论、城市经济、风险管理。主要学术著作有《香港创业板市场研究》、《国际金融中心研究》、《中国金融论丛》、《中国金融风险管理》、《中国服务外包发展报告（2013）》（蓝皮书）和《中国保险前沿问题研究》等多部。在《中国金融时报》等国家核心报刊发表《中国金融中心建设若干问题研究》和《中国城市基础设施资产证券化研究》等学术论文80余篇。

主持和参与研究的课题有"北京金融业发展战略研究"（2003）、"中国城市发展报告——城市投融资体制改革与创新"（2007）、"中国城市发展报告——中国开发区建设与发展"（2009）、"城市经济学"（2010）、"北京市消费金融问题研究"（2010）、国家社科基金项目"国有商业银行股份制改造跟踪研究"（编号：05BJY101）、北京市软科学项目"首都金融后台与服务外包体系建设研究"（编号：Z000608100007104）、国家自然科学基金项目"商业银行操作风险管理研究"（71040011）和中国社科院国情调研项目"新型城镇化背景下政府融资平台发展对策研究"（2013）。

摘　要

　　金融中心城市是推进我国金融业改革的重要载体，承担着引领我国社会主义市场经济体制改革的重要任务。党的十八届三中全会通过的《中共中央关于全面深化改革若干重大问题的决定》（简称《决定》）指出，经济体制改革是全面深化改革的重点，核心问题是处理好政府与市场的关系，要充分发挥市场在资源配置中的决定性作用。金融业作为国民经济的重要组成部分，对于服务实体经济健康发展起着至关重要的作用。党中央确立的金融改革蓝图必将加快我国金融中心城市的建设步伐，引领和带动区域经济协调发展，提高我国在国际金融体系中的地位和话语权。本报告将提升中国金融中心城市的金融竞争力作为研究主线，将中国金融中心城市的金融功能区建设和中国金融改革创新试验区发展作为研究主题，整个报告结构体系包括一个总报告和三个分报告。

　　总报告分析了中国金融中心城市发展面临的国内外环境，研判了中国金融中心城市发展的最新态势，全面总结了加快中国金融中心城市建设需要处理好的若干问题。在分报告《中国金融改革创新试验区发展评述》中，系统梳理了我国金融改革创新试验区的设立背景和发展历程，评价了金融改革创新试验区对推动金融中心城市建设和发展的重要作用；在分报告《中国金融中心城市金融功能区建设评述》中，重点分析评述了各金融功能区的发展现状、主要经济指标、产业结构特征、要素市场建设、入驻机构数量、基础设施建设和区域规划制定等内容，其目的是总结我国金融功能区建设的经验和存在问题，找出推进金融功能区健康发展的新路径；在分报告《中国金融中心城市金融竞争力评价》中，继续沿用《中国金融中心发展报告（2010～2011）》的评价体系，从金融发展度、经济持续力和基础设施支持力3个维度，对中国大陆30个金融中心城市的金融竞争力进行综合评价，并根据评

价结果进行分析研判。在附录《中国金融中心城市"十二五"发展规划综述》中，围绕金融中心城市的金融业发展战略主线，重点分析比较各金融中心城市"十二五"期间金融业发展的战略目标、发展定位、实施步骤、重点任务和保障措施等特点，目的是研究如何从制度环境建设方面来推进金融中心城市发展。

Abstract

Financial centers are important carriers for China to promote financial reform, and undertake the important task of leading the socialist market economic system reform in China. *Decision of the Central Committee of the Communist Party of China on Some Major Issues Concerning Comprehensively Deepening the Reform* adopted at the Third Plenary Session of the 18th Central Committee of the Communist Party of China (hereinafter referred to as "Decision") points out that economic system reform is the focus of deepening the reform comprehensively. The underlying issue is how to strike a balance between the role of the government and that of the market, and let the market play the decisive role in allocating resources. As an important component of national economy, financial industry plays a vital role in serving the sound development of real economy. The financial reform blueprint established by the Party Central Committee will certainly accelerate the construction of financial centers in China, lead and drive the coordinated development of regional economy, and increase the status and power of discourse of China in international financial system. This report takes it as the main research line to enhance the competitiveness of financial centers of China, and the research subjects are financial function areas construction of financial centers and the financial reform and innovation experimental zone development in China. The whole report structure system includes one general report and four specific reports.

The General Report analyzes the domestic and foreign environments confronting financial centers development in China, studies and judges the latest development trend, and comprehensively summarizes the several issues which shall be addressed in accelerating China's financial center cities development. The Sub-report "Commentary on the Development of Financial Reform and Innovation Experimental Zone in China" systemically presents the establishment background and development course of financial reform and innovation experimental zones in China, and evaluates the important role of financial reform and innovation experimental zones

in promoting the construction and development of financial centers; the Sub-report "Commentary on the Financial Function Areas Construction of Financial Centers in China" focuses on analyzing and commenting the development situation, main economic index, industrial structure characteristics, factor market construction, number of institutions, infrastructure constructions, regional planning, etc. of all financial function areas, aiming at summarizing the experience and existing problems of financial function areas in China, and finding the new path to the sound development of financial function areas; the Sub-report "Financial Competitiveness Assessment of Financial Centers in China" continues using the assessment system of *Report on China Financial Centers Development (2010 −2011)* to comprehensively assess the financial competitiveness of 30 financial centers in Mainland China from three aspects of financial development degree, sustained economic force and infrastructure support force, and conduct analysis, study and judgment according to the assessment results. Centering on the strategic main line of financial industry development of financial centers, the Appendix Report "Overview of China Financial Center Development Plan in 'the 12th Five-Year Plan'" focus on analyzing and comparing the strategic objectives, development orientation, implementation procedures, major tasks and supporting measures, etc. of financial industry development of financial centers in China during the 'the 12th Five-Year Plan' period, aiming at studying how to promote financial centers development through institutional environment construction.

目 录

皮书数据库阅读使用指南

CONTENTS

B I   General Report

B II   Sub-report

B III   Appendix

总 报 告

General Report

中国金融中心城市发展综述

摘　要：

金融中心城市是推进我国金融业进一步深化改革的重要载体，承担着我国建立完善的社会主义市场经济体制的重要任务。党的十八届三中全会审议通过了《中共中央关于全面深化改革若干重大问题的决定》，其中明确提出了我国金融改革的蓝图，必将有力地推进金融中心城市建设的步伐，从而提高我国在国际金融体系中的话语权。本报告首先分析我国金融中心城市发展面临的国际环境，其次分析全球金融体系改革的进程和特点。在此基础上，对我国金融业发展战略进行深入研究，分析判断我国金融中心城市发展的最新态势，最后提出我国金融中心城市建设需要处理好的若干问题。

关键词：

金融中心　金融监管

一 中国金融中心城市发展面临的国际环境

中国金融中心城市的发展和国际环境的变化息息相关。自 2008 年全球金融危机爆发以来，全球经济已经走过了 6 个年头。目前，整个世界经济仍然保持一个低速增长的态势，但是推动经济增长的动力正在发生改变。从 2013 年以来，全球总体经济形势有所改善，在调整中艰难复苏。未来，全球经济在转型中呈现弱增长态势，其中，美日发达经济体出现复苏势头，而新兴经济体增速普遍出现减缓态势，不同地区和国家间分化明显，世界经济面临下行风险的不确定性依然存在。这种不确定性也将影响中国经济发展速度和金融中心城市建设步伐。

（一）世界经济复苏进程充满艰难曲折

全球金融危机以来，虽然各国应对措施在不断调整，但是整个世界经济的复苏进程依然显得十分缓慢。脆弱性、不确定性和不平衡性已经成为当前全球经济发展的重要特征。纵观 2013 年，全球经济还是处于刺激政策推动下的缓慢复苏发展时期。就目前而言，世界经济的总体形势尽管仍然面临很大的下行压力，但是还是处于相对稳定的阶段，能够保持缓慢增长的总体态势。国际货币基金组织指出，全球经济 2013 年的增长率仅为 2.9%，下降到金融危机后的最低水平。同时指出，引导全球经济复苏的推动力也开始从新兴经济体转向发达经济体，这是一个新的变化趋势。

2013 年，主要发达经济体的发展速度开始加快，复苏态势明显好转，开始替代新兴经济体，成为拉动世界经济恢复增长的主要动力。在主要发达经济体中，欧元区经济开始逐步摆脱低迷，表现出触底回升的态势，金融市场也趋于稳定；美国经济已连续几个季度保持增长，复苏态势比较稳定；日本在"安倍经济学"的政策刺激下，经济有所好转，提升了经济增长的信心。但是，发达国家面临的"低增长、高负债、高失业率"问题还没有完全得到解决，这可能会使发达经济体未来经济增长的动力不足。

与发达国家相比，2013 年新兴经济体和发展中国家的经济增速还在延续放缓的趋势。自2011年以后，新兴经济体表现出了难以维持金融危机以来的高经济增长率的态势，开始呈现增长动力不足、发展速度变缓的态势。其中，主要原因是发达国家经济还没有完全恢复，总需求还处于一个较低的水平，难以拉动发展中国家出口的增长，从而带动发展中国家的经济发展。另外，发展中国家产业结构调整面临较大困难，金融市场波动较大，再加上引进的外国投资减少，使得经济增长速度放缓，远低于过去几年的平均水平。

展望未来，发达经济体可能保持2013年复苏的良好态势，从而带动全球经济加快增长。目前，各国基本还是实行宽松的货币政策，这将有利于世界经济形势进一步改善，加快发展步伐。根据国际货币基金组织（IMF）的测算，2014年全球经济增长速度将同比提高0.7个百分点，增长率达到3.6%（见表1），并且未来增长速度可能进一步加快。美国经济稳定的复苏态势是决定未来全球经济前景最重要的因素，同时欧洲经济也有望走出低谷，增强全球经济的增长动力，从而带动全球市场信心改善。经合组织的综合领先指标目前处于2011年6月以来的最高水平，这意味着发达国家有着较好的增长前景。同时，发展中国家经济的经济增长步伐也会加快，但是很难再恢复到前几年的高增长速度了，这将缩小其与发达国家经济发展速度上的差距。

表1　2009～2014年世界经济增长趋势

单位：%

项　　目	2009年	2010年	2011年	2012年	2013年	2014年
世界经济	-0.4	5.2	3.9	3.2	2.9	3.6
发达国家	-3.4	3.0	1.7	1.5	1.2	2.0
美国	-2.8	2.5	1.8	2.8	1.6	2.6
欧元区	-4.4	2.0	1.5	-0.6	-0.4	1.0
日本	-5.5	4.7	-0.6	2.0	2.0	1.2
新兴经济体和发展中国家	3.1	7.5	6.2	4.9	4.5	5.1

注：2014年为预测值。

资料来源：IMF：《世界经济展望》。

虽然可以对全球经济未来增长前景保持乐观，但是也不能忽视所面临的风险。全球经济总体上来说还不稳定，现在仍然处于深度调整的阶段，不仅增长

速度缓慢，而且面临复苏基础薄弱、增长动力不强劲、发展速度不均衡等很多挑战。另外，美国未来会逐步退出量化宽松的货币政策，这是全球关注的焦点，可能会成为影响全球经济增长和国际金融稳定最大的不确定因素，给全球经济和金融市场带来巨大冲击。目前，发达国家经济增长率仍然较低，同时部分新兴大国经济增长速度也开始变慢，未来整个全球经济的态势还不是非常明朗，有可能出现反复的情况。

1. 全球经济发展动力不足，低速增长可能成为常态

全球金融危机后，世界各国都在寻找促使经济复苏的新增长动力。在新一轮能源革命和产业革命中，发达经济体为保持在全球产业分工体系中的优势地位，正争取抢占制高点。但是从总体上看，这一轮的产业革命还处于孕育阶段，没有形成主导引领产业，还难以在短期内成为拉动经济增长强有力的动力。另外，主要发达国家的经济还面临结构性的问题，转变困难，不能形成新的市场增长点，居民消费意愿不强，企业投资也增长缓慢，从而导致全球经济增长动力不足，难以有较高的增长速度。

由于债务危机，发达国家开始调整财政政策，这也影响了全球经济的增长。为应对全球金融危机，各国纷纷推行扩张性的财政政策，这虽然对拉动经济复苏发挥了重要作用，但是由此所带来的债务负担的负面作用开始显现。近几年，发达国家政府债务率不断上升，财政赤字不断增加。根据国际货币基金组织的报告，2013年欧元区、美国和日本的政府债务率还处于非常危险的水平，分别达95.7%、106%和243.5%。因此，发达国家为稳定市场信心、维护政府债务的可持续性，未来减少财政赤字的任务非常艰巨。预计发达国家未来的财政政策在很长一段时间都会处于调整期，削减财政支出，这将会减少社会投资和消费需求，进而影响经济的增长。

高失业率依然是发达国家经济复苏过程中的一个很大的障碍。截至2013年11月，美国失业率为7%，虽然相比全球金融危机后的10%下降了3%，但仍然高于6.5%的目标水平。欧元区失业率状况更是不容乐观，保持在12%的高位，整体居高不下，2014年情况也没有明显的改变。国际货币基金组织预计，2014年发达国家失业率仍然会处在一个较高的位置，这一方面会影响居民收入增长，另一方面也会降低居民的消费意愿和消费能力。

另外，新兴经济体经济增长速度开始放慢，其拉动全球经济复苏和增长的"火车头"角色作用减弱。全球金融危机以后，新兴经济体经济增长速度一直保持在高位，特别是"金砖国家"增长强劲，成为拉动全球经济增长的重要引擎。但是新兴经济体内部有很大的结构性矛盾，发达国家外在的需求又一直疲软，导致经济增长速度开始明显回落。当前，新兴经济体增长态势不再强劲，这也可能会影响未来全球经济增长复苏的前景。

2. 美国量化宽松政策的退出将带来新的不确定性，新兴经济体面临挑战增大

从 2009 年底开始，欧债危机一直是影响全球经济复苏最大的威胁，而近期美国量化宽松政策的退出时机和方式成为全球经济最大的不确定因素。随着美国经济形势开始持续好转，复苏基础也逐渐稳定，美国政府开始计划退出宽松货币政策。

美联储量化宽松货币政策的退出与实施一样，都有很强的溢出效应，对全球经济有着重大的影响。量化宽松货币政策的退出，从长期来看，有利于稳定资产价格，防止出现资产泡沫，改善国际金融市场、商品和房地产市场的供求状况；但是从短期来看，可能会引起国际金融市场的大幅波动，导致跨国资本流动异常，冲击国际债券市场和外汇市场，有可能影响全球经济持续向好增长的态势。美联储在 2013 年 5 月宣布要降低货币刺激规模，立即对市场造成了冲击，市场波动的幅度显著加大，人们对政府退出量化宽松货币政策的预期增强。国际货币基金组织认为，美国政府要想平稳退出量化宽松货币政策，面临着多重挑战，最主要的就是能否保障市场的平稳，控制好长期利率。如果退出导致市场流动性相对减少，将引起长期利率处于上升势头，影响全球金融市场。

新兴经济体对美联储退出量化宽松政策的敏感性更强，受到的冲击也会更大，特别是会影响国际资本的短期流动。如果美联储退出量化宽松货币政策，发达国家金融市场利率水平就会上升。这些变化会提高发达国家的相对投资收益率，降低新兴经济体的吸引力，导致国际资本回流至发达国家，从而影响新兴经济体金融市场的稳定。美联储发出退出量化宽松货币政策的信号后，整个国际金融市场波动幅度就开始加大，一些新兴经济体国家货币出现大幅贬值，从而引发国内股市跳水，通货膨胀水平升高，经济增长速度也开始减缓。

3. 跨国投资和国际贸易增长缓慢，全球经济复苏缺乏强有力的引擎

回顾 2008 年的全球金融危机，起因是美国的次贷危机，但是通过国际贸易的途径，世界各国迅速被波及。最明显的表现就是 2009 年，国际贸易出现了历史上前所未有的大幅下滑，进出口总额下降幅度超过 10%。2010 年，在各国政府的刺激措施下，国际贸易有所恢复，出现快速增长。但是 2011 年以来，随着欧债危机深化，全球经济增长步伐放缓，发达国家进口需求疲软，国际贸易增长动力又开始减弱。回顾 2013 年，国际贸易整体态势仍然不理想，特别是发达国家进口需求持续低迷，难以发挥对新兴经济体的带动作用，严重拖累了国际贸易增长。根据世界贸易组织统计，2013 年全球货物贸易量同比增长 2.5%（见表 2）。其中发达国家出口增长 1.5%，进口缩减 0.1%；发展中国家和独联体国家出口增长 3.6%，进口增长 5.8%。在全球经济复苏缓慢的背景下，一些国家为了缓解企业困难和就业压力，推行贸易保护主义政策，进一步阻碍了国际贸易复苏进程。预计 2014 年，如果全球经济整体转好，将带来国际贸易增长的快速回升。据世界贸易组织预计，2014 年国际货物贸易量同比增长率可能达到 4.5%，大大高于近几年的水平。

表 2　2009～2014 年世界商品贸易增长趋势

单位：%

项　　目	2009 年	2010 年	2011 年	2012 年	2013 年	2014 年
世界商品贸易实际增长率	-12.5	13.8	5.4	2.3	2.5	4.5
出口						
发达经济体	-15.2	13.3	5.1	1.1	1.5	2.8
发展中经济体和独联体国家	-7.8	15.0	5.9	3.8	3.6	6.3
进口						
发达经济体	-14.3	10.7	3.2	0.0	-0.1	3.2
发展中经济体和独联体国家	-10.6	18.2	8.1	4.9	5.8	6.2

注：2014 年为预测值。

资料来源：WTO 秘书处：《贸易快讯》。

由于经济复苏前景不明朗、企业赢利能力下降，跨国公司对外投资十分谨慎，开始通过资产重组等方式，重新在全球进行布局。根据《2013 年世界投资报告》[联合国贸发会议（UNCTAD）发布]的统计，全球外国直接投资（FDI）流入量2012年同比下降达到了18%，只有1.351万亿美元（见表3）。其中，2012年发展中国家的直接投资流入量下降4%，为7030亿美元，占全球直接投资量的52%，发展中国家流入的外国资本第一次超过发达国家。由于全球经济前景态势不明，发达国家的跨国公司开始对新投资持谨慎态度，放慢扩张脚步。2012年，发达国家的直接外资流入量降至5610亿美元，同比下降32%；而发达国家的外向直接投资量降至9090亿美元，下降23%。根据联合国贸发会议报告，2013年全球跨国直接投资量基本和2012年持平，最高可达到1.45万亿美元。

表3　全球直接投资主要指标情况

单位：十亿美元

项　目	1990年	2005~2007年危机前平均水平	2010年	2011年	2012年
直接外资流入量	207	1491	1409	1652	1351
直接外资流出量	241	1534	1505	1678	1391
内向直接外资存量	2078	14706	20380	20873	22813
外向直接外资存量	2091	15895	21130	21442	23593
跨境并购	99	703	344	555	308

注：表中为按现行价格计算的价值。

资料来源：联合国贸发会议（UNCTAD）：《2013年世界投资报告》。

展望未来，跨国直接投资恢复快速增长的道路依然漫长。据联合国贸发会议预计，随着全球宏观经济基本面改善，2014年跨国公司投资信心可能会得到恢复，国际投资意愿和投资能力逐步增强，全球跨国直接投资量将达到1.6万亿美元。但是，联合国贸发会议也指出，国际金融体系还存在诸多问题，全球主要经济体政策面临不确定性，宏观经济环境也存在潜在风险，也有可能导致对外直接投资流量的进一步下降。各国在出台推动国际投资自由化和便利化政策的同时，也提出要加强对外国投资的监管力度，这无疑会导致投资保护主义，再考虑到全球经济依然面临很强的不确定性和脆弱性，全球对外直接投资要想回归高速增长的轨道，需要的时间可能会超出预期。

（二）全球主要国家和地区经济增长展望

1. 美国经济复苏速度加快，长期经济增长前景乐观

全球金融危机后，美国经济经过几年的调整，内生增长动力开始增强，经济复苏势头持续上升。美国当前的经济表现说明经济刺激政策取得成效，未来随着房地产市场持续回暖、页岩气革命进一步提升其竞争力、国内工业企业发展逐步向好，预计2014年美国经济将会延续2013年的增长态势，复苏势头得到巩固。根据美联储的报告，2013年美国经济实际增长速度为1.9%，2014年可能会加快到2.9%~3.1%。随着美国家庭和金融企业"去杠杆"的逐步完成、消费和房地产的复苏以及失业率的下降，美国2014年的经济增速将有所提高，长期经济增长前景也比较乐观。

房地产市场持续复苏，私人消费温和增长。房地产方面，2013年美国房地产市场延续了2012年的复苏势头，私人新建住宅许可面积创下新高；消费方面，截至2013年第三季度，美国私人消费维持了13个季度的增长，支撑了美国经济的复苏。随着美国家庭资产负债表的修复和就业市场的改善，2014年房地产市场和私人消费继续维持复苏势头。

私人投资增长较快。尽管2013年美国的私人投资增速较2012年仍有所放缓，但依然维持在较高的增长水平。展望2014年，随着内外部市场需求的回暖和投资者信心的恢复，美国企业投资增速很可能有所提速。

经济景气趋势向好，就业市场改善。2013下半年以来，美国制造业PMI大幅上行，复苏明显。相应的，美国失业率降至11月份的7%，接近美联储6.5%的政策目标。尽管劳动力参与率下降也是美国失业率下降的一个因素，但总体而言，美国的实际失业率正随着经济复苏而逐步下降。

美联储退出QE，政府面临"去杠杆"任务。美联储现已明确退出QE，这一方面是对经济复苏的肯定，但也会对经济需求产生一定抑制作用；与此同时，联邦政府在帮助美国家庭和金融企业"去杠杆"的过程中积累了大量的债务，未来将面临长期的"去杠杆"任务，从而对美国经济长期稳定增长产生一定的负面影响。

2. 欧元区止跌回升恢复增长，步入漫长整合期

欧元区在经历了长达 4 个季度的衰退后，从 2013 年第三季度止跌回升，恢复增长，2013 年经济增长 - 0.4%。在欧洲金融系统性风险已经基本消除、全球经济环境改善的情况下，2014 年欧洲经济增速有望恢复至 1% 的水平。

欧债危机所带来的系统性风险基本已经消除。欧债危机爆发以来，随着欧洲金融稳定机制（EFSM）、欧洲金融稳定基金（EFSF）以及之后的欧洲稳定机制（ESM）的建立及救助措施的实施，欧债危机所带来的系统性风险已经大大降低。

政府债务和财政赤字仍将制约欧元区国家的财政政策空间。从整体看，欧元区的马斯特里赫特债务占 GDP 的比例接近 95%，而边缘国家的政府债务占 GDP 的比例要远远高于这一数字。短期内除德国以外，欧元区各国基本都面临着紧缩财政支出、减少财政赤字的任务，经济增长将因此受到影响。

失业率长期高企不下将影响各国经济竞争力。截至 2013 年 10 月，欧元区的失业率高达 12.1%，部分国家如西班牙、希腊的失业率甚至高于 25%。未来失业率将是困扰欧洲的一个重要问题，其影响可能远比欧洲的债务危机更为深远。

欧洲央行可能会出台新的刺激政策以维持经济增长。在边缘国家债务负担过重、亟须实现财政平衡的情况下，各国的财政政策空间所剩无几。在这种情况下，欧洲央行可能会被赋予挽救欧洲经济的使命，未来不排除欧洲央行推出 QE 计划、修改长期再融资操作（LTRO）或者推行负利率的可能性。

3. 日本通胀仍将上行，经济增长将放缓

2013 年，日本经济呈现温和复苏态势，全年经济增长 2%，"安倍经济学"效果初显：在需求面，出口持续增长，私人消费、公共投资、住房投资稳中有升。在供给面，制造业温和扩张，服务业和建筑业逐步走强。前三季度经济增速持续攀升，第三季度实际 GDP 同比增长为 2.4%，失业率低位企稳，消费者信心指数明显上行。2014 年，虽然货币宽松、经济刺激等支持经济复苏的条件仍在维持，但受消费税上调和财政刺激力度趋弱影响，经济增长有所放缓，预计 2014 年经济增长 1.2%。

通胀率有望小幅上涨。2013 年在宽松货币政策支持下，日本股指上涨逾 30%，销售价格扩散指数持续上升，通胀预期整体上行。由于日本央行将

"通货膨胀达到2%"作为其宽松货币政策目标,2014年日本的货币政策仍维持宽松,结合消费税上调影响,整体推动日本国内通货膨胀继续上行。

经济增速有所放缓。第一,宽松货币政策和积极财政政策的边际效应趋弱,贸易赤字现状仍将维持,公共投资稳中趋降。第二,受消费税上调和社保相关支出增加影响,私人消费增长率或将大幅下降。

债务风险值得关注。2013年日本财政赤字和公共债务比率分别达到10%和230%,债务规模居世界之首。2014年,通货膨胀上行导致的实际利率下降可能诱发居民和企业大规模抛售国债并购买风险资产,但鉴于较高的政府债务存量和日本央行快速扩张的资产负债表,日本央行对国债的吸收能力非常有限,金融市场可能出现剧烈波动。

4. 新兴经济体增长放缓,未来发展面临多重挑战

新兴经济体在经历了2009~2010年的强劲复苏之后,多数国家经济增长速度从2011年开始回落。中国经济在同期也表现出相同的发展态势。就目前来说,新兴经济体尽管整体经济增长速度仍然高于全球平均水平,发挥着带动全球经济前进的重要作用,但发展速度放慢的趋势已经引起全球各国的关注。这一变化最重要的原因就是外部发展环境恶化,发达国家经济复苏乏力,欧洲债务危机恶化又加剧了这种趋势,这给新兴经济体的经济发展带来了很大的负面冲击。对外部需求的依存度较高是新兴经济体近年经济的最主要特征,发达国家的需求不足无疑会抑制新兴经济体的快速增长。

全球金融危机以来,新兴经济体经济发展逐步放缓,综合分析,是多方面的因素造成的,主要包括发达经济体的进口需求减少、采取政策收紧措施来应对产能过剩、内部经济结构需要调整和短期资本频繁流动等,这些因素在短期内可能会继续影响新兴经济体的经济增长速度。

首先,发达经济体将不确定性和低速增长的影响,通过国际贸易途径,传导给新兴经济体。2012年以来,发达经济体经济刺激政策的负面效应开始显现,面临债务上限、财政悬崖、欧债危机等多重问题,不得不调整其经济政策,缓解处理主权债务的压力。这一状况在中长期内将会持续存在,经济会保持低速增长,进口需求疲软的情况在短期内也难以得到改善,这都会直接影响新兴经济体的经济增长。2012年,发达经济体货物和服务进口贸易总额同比仅增长 1.2%，不仅大大低于金融危机前的水平，也远低于 2011 年 4.6% 的增长率。与此同时，2012 年新兴经济体的货物和服务出口增长率也仅为 3.6%，大大低于 2011 年 6.6%。2013 年国际贸易情况与 2012 年基本类似，没有大的改观。

其次，为应对金融危机，主要发达经济体都推行宽松的货币政策，通过国际资本流动的途径，影响了新兴经济体经济的可持续发展。从短期来看，发达经济体实施宽松的货币政策，可以帮助其拉动经济增长，帮助全球经济走出低谷；但是宽松的货币政策会释放大量的流动性，导致国际短期资本在全球快速流动，冲击了包括"金砖国家"在内的新兴经济体经济的稳定发展。在标准的开放经济模型中，资本的大量流入则会导致流入国总需求的大幅增加，引起实际汇率升高，加大通货膨胀压力；相对应的，资本的大量流出会导致流出国总需求的大幅减少，引起本币贬值，并可能导致通货紧缩等。根据相关研究，全球流动性增加尽管从长期来看不会明显加大新兴经济体的通货膨胀压力，但是短期内会造成新兴经济体通货膨胀压力上升。

最后，大部分新兴经济体难以长期实施扩张性刺激政策，并有可能引发新的经济风险。自全球金融危机以来，新兴经济体都推出了扩张性的政策，有效缓解了发达经济体需求减少所带来的负面影响，但是这又普遍加大了政府的财政赤字压力。扩张的政策会降低实际利率，刺激国内信贷快速增长。然而，信贷的快速增长会给经济运行带来很大的风险，20 世纪 90 年代的亚洲金融危机就是例证。虽然在这次金融危机中，新兴经济体还没有爆发严重的危机，但是信贷过快增长开始引发资产泡沫的苗头，并使国内面临通货膨胀的压力，新兴经济体积聚的金融风险正在加大。

（三）新形势下全球金融中心格局出现新变化

近年来，全球经济复苏进程缓慢，国际贸易持续低迷，这虽然在一定程度上影响了全球金融中心的发展速度，但是推动了全球金融中心格局的调整步伐。由于欧美日经济发展缓慢，而以中国、俄罗斯、印度、巴西为代表的新兴经济体经济快速发展，全球金融中心重心开始逐步朝着有利于新兴市场国家的方向发展。虽然西方老牌金融中心的地位目前还难以撼动，但是受到了新兴经济体金融中心强有力的挑战，上海一度进入了全球金融中心城市排名的前 5 名。

伦敦金融城发布的《全球金融中心指数》（简称 GFCI）[①] 选取第 1 期至第 14 期的部分全球金融中心城市，并对这些城市的排名变化进行研究分析，从而研判全球金融中心格局的变化趋势。表 4 所选取的城市是 2013 年 9 月《全球金融中心指数》第 14 期排名前 12 位的城市，加上中国的北京、上海、深圳和台北。

表 4　部分国际金融中心城市排名情况（2007～2013 年）

城　　市	1 期	2 期	3 期	4 期	5 期	6 期	7 期	8 期	9 期	10 期	11 期	12 期	13 期	14 期
伦　　敦	1	1	1	1	1	1	1	1	1	1	1	1	1	1
纽　　约	2	2	2	2	2	2	2	2	2	2	2	2	2	2
香　　港	3	3	3	4	4	3	3	3	3	3	3	3	3	3
新 加 坡	4	4	4	3	3	4	4	4	4	4	4	4	4	4
东　　京	9	10	9	7	15	7	5	5	5	6	5	7	6	5
苏 黎 世	5	5	5	5	5	6	7	8	8	8	6	5	5	6
波 士 顿	14	12	11	11	9	18	14	13	12	12	11	11	8	7
日 内 瓦	10	7	7	8	6	9	8	9	9	13	14	9	7	8
法兰克福	6	6	6	9	8	12	13	11	14	16	13	13	10	9
首　　尔	43	42	51	48	53	35	28	24	16	11	9	6	9	10
多 伦 多	12	13	15	12	1	13	12	12	10	10	10	10	12	11
旧 金 山	13	14	12	17	17	17	15	14	11	9	12	12	13	12
上　　海	24	30	31	34	35	10	11	6	5	5	8	19	24	16
深　　圳	—	—	—	—	5	9	14	11	25	32	32	38	27	
台　　北	—	—	—	74	41	24	21	19	19	23	27	41	36	50
北　　京	36	39	46	47	51	22	15	16	17	19	26	43	58	59

注：—表示该城市是新添加到评价体系的，之前数据不可得。

资料来源：伦敦金融城发布的《全球金融中心指数》（简称 GFCI）。

从整体的全球金融中心格局来看，发达经济体金融中心城市依然位居全球金融中心排名的前列，是全球金融中心城市核心，占据主导地位。在最新排名前 20 位的国际金融中心城市中，北美金融中心城市有 7 个，分别是纽约、波士顿、多伦多、旧金山、芝加哥、华盛顿和蒙特利尔；欧洲金融中心城市有 6 个，分别是伦敦、苏黎世、日内瓦、法兰克福、卢森堡和维也纳；日本金融中心城市有东京；澳大利亚的金融中心城市有悉尼。我们可以看到，在第 14 期

[①] 全球金融中心指数是权威的对国际金融中心进行评价的指标指数，它根据两组相互独立的数据进行评价，这两组数据分别是特征性指标（外部指数）和金融专业人士的网络调查结果。

全球金融中心指数排名前 20 位的城市中，伦敦和纽约始终是全球金融中心城市中最具有竞争力的，一直分列第一名和第二名，其余欧美发达国家城市的排名也都位居前列（见图 1、图 2）。另外在总的数量上，发达国家金融中心城市总数达到了 15 个，占了排名前 20 位城市的 75%。从下面国际主要金融中心城市历次 GFCI 的得分来看，全球金融中心格局正处于重大变动期，各大洲的金融中心，随着经济实力的变化，排名也相应变化。

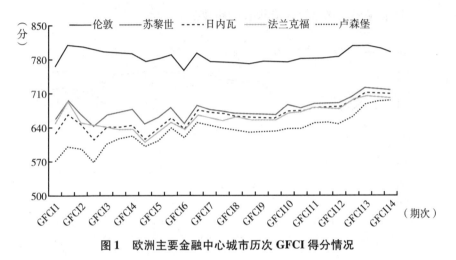

图 1　欧洲主要金融中心城市历次 GFCI 得分情况

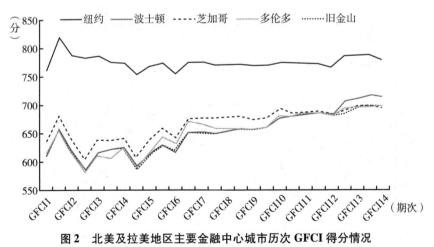

图 2　北美及拉美地区主要金融中心城市历次 GFCI 得分情况

图 3 为亚洲及太平洋地区主要的金融中心城市历次 GFCI 得分情况。从总体来看，中国的金融中心在全球排名中，呈现了上升的势头。以上海、北京、

深圳为代表的新兴经济体金融中心城市的地位正在快速上升，尽管上升过程中有所起伏。我们从图4中可以看到，北京、上海在国际金融中心城市中的排名从2009年的第5期报告开始，就一直处于上升的通道中。但是近两年，受到整个经济环境影响，上升势头减缓。特别是北京，排名波动幅度比较大，上海在连续多期排名前10位以后，从第11期开始，有明显的下降，但现在重新回到上升的通道上。从中国金融中心城市排名的起伏情况来看，中国要成为稳定的主要国际金融中心城市，还有很长的路要走。

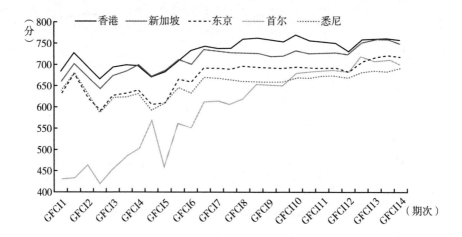

图3　亚洲及太平洋地区主要金融中心城市历次 GFCI 得分情况

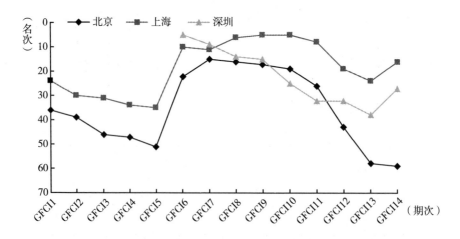

图4　中国北京、上海、深圳金融中心城市历次 GFCI 得分情况

二 国际金融体系改革步伐进一步加快

全球金融危机爆发后，国际金融体系的改革步伐明显加快，在很多方面取得了突破。国际货币基金组织、世界银行两大重要国际金融组织以及国际金融监管体系均发生了近年来最大的变革，新兴市场国家地位越来越重要（见表5）。但是，在国际金融体系的公平性、公正性和有效性方面，仍然存在很多问题。中国以 G20 为主要平台，推动国际金融机构改革继续深入，加强国际监管协调，支持储备货币多元化和人民币国际化，积极推进区域和双边金融合作，为中国金融中心城市国际地位的提升，创造了良好的条件。

表5 近年来发展中国家在国际金融组织中的地位变化大事记

日期	事件
2012 年 6 月	中方支持并决定参与国际货币基金组织增资，数额为 430 亿美元
2012 年 3 月	林建海担任国际货币基金组织秘书长，成为国际货币基金组织成立以来首位担任重要职位的中国人
2011 年 7 月 26 日	朱民正式出任国际货币基金组织副总裁
2010 年 4 月 25 日	批准世界银行增资 860 多亿美元，增加发展中国家 3.13 个百分点的投票权，同时中国成为该组织第三大股东
2010 年 2 月 24 日	任命中国人民银行副行长朱民从 5 月 3 日起担任总裁特别顾问
2009 年 10 月	公布了《伊斯坦布尔决定》，决定在 2011 年 1 月之前，把至少 5% 的份额转移给新兴市场和发展中国家
2009 年 10 月	二十国集团（G20）召开匹兹堡峰会，商定增加新兴市场和发展中国家在国际货币基金组织中至少 5% 的份额，同时增加发展中国家在世界银行至少 3% 的投票权
2009 年 9 月	"金砖四国"提议国际货币基金组织向发展中国家转移 7% 的份额
2009 年 2 月 11 日	理事会批准通过第一阶段的改革方案，提高发展中国家在世界银行集团内的话语权
2008 年 3 月	国际货币基金组织调整所有成员国的份额，提高总的份额数，另外提高基本投票权到 750 票，总共 135 个成员的投票权得到提高，总计 5.4 个百分点

资料来源：根据国内外公开资料整理。

（一）国际货币基金组织（IMF）的改革

国际货币基金组织（International Monetary Fund，IMF）的投票权主要是由

本票数和份额两部分组成。根据国际货币基金组织的机构架构，虽然所有成员国都拥有相同的基本票数，但是各成员国的经济实力决定着其所占的份额。因此，实际上是由各国的经济实力所形成的份额决定了其在 IMF 投票权的大小。除此之外，各国向 IMF 借款的权利也与份额相关。各国在 IMF 的话语权主要体现在内部治理机制上，包括 IMF 成员国行使投票权的机构框架，例如理事会执行董事会和管理层的选任、机构的决策机制等[1]。

全球金融危机爆发以后，世界各国对现行金融体系改革的呼声日益强烈，要求改革 IMF 的投票权分配比例，给发展中国家更大的话语权和投票权。随着发展中国家经济实力的日益提高，两大阵营的力量对比发生了改变，一方面发达国家希望通过让渡部分权益，争取在全球经济金融事务上能和新兴市场国家有更多的合作；另一方面，IMF 要想发挥更大的作用，就必须考虑发展中国家的影响力，给予发展中国家特别是新兴市场国家更多的权利。因此，在 2008 年全球金融危机爆发以后，国际货币基金组织的改革问题就进入了一个新的时期[2]。总结 IMF 金融危机以后的改革，可以分为两个阶段：第一个阶段是 2008～2010 年，第二个阶段是 2010 年至今。

1. 第一阶段改革

从 2006 年国际货币基金组织和世界银行年度会议开始，各国就开始讨论关于 IMF 中份额和投票权的改革议题。但是真正推进 IMF 的改革，是在 2008 年全球金融危机发生以后，主要由三部分组成。

首先，是提升 54 个成员国在 IMF 的份额。份额提升以后，这些国家的总份额达到 200 亿特别提款权，合 300 亿美元。改革完成以后，发达国家向新兴市场国家转移了 4.9% 的份额，其中，墨西哥的份额提升了 40%，巴西的份额提升了 40%，中国的份额提升了 50%，土耳其的份额提升了 51%，新加坡的份额提升了 63%，韩国的份额提升了 106%。

其次，是将 IMF 的基本投票权在原基础上扩大 3 倍。基本投票权是用来保障各成员国平等的原则，使 IMF 中较小的成员国（其中很多是低收入国家）

---

① 谢世清：《国际货币基金组织份额改革及其对中国的影响》，《中国金融》2010 年 12 月 3 日。
② 刘群峰：《国际货币基金组织的改革》，http：//www.ladx.gov.cn/html/dangdaishijie/2009/0304/3932.html，2006 年 9 月 28 日。

也可以拥有相应的话语权。扩大基本投票权将有利于提高低收入国家在 IMF 中的话语权。IMF 成员还一致同意，本次改革后，将保持基本投票权在总投票权中的比例，从而保障低收入国家的权益，防止今后的改革会损害这些国家的利益。

最后，是改革 IMF 执行董事会的结构。改革以后，IMF 赋予执董会中的非洲席位以更大灵活性，从而提高非洲国家的话语权。在改革之前，非洲国家在 IMF 执董会中拥有两个席位，每个席位可以有一位副执行董事。然而在 IMF 执董会中，非洲国家两个执董席位所代表的选区最大，两个席位不能表现出非洲国家应有的代表性。因此，改革决定让非洲国家席位各再任命一名代理执行董事。改革以后，非洲国家在 IMF 中相当于有两位执行董事和四位副执行董事，这明显提高了非洲国家在 IMF 执董会的代表权。

2. 第二阶段改革

2009 年 10 月，国际货币与金融委员会（IMFC）提出，IMF 在现有份额基础上，发达国家向新兴市场和发展中国家转移至少 5% 的份额，主要是由话语权过高的国家向话语权不足的国家转移。同年 11 月，执董会批准了新的改革方案，IMF 理事会于 12 月 15 日批准方案实施。这次改革主要包括三个方面。

第一，大幅提高 IMF 的总份额。改革以后，IMF 的特别提款权从 2384 亿增加到约 4768 亿（约 7500 亿美元），整整翻了一番。另外，IMF 的几个主要成员（美国、欧盟、日本、中国、俄罗斯、巴西、印度）又通过购买 IMF 债券的方式，为 IMF 提供更多资金支持，大大提升了 IMF 救助其成员的能力。

第二，在成员内部转移份额。改革以后，一些石油生产国和发达国家向新兴市场和发展中国家转移的份额超过 6%。份额调整之后，新兴市场和发展中国家份额在 IMF 中的占比从 39.5% 上升到 42.3%，而发达国家的总份额占比将从 60.5% 下降到 57.7%。调整之后，中国、印度、俄罗斯和巴西的份额将分别从上次改革后的 3.996%、2.442%、2.494%、1.783% 提高到 6.394%、2.751%、2.706%、2.316%，都进入了 IMF 前十大股东之列，特别是中国更是成为第三大股东。其余的 IMF 前十大股东有美国（17.407%）、日本（6.464%）、德国（5.586%）、法国（4.227%）、英国（4.227%）和意大利（3.161%）。原来进入前十大的成员沙特阿拉伯（2.096%）和加拿大

（2.312%）在调整之后，份额则跌出了前十名。

第三，对 IMF 执董会的构成进行调整。调整执董会，旨在提高新兴市场和发展中国家在 IMF 决策过程中的话语权。调整之后，执董会的席位仍然是 24 个，每 8 年重新评估一次，但是欧洲发达国家执董会的席位将会减少两个。另外，IMF 理事会还计划在非洲国家之外的较大选区，考虑增加第 2 名副执行董事，让执董会拥有更大的灵活性。同时，改革执行董事的产生办法，所有执行董事都将通过选举产生，而不再通过任命产生。

（二）世界银行的改革

1. 第一阶段改革

2008 年 10 月，在国际货币基金组织和世界银行年度会议上，发展委员会审议通过了世界银行第一阶段改革计划。随后，世界银行集团理事会于 2009 年 1 月批准改革计划实施，主要包含以下几个方面：第一，将基本投票权翻番，从而使发展中国家在国际复兴开发银行中的份额提高 1.46 个百分点，总占比达到 44.06%，同时至少将发展中国家在国际开发协会中的投票权也提高相同的程度；第二，为撒哈拉沙漠以南的非洲国家选区增加一个席位；第三，设立捐赠信托基金，从而进一步提高发展中国家在国际开发协会中的话语权；第四，为保证改革计划顺利实施，修订世界银行的宪章。

2. 第二阶段改革

2010 年 4 月，在国际货币基金组织和世界银行春季会议上，决定在第一阶段改革的基础上，推行赋予发展中国家更多投票权的第二阶段改革计划，主要包括以下方面。

第一，增加世界银行金融资产。通过普遍增资和有选择增资（与投票权变化相联系）两种方式，为国际复兴开发银行增资 862 亿美元（含 51 亿美元认缴股金）。国际金融公司增资 2 亿美元，提高发展中国家的股份，同时计划通过留存收益的方式和向股东成员国发行混合债券等方式筹措更多资金。

第二，推动世界银行组织投票权改革。投票权的改革主要是为了兑现世界银行发展委员会 2009 年 10 月做出的、发达国家将至少转移 3 个百分点投票权向发展中国家的承诺。①将发展中国家在国际复兴开发银行的投票权提高到

47.19%，比之前提高 3.13 个百分点。与改革之前对比，中国的投票权从 2.78% 提高到 4.42%，成为世界银行第三大股东；巴西和印度的投票权分别从 2.07%、2.78% 提高到 2.24%、2.91%；俄罗斯和南非的投票权相比则有所降低，分别从 2.78%、0.85% 微调到 2.77%、0.76%；美国和日本的投票权从 16.36%、7.85% 下滑到 15.85%、6.84%；英国和法国的投票权从 4.30% 下降到 3.75%；德国的投票权从 4.48% 下降到 4.00%。②2010 年，国际复兴开发银行通过资本重组，增加有选择的资本 278 亿美元，其中包括认缴股金 16 亿美元。③国际金融公司改革投票权，发展中国家将受让 6.07 个百分点的投票权，总投票权上升到 39.48%。④2010 年，国际金融公司通过资本重组，增加有选择的资本 2 亿美元，从而提高了所有成员国的基本投票权。⑤从 2015 年开始，每 5 年审核一次国际开发协会和国际复兴开发银行的持股比例，承诺未来将实现发达国家与发展中国家之间投票权平等。

第三，推行世界银行执董会改革。世界银行集团将执董会席位从原来的 24 个增加到 25 个，为撒哈拉以南非洲国家增加 1 个席位。

第四，推进世界银行内部管理层改革。改革以后，世界银行首席经济学家和 3 位常务副行长首次由发展中国家的人员担任，这是从未有过的现象。

第五，加快世界银行业务改革。①把世界银行打造成多边机构中信息披露方面的世界领袖；②世界银行开放数据，免费为各国提供信息；③推进投资贷款改革，加快交付速度，更加注重成效，同时加强风险管理。

（三）国际金融监管体系的改革

金融危机之后，二十国集团（G20）的作用日益突出，成为当今国际金融对话合作、协调全球经济事务最重要的平台。为了防范国际金融风险，推进国际金融监管体系发展，G20 领导人一系列峰会明确了国际金融监管的时间表和目标，确定并通过了国际金融改革的最终方案。

2008 年 11 月 15 日，G20 华盛顿峰会确定了加强金融监管的原则和行动方案，提出要提高监管透明度，加强审慎监管，强化问责制，改进金融监管国际合作和提升金融市场的诚信。

2009 年 4 月 2 日，G20 伦敦峰会提出要建立全球一致的、强有力的金融监

管框架，主要包括：扩大金融监管范围，将系统重要性市场和金融机构纳入审慎监管范围；重新构建监管架构，强化宏观审慎风险；改革现有金融机构的薪酬体系；改革国际会计准则，建立高质量的准备金计提标准；遏制杠杆率累积，提高金融体系资本质量等。

2009年9月25日，G20匹兹堡峰会提出建立高质量的监管资本，缓解顺经济周期效应，积极推进资本和流动性监管改革，主要经济体的银行金融机构要在2011年底前开始实施"新资本协议"（Basel Ⅱ）；加强场外衍生品市场监管，2012年底前所有场外衍生标准化合约都要通过中央交易对手来进行清算；金融机构要实施稳健薪酬机制的原则和标准，保障金融体系稳定性；2010年底要制定出降低系统重要性金融机构（SIFIs）道德风险的实施方案。

2010年6月25日，G20多伦多峰会首次提出了未来国际金融监管的四大支柱：一是建立完善的监管制度，确保银行体系能够应对大规模冲击，同时强化对冲基金和场外衍生品监管；二是确保有效的监督，尽早识别风险，监管当局要有采取干预措施的权力；三是解决系统重要性机构问题的政策框架，包含有效的风险处置方式、强化的监管权力和审慎监管工具等；四是透明的同行审议和国际评估，各成员国必须要接受国际货币基金组织和世界银行的评估和审议，建立金融监管国际新标准并尽快推进实施。

（四）国际货币体系的改革

现行的国际货币体系已经运行了近半个世纪，越来越难以适应当今世界经济发展的需要。总体来讲，世界各国认为当前国际货币体系存在的问题主要有以下几个方面：第一，虽然美国经济总量是世界第一，但是在世界经济中的地位有所下降，其占世界经济的比重已经大幅下降，而美元却仍然充当主要国际货币的角色。第二，近年来，主要发达国家的货币汇率波动幅度过大，导致大宗商品价格频繁大幅波动，给世界经济平稳运行带来很大风险。第三，在现行的国际货币体系下，为了保证经济健康平稳运行，应对可能的金融风险，许多新兴市场国家和发展中国家不得不储备巨额外汇储备，严重挤占了有限的金融资源，影响经济快速发展。第四，当前国际资本流动周期越来越短，冲击力越来越强，致使国内金融市场受到破坏，不能发挥应有的作用。

在各国的共同努力下，国际货币体系改革取得了初步进展，在一些具体问题和领域有所突破。在整个世界经济层面，IMF特别提款权总额提高了一倍，各国应对风险能力和救助能力显著提升；另外，全球主要经济体计划建立全球金融安全网，从而改善发展中国家必须储备巨额外汇的局面。在区域经济层面，各区域都在推进互助措施，比如东亚建立了联合外汇储备库，欧洲设立了欧洲金融稳定工具和欧洲金融稳定机制等。在双边层面，后金融危机时代，一些贸易联系紧密的国家之间签订了货币互换协议，降低对美元等国际货币的依赖，减少汇率风险，保障金融稳定。同时，新兴市场国家也在积极推进货币国际化，比如中国人民币国际化进程迅猛，并且已经取得非常不错的成效；俄罗斯正在稳步推进卢布国际化进程。这些努力将会推动国际货币多元化，进一步加快国际货币改革，但是由于国际货币改革牵涉面广，问题复杂，未来还有很长的路要走。

（五）国际金融体系改革对金融中心发展带来的重要影响

长期以来，广大发展中国家对于改革国际金融体系的呼声一直很高，但是始终没有大的进展和突破，但是金融危机为改革带来了新的契机。一方面，全球金融危机的发生让西方发达国家意识到，现行的国际金融体系虽然可以为其提供各种便利，但是也让其深受制度性缺陷的困扰[①]。另一方面，新兴市场和发展中国家的经济在带动全球经济复苏中，发挥了至关重要的作用，其自身经济金融实力也有了很大的提高。因此，这次国际金融体系的改革，既是考虑到发展中国家的不断呼吁，更重要的是发达国家也有改革的需要，并且它们对发展中国家的需求程度不断提升。从当前的改革进程来看，最大的特征就是，发展中国家在国际金融体系中的话语权得到了提升。展望未来，国际金融体系改革和货币体系改革的趋势依然是更加趋向于发展中国家，这就决定了在未来的全球金融中心格局中，新兴市场国家和发展中国家金融中心建设步伐会越来越快，重要性也日益提高。

---

① 彭兴韵：《国际货币体系的演变及多元化进程的中国选择——基于"货币强权"的国际货币体系演进分析》，《金融评论》2010年第5期。

首先，国际货币体系改革将会影响发达国家国际货币的地位，削弱其金融中心的影响力。纵观国际金融中心地位的变迁历史，就会发现其是和国际货币体系的变革紧密联系在一起的。由于工业革命，英镑成为国际货币，伦敦也从此确定了全球金融中心的地位；"二战"以后，随着美元取代英镑，成为国际储备货币，纽约也一跃成为全球最重要的金融中心。随着发展中国家国际货币地位的提升，老牌金融中心的地位将受到冲击，而发展中国家金融中心将会迎来千载难逢的发展契机。

其次，新兴市场和发展中国家抓住当前国际货币体系改革的机遇，越来越重视发展自己的金融中心，为其发展提供各种政策和金融支持。以中国为例，2009 年，正在中国成为 G20 的一支重要力量并提高自身在国际货币基金组织和世界银行中的份额和投票权的时候，上海国际金融中心建设也上升为中国的国家战略。中国在积极推动人民币国际化的进程中，选择上海作为人民币在岸市场的主阵地，积极推动其发展。这些支持措施将大大提升新兴市场金融中心城市的发展速度。另外，新兴市场国家高速的经济发展也为这些金融中心城市的发展提供了坚实基础。

新兴市场和发展中国家抓住在当前国际金融体系改革中话语权提升的机遇，出台各种政策措施，推动自身金融中心的快速发展。就中国而言，金融危机使得中国成为 G20 中最具有影响力的国家之一，并在国际货币基金组织和世界银行的改革中受益最大。中国顺势而为，积极推动人民币国际化进程，把上海国际金融中心建设提升到国家战略层面。在这些措施推动下，上海国际金融中心建设取得了快速发展，并一度在国际金融中心指数排名中位列前五。上海只是主要新兴市场和发展中国家金融中心的一个代表，其余金融中心城市在扶持措施推动下，地位也有明显的提升。

最后，新兴市场和发展中国家在金融危机以后，开始进一步加强在货币金融中的合作，给金融中心建设带来了便利条件。金融危机发生后，发展中国家开始减少对西方发达国家的货币依赖，加强相互之间的金融合作，开始接受和使用新兴市场大国的货币。其中，最主要的特点就是，发展中国家之间签订了大量的货币互换协议，新兴市场之间货币直接结算的比例越来越高，这为新兴市场国家金融中心建设提供了很好的业务基础。

尽管新兴市场和发展中国家在本轮国际金融货币体系改革中，地位得到了很大的提升，但是并没有改变西方发达国家的主导地位。发达国家肯定不会主动放弃它们的主要地位，这就注定新兴市场和发展中国家金融中心的发展不会一帆风顺。但是，新兴市场和发展中国家在国际金融体系中地位上升的趋势是不会改变的。因此，随着国际金融体系的进一步改革，新兴市场和发展中国家金融中心也会迎来更大的发展空间。

三　中国金融业发展战略的全面实施

当前，我国越来越注重市场在资源配置中的作用，大力推进市场化建设。金融在市场经济中起着调节资源配置的核心作用，是市场化建设的先导。因此，金融业全面发展战略被提到了一个新的高度。党的十八届三中全会审议通过了《中共中央关于全面深化改革若干重大问题的决定》（以下简称《决定》）。《决定》对金融相关问题的表述可以看作对我国金融行业未来发展提出的顶层设计。首先，《决定》中关于金融业改革的表述为"完善金融市场体系"。扩大金融业对内对外开放，在加强监管的前提下，允许具备条件的民间资本依法发起设立中小型银行等金融机构。推进政策性金融机构改革。健全多层次资本市场体系，推进股票发行注册制改革，多渠道推动股权融资，发展并规范债券市场，提高直接融资比重。完善保险经济补偿机制，建立巨灾保险制度。发展普惠金融。鼓励金融创新，丰富金融市场层次和产品。完善人民币汇率市场化形成机制，加快推进利率市场化，健全反映市场供求关系的国债收益率曲线。推动资本市场双向开放，有序提高跨境资本和金融交易的可兑换程度，建立健全宏观审慎管理框架下的外债和资本流动管理体系，加快实现人民币资本项目可兑换。落实金融监管改革措施和稳健标准，完善监管协调机制，界定中央和地方金融监管职责和风险处置责任。建立存款保险制度，完善金融机构市场化退出机制。加强金融基础设施建设，保障金融市场安全高效运行和整体稳定。其次，《决定》中关于经济体制改革的其他措施将对金融业发展产生重要影响，也必将改变我国金融中心城市发展的格局。

（一）中国全面深化金融改革

1. 我国银行业的改革创新

银行业遵循"鼓励与规范并重，培育与防险并举"的原则，将金融创新作为提升银行业服务水平和竞争力的关键，努力营造有利的政策环境，鼓励适应经济社会发展需要的金融创新，成效明显。

（1）金融产品创新

银行业金融机构坚持"简单、实用、透明"的原则，根据实体经济真实需求，将产品和服务创新作为提升服务质量和价值创造力的重要手段，市场满足度不断提高。一是各具特色的创新机制逐渐建立。银行业金融机构充分发挥差异化市场定位优势，建立创新研发体系和技术平台，持续开展金融产品和服务创新，在特色行业、优势产业领域逐步创立了服务品牌。二是产品创新层出不穷。贸易融资、小微企业金融服务、农村金融服务、移动金融、电子银行、银行卡和投资理财等领域成为银行业金融机构创新的主战场，形成了一大批适应市场需要、高附加值的特色产品。利用现代信息科技手段，加快推动新型支付工具在农村地区的普及和运用，提升农村金融服务便利度。三是服务创新稳步推进。银行业金融机构在为客户提供信贷服务的同时，还根据客户实际，量身定制金融服务方案，通过提供支付结算、理财顾问、信息咨询、发展规划等一揽子服务，帮助客户降低经营成本，提高经营效益。

（2）金融服务模式创新

银行业金融机构坚持以市场为导向，以客户为中心，在服务模式上大力开拓创新。一是提升服务效率。借鉴国际先进银行流程再造实践，积极推进信贷业务集中作业和服务改造，自主创新设计开发出全流程、标准作业、电子化处理的信贷业务管理系统，推动金融服务趋于标准化、专业化、批量化、信息化。二是创新服务体制。设立小企业专营支行、科技型支行，强化专营机构条线管理，利用"专营机构＋专营支行""专营机构＋业务团队"等多种形式向基层延伸服务网点。部分商业银行深入实施管理体制改革，通过完善经营授权、业务流程、资源分配、激励约束等措施，有效提升了在大中城市和重点县域的竞争发展能力，增强了县域和新农村市场的金融支持服务能力。三是创新营销方式。通过创新开展银企融资对接会，强化银企信息沟通。探索建立依托行业协会、农村专业经济组织的信贷服务模式，提升专业化服务水平。

（3）金融风险管理技术创新

银行业金融机构更加重视将风险管控贯穿于金融创新的全过程，不断创新风险管理技术和手段。一是健全内部控制体系。通过建立完善包括全产业链客户准入、信贷额度、业务定价、授权管理、风险防范等在内的差异化内部控制体系，提高风险防控能力，保障特色业务的规模化发展。二是创新风险管控技术。借鉴国际先进经验和技术，积极开发和应用风险监测系统，突出风险管控的及时介入，减少手工操作环节，降低操作风险发生概率。

（4）推动银行业改革转型

一是进一步简政放权。按照国务院关于机构职能转变的精神，银监会已取消17个行政审批事项，下放2个行政审批项目。

二是支持中国（上海）自由贸易试验区金融开放实践。对设立外资金融机构及其分支机构、有限牌照银行，开办离岸业务等给予积极支持，以开放促改革。

三是稳步推进新监管标准实施。2013年7月，银监会发布《商业银行资本监管配套政策文件》（银监发〔2013〕33号），制定了《中央交易对手风险暴露资本计量规则》《关于商业银行资本构成信息披露的监管要求》《关于商业银行实施内部评级法的补充监管要求》《资本监管政策问答》4个资本监管配套政策文件，对资本监管国际规则的部分原则性规定予以进一步明确。2013年10月，第149次巴塞尔委员会会议正式讨论通过了对我国资本监管制度的评估报告。巴塞尔委员会对我国银行业资本监管制度给予了很高的评价，14个组成部分中12项被评为"符合"，2项被评为"大体符合"，总体评估结论为"符合"。这一积极评价反映了我国银行业审慎监管制度建设取得重大进展，有助于提升国际市场对我国银行体系的信心，推动银行业进一步强化资本约束和市场约束，不断增强我国银行体系的稳健性，积极促进银行业转变发展方式，有效服务实体经济发展。

（5）利率市场化改革加速推进

利率市场化是指金融机构在货币市场经营融资的利率水平由市场供求来决

定，它包括利率决定、利率传导、利率结构和利率管理的市场化。实际上就是将利率的决策权交给金融机构，由金融机构自己根据资金状况和对金融市场动向的判断来自主调节利率水平，最终形成以中央银行基准利率为基础、以货币市场利率为中介、由市场供求决定金融机构存贷款利率的市场利率体系和利率形成机制。随着银行业的改革发展，我国近两年利率市场化改革全面加速。

2012 年 6 月 7 日，中国人民银行决定，自 2012 年 6 月 8 日起下调金融机构人民币存贷款基准利率。金融机构一年期存款基准利率下调 0.25 个百分点，一年期贷款基准利率下调 0.25 个百分点；其他各档次存贷款基准利率及个人住房公积金存贷款利率相应调整。自同日起，将金融机构存款利率浮动区间的上限调整为基准利率的 1.1 倍，将金融机构贷款利率浮动区间的下限调整为基准利率的 0.8 倍。

2013 年 7 月 19 日，经国务院批准，中国人民银行决定，自 2013 年 7 月 20 日起全面放开金融机构贷款利率管制：取消金融机构贷款利率 0.7 倍的下限，由金融机构根据商业原则自主确定贷款利率水平；取消票据贴现利率管制，改变贴现利率在再贴现利率基础上加点确定的方式，由金融机构自主确定；对农村信用社贷款利率不再设立上限；为继续严格执行差别化的住房信贷政策，促进房地产市场健康发展，个人住房贷款利率浮动区间暂不作调整。

全面放开贷款利率管制，标志着我国利率市场化进程进一步加快，有利于金融机构提高自主定价能力，转变经营模式，优化金融资源配置，以便更好地发挥金融支持实体经济的作用，更有力地支持经济结构调整和转型升级。

（6）互联网金融取得长足发展

在互联网基因和精神的启迪下，银行业不断提升和优化服务，运用新思维和新技术，加速推进互联网金融建设，带动金融行业新的变革。银行业互联网金融自 20 世纪 90 年代中后期起步以来，已取得长足发展。截至 2013 年 6 月末，银行业金融机构网上银行共拥有个人客户 67922.54 万户，新增 8859.46 万户，增幅为 15%；企业客户有 1310.16 万户，新增 150.73 万户，增幅为 13%；交易规模达到 972.48 万亿元，同比增加 96.37 万亿元，增长 11%。手机银行共拥有个人客户 38106.35 万户，新增 7125.58 万户，增幅为 23%；企业客户有 11.52 万户，新增 2.23 万户，增幅为 24%；交易规模达 3.99 万亿元，同比增加 3293.08 亿元，增长 9% 。

与此同时，商业银行争相运用互联网技术，或与电商、互联网业界合作，新平台、新模式、新业态不断涌现。2013 年 4 月，招商银行推出小企业专属网银平台 U-BANK8，重塑其批发业务模式形态；6 月，中国建设银行"善融商务"电子商务平台注册会员数突破 150 万，交易额近百亿元，融资规模达到数十亿元；7 月，招商银行将微信客服升级为国内首家"微信银行"；8 月，民生银行在深圳发起设立民生电子商务有限责任公司，为中小微企业及个人提供综合性电商和金融服务。

（7）鼓励民间资本进入银行业

近年来，监管部门一直鼓励和引导民间资本以参与商业银行 IPO、增资扩股、农村信用社改制、发起设立村镇银行等多种形式进入金融服务领域。2012年，银监会印发了《关于鼓励和引导民间资本进入银行业的实施意见》，引导银行业金融机构加大对民间资本的引进力度，明确支持民间资本以多种方式进入银行业，包括支持民营企业参与商业银行增资扩股，参与农村信用社股份制改革，鼓励和引导民间资本参与城市商业银行、农村金融机构的重组改造，支持民营企业参与村镇银行发起设立或者增资扩股，并将村镇银行主发起行的最低持股比例由 20% 降低到 15% 。

国务院于 2013 年 7 月 5 日出台了《国务院办公厅关于金融支持经济结构调整和转型升级的指导意见》，提出了未来金融改革的十项改革政策，明确提出要扩大民间资本进入金融业，鼓励民间资本投资入股金融机构和参与金融机构重组改造；允许发展成熟、经营稳健的村镇银行在最低股比要求内，调整主发起行与其他股东持股比例；尝试由民间资本发起设立自担风险的金融租赁公司、消费金融公司和民营银行等金融机构。

2013 年 11 月 14 日，银监会发布了修订完善的《中资商业银行行政许可事项实施办法》，进一步放宽了中资银行设立条件，对中资商业银行开办证券投资、基金托管等部分业务也取消了行政审批。同时，试办由纯民资发起设立自担风险的银行业金融机构的相关工作正在有序推进，银监会将切实做好试点制度设计，强调发起人资质条件，实行有限牌照，坚持审慎监管标准，订立风险处置安排。试点先行，首批试点 3～5 家，成熟一家批设一家。

截至 2012 年底，股份制商业银行和城市商业银行总股本中，民间资本占比分别为 41% 和 54%。农村中小金融机构股本中，民间资本占比超过 90%。其中，村镇银行股本中，民间资本占比为 73.3%。全国 262 家非银行金融机构中，民间资本控股的非银行金融机构共有 33 家，包括 10 家信托公司、19 家财务公司、3 家金融租赁公司和 1 家汽车金融公司。2013 年，民间资本申办民营银行的热情高涨，首批民营银行试点名单已上报，北京、上海、深圳、浙江等热点区域有望成为首批落户地。截至 2013 年底，国家工商总局已经核准了 35 家带有"银行"字眼的企业名称。

2. 我国证券业的改革创新

近几年，证券业出台了一系列改革创新措施，规范资本市场的发展，发挥资本市场应有的功能，同时更加注重对投资者的保护，使其投资获得相应合理的回报，推动我国资本市场走向快速、健康、可持续发展的道路。

（1）鼓励上市公司现金分红

2011 年 11 月 8 日，证监会发文要求上市公司完善分红政策，并规定上市公司在公司招股说明书中，要细化分红政策和计划，做好分红规划，向投资者公开分红安排。

由于历史原因，我国股市一直被称为"融资市"，只重视证券市场给上市公司的输血功能，不重视中小投资者利益的保护。其中，最主要的表现就是我国上市公司基本上分红比例极低，很多上市公司多年不分红。据统计，截至 2011 年 11 月初，沪深两市上市公司共募集资金 4.65 万亿元，而两市累计现金分红仅约 2.05 万亿元，占两市总股本 30% 左右的一般投资者，所获得的分红仅为 0.61 万亿元。

在分红制度不完善的情况下，公司排队上市融资或者上市再融资的成本极低，甚至可以说上市公司基本上是无偿占用投资者的资金，成为我国资本市场中最大的赢家。因此，对于一般投资者来说，不能获取合理的投资回报，只能通过炒作和投机等方式，在股价大幅波动中获取差价。通过实施强制分红制度，可以从根本上扭转这种局面，促进证券市场的健康发展。

2012 年 5 月，中国证监会发布了《关于进一步落实上市公司现金分红有关事项的通知》，在充分尊重公司自治的基础上，引导上市公司建立持续、清晰、透明的现金分红政策和决策机制，加强对未按承诺比例分红、长期不履行分红义务的公司的监管约束，推动上市公司不断完善投资者回报机制；同时，加大新闻宣传和舆论引导力度，切实强化上市公司回报股东意识。2012年度，沪深两市全年实际现金分红金额为4772.28亿元，比上年增长22.34%。截至2012年底，沪深300和上证180指数成分股的股息率分别达到2.66%和2.91%。

（2）推进上市公司退市机制建设

退市机制有利于约束和激励上市公司，提高上市公司质量。2001年我国建立证券市场退市制度，但退市标准单一，程序冗长，经营不善的上市公司往往通过各种手段规避退市，"退市难治"现象突出。上市公司"停而不退"引发了"壳资源"的炒作，相关的内幕交易和市场操纵行为也随之发生。

2012年3月，国务院明确要求按照稳妥有序的原则，健全退市制度。4月，深圳证券交易所修订发布了《深圳证券交易所创业板股票上市规则》，建立了新的创业板退市制度，规定创业板公司退市后统一平移到代办股份转让系统挂牌，不支持已退市公司通过借壳恢复上市。6月，沪、深证券交易所公布了主板、中小企业板退市制度的改革方案，对2008年出台的退市办法进行了修订，增加了连续三年净资产为负或连续三年营业收入低于1000万元，或连续20个交易日收盘价低于股票面值的公司应终止上市等市场化退市标准。7月，沪、深证券交易所分别发布修订后的交易所股票上市规则，对原规则中的退市、停复牌等内容进行了修订，之后又发布了退市制度的相关配套规则，建立"风险警示板、退市整理期、退市股份转让系统以及重新上市制度"等机制。2012年底，深圳证券交易所对2家中小板上市公司做出了终止上市的决定。2013年1月，上海证券交易所"风险警示板"开始正式运行时，有23家ST公司和20家*ST公司的股票纳入特殊交易管理机制。上市公司退市工作牵涉众多投资者的直接利益，需要妥善处理各方关系，确保市场健康平稳运行。下一步，将积极稳妥落实新的退市制度改革措施，不断完善退市相关配套制度规则和市场化机制，实现上市公司退市常态化。

（3）推动"新三板"的设立

2012年8月，经国务院批准，扩大非上市公司股份转让试点工作正式启

动，试点园区除北京中关村园区外，新增天津滨海、上海张江、武汉东湖三个国家级高新技术开发区。中国证监会按照"总体规划，分步推进，稳妥实施"的原则，设立全国中小企业股份转让系统（又称"新三板"），为试点园区的非上市股份公司提供股份报价转让等服务。中国证监会已与北京、天津、上海、湖北四省市政府签署了合作备忘录。2012年9月，全国中小企业股份转让系统有限责任公司正式登记成立，首批扩大试点的企业实现挂牌。截至2012年底，先后有207家园区公司在"新三板"挂牌，其中已有7家实现在中小板或创业板上市。扩大试点工作的启动，是推进全国性场外市场建设的重要步骤，标志着非上市公司股份转让试点开始从北京中关村园区走向全国。

规范对非上市公众公司的监管。为了加大对中小企业等薄弱领域的金融支持，深化资本市场服务实体经济的功能，加强对暂不具备公开发行上市条件的成长型、创新型中小企业和小微企业的服务，为民间资本创造更有利的投资环境，根据《公司法》《证券法》及相关法律法规，2012年9月，中国证监会正式发布《非上市公众公司监督管理办法》，并于2013年1月1日起施行。该办法确定了非上市公众公司的范围，提出了公司治理和信息披露的基本要求，明确了公开转让、定向转让、定向发行的申请程序。这一文件的出台标志着非上市公众公司监管纳入法制轨道。

（4）实施IPO制度改革

新股发行体制是指首次公开发行股票时定价、承销和发售等一系列制度安排，核心是定价机制。2005年，新股发行定价由监管部门限定发行市盈率上限等行政指导方式，转为相对市场化的向合格机构投资者累计询价的方式。但是，在买方对卖方有效约束不强、中介机构和拟上市企业信息披露不够准确尽职的情况下，新上市公司普遍存在高市盈率定价和资金超募等问题，上市首日价格高企和之后的快速下降，导致二级市场中小投资者亏损较多，与此有关的非理性"炒新"也影响了市场长期投资理念的改善。从2009年起，按照国务院要求的"分步实施、逐步完善"的原则，有关部门启动了新股发行体制改革，推动健全新股发行市场化定价和约束机制。

2012年，新股发行体制改革继续稳步推进。4月，《关于进一步深化新股发行体制改革的指导意见》公布，进一步明确发行人和中介机构独立的主体责任，调整询价范围和配售比例，加强对发行定价的监管，增加流通股数量，完善对炒新行为的监管，加大对违法违规和不当行为的监管惩治力度。此后，《关于修改〈证券发行与承销管理办法〉的决定》《关于新股发行定价相关问题的通知》《关于进一步提高首次公开发行股票公司财务信息披露质量有关问题的通知》等配套规则相继发布，进一步细化和落实指导意见的各项要求。同时，监管部门加大对发行人、上市公司和会计师事务所的监督检查，开展对首次公开发行在审公司的财务专项检查，推动中介机构切实履行职责。

2013 年 11 月，作为推进股票发行从核准制向注册制过渡的重要举措，证监会在深入调研、广泛听取意见的基础上，制定了《关于进一步推进新股发行体制改革的意见》（以下简称《意见》）。《意见》突出市场化和法制化的原则，坚持把信息披露作为监管的核心理念，通过加大信息公开力度等方式，让审核标准更加透明，同时公开审核进度。另外，在新股发行方面，通过提高各层面和各环节的透明度，让公众实现全过程的监督。《意见》还突出了对中小投资者的合法权益的保护，让其享有充分的知情权、参与权、求偿权和监督权。同时，《意见》更加体现中小投资者在新股配售方面的申购意愿。另外，《意见》还进一步明确了保荐机构、律师事务所和会计师事务所等证券中介服务机构的独立主体责任，由其造成的损失投资者可追偿。

新股发行体制改革的核心是加强制度监管，争取在事前做好合规审核的同时，更加强调事中强化监管和严格事后执法。对相关上市公司和中介服务机构等，一旦有违法违规情况出现，及时采取相应措施，追究相关机构责任，加大处罚力度，从而为整个证券市场营造公开、公平、公正的环境。

（5）规范借壳上市

2011 年 8 月，证监会发布了《关于修改上市公司重大资产重组与配套融资相关规定的决定》，主要涉及规范、引导借壳上市，完善发行股份购买资产的制度规定和支持并购重组配套融资三项内容。2012 年 1 月 30 日，证监会又发布了《〈关于修改上市公司重大资产重组与配套融资相关规定的决定〉的问题与解答》，对借壳上市的行为进一步规范和细化，并且提出重组标准与首次

公开发行股票一致。与此同时，在证监会关于创业板退市政策的征求意见稿中，明确提出"不支持暂停上市公司通过借壳方式上市，政府补贴不纳入当期损益"。这两项政策的出台，将会极大地限制和规范当前不正常的"壳资源"炒作行为，打击关于重组的内幕交易违法行为，对未来证券市场的发展是一个重大利好。

（6）设立投资者保护局

在我国证券市场的历史中，中小投资者的利益经常被忽视。特别是中小投资者人数众多，分布较散，难以形成有效的话语权，同时又缺乏足够的专业知识，常常成为股市波动的受害者。为了加强对投资者的保护，证监会于2011年底正式设立了投资者保护局，把中小投资者利益的保护推到了一个新的高度。

投资者保护局作为证监会内设机构，其职责在于：负责投资者保护工作的统筹规划、组织指导、监督检查、考核评估；推动建立健全投资者保护相关法规政策体系；统筹协调各方力量，推动完善投资者保护的体制机制建设；督导促进派出机构、交易所、协会以及市场各经营主体在风险揭示、教育服务、咨询建议、投诉举报等方面，提高服务投资者的水平；推动投资者受侵害权益的依法救济；组织和参与监管机构间投资者保护的国内国际交流与合作。

（7）加快发展债券市场

建立公司信用类债券部际协调机制，推动债券市场规范统一。2012年3月，经国务院批准，中国人民银行、国家发展和改革委员会和中国证监会成立公司信用类债券部际协调机制，在坚持市场化导向、服务实体经济、放松行政管制、弱化乃至取消行政审批、推动跨市场监管、推动公司信用类债券相关法律法规制度的修改等方面达成广泛共识。中国证监会正在推动监管制度协调，深化银行间债券市场与交易所债券市场互联互通，探索建立跨市场执法机制。

改进公司债券发行管理制度。2012年，中国证监会继续完善公司债券发行审核流程，提升债券发行审核效率，组织交易所举办多期公司债券融资培训活动，提升上市公司债券融资的意识；同时，对2007年以来的公司债券发行试点情况进行了系统总结，从弱化行政审批、丰富发行与交易方式、强化市场约束等角度，对《公司债券发行试点办法》进行了全面修订。

推动创业板上市公司非公债的发行。为多渠道破解中小企业融资难题，完善创业板投融资产品结构，中国证监会积极推进创业板上市公司非公开发行公司债券工作。截至 2012 年底，共受理 15 家企业非公开发行公司债券的申报，其中有 5 家已完成发行工作，合计募集资金 15.5 亿元。

3. 我国保险业的改革创新

（1）研究解决理赔难和销售误导问题

针对消费者反映强烈的车险理赔难和寿险销售误导等问题，保监会研究制定了《机动车辆保险理赔管理指引》，明确了车险理赔服务标准，建立监管指标体系，同时充分利用车险信息平台的数据，加强对理赔真实性的监督。另外，制定出台《人身保险业务经营规则》，从政策层面解决销售误导等问题：鼓励发展风险保障型和长期储蓄型寿险产品；提高销售误导行为的违法违规成本，加大对理赔难的处罚力度，并将典型案例、检查和处罚情况等信息向社会公开；积极探索建立分级管理的保险经营牌照制度。

（2）建立健全保险市场准入和退出机制

保监会在全面系统地总结法人机构准入问题的基础上，探索建立保险经营牌照分级管理制度，鼓励保险企业专业化经营，进行差异化竞争。另外，保监会研究制定保险市场退出的政策，根据股东、人员、业务、法人机构和分支机构的特点，建立多层次和多渠道的退出机制，同时明确从保险市场退出的标准和程序。在经营范围上，既可以选择从全国市场退出，也可以选择从局部市场退出；在经营业务上，既可以选择全面退出，也可以选择部分退出；从时间跨度上，既可以选择长期退出，也可以选择短期退出。

（3）进行保险资金运用市场化改革

资金运用是保险业发展的重要支柱。2012 年，为进一步提高保险资金运用效率，保监会连续发布了资产配置、委托投资管理、债券投资、股权及不动产投资、基础设施债权计划投资、境外投资、金融衍生产品投资、股指期货交易、类证券化金融产品投资、保险资产管理公司等十余项新规，在投资范围和资金托管机构等方面实现了较大突破。一是增加投资品种，允许投向类证券化金融产品和股指期货交易等，并将债券投资品种增加至现有市场公开发行的所

有债券。二是提高投资上限，将投资上市企业股权、不动产的上限分别由5%和10%提高至10%和20%。三是降低投资门槛，保险公司投资无担保非金融企业（公司）债券、未上市企业股权和不动产时，上季末偿付能力充足率下限均由150%下调至120%。四是放宽境外投资，允许保险资金投资25个发达经济体和20个新兴市场国家的股票、股权、不动产。五是拓宽保险资产管理公司的业务范围，允许其受托管理养老金、企业年金、住房公积金等。六是开放投资管理市场，建立市场化竞争机制，引入证券公司和基金公司等交易对手。

保险资金运用市场化改革使我国保险投资范围基本接近成熟保险市场水平，保险公司资产配置的主动性和灵活性得到增强，有利于资产负债的匹配、市场风险的分散和投资收益的提升。

（4）推进农业保险、巨灾保险和个人延税型养老保险发展

2013年3月1日，国务院通过的《农业保险条例》正式实施，从此，针对农业保险的政策将有法可依。另外，财政还将进一步加大对政策性农业保险的补贴力度。根据《农业保险条例》，对从事农业保险经营给予一定的税收优惠，对购买农业保险给予部分保险费补贴，同时鼓励金融机构加大信贷支持力度，特别是对投保农业保险的农业生产经营组织和农民，真正做到让农民受益。保监会要求各保险公司坚持以关系国计民生和国家粮食安全的农产品保险、主要畜产品保险和森林保险为发展重点，努力扩大保险覆盖面。积极推动农作物制种、渔业、农机、农房保险和重点国有林区森林保险的保费补贴试点工作。

党的十八届三中全会通过《中共中央关于全面深化改革若干重大问题的决定》（以下简称《决定》）。《决定》提出完善保险经济补偿机制，建立巨灾保险制度。巨灾保险制度，是指对突发性的、无法预料、无法避免且危害特别严重的如地震、飓风、海啸、洪水、冰雪等所引发的灾难性事故造成的财产损失和人身伤亡，给予切实保障的风险分散制度。目前，云南巨灾保险方案正在制定中。深圳的巨灾保险方案设计了政府统保＋商业保险的"分层保障"制度。政府的救助保险是巨灾保险的第一层，第二层为商业巨灾保险。

（5）启动普通型人身保险费率改革

2013 年 8 月 5 日，普通型人身保险（包括人寿险、健康险和意外伤害险）费率改革启动，长达 14 年之久的人身险 2.5% 预定利率上限从此成为历史。当日保监会发布的《关于普通型人身保险费率政策改革有关事项的通知》中，明确提出普通型人身保险预定利率由保险公司按照审慎原则自行决定，2013 年 8 月 5 日及以后签发的普通型人身保险保单法定评估利率为 3.5%。

据初步统计，人身险利率改革后，4 个月的时间内，就有平安人寿、中英人寿、农银人寿、中德安联人寿等十余家保险企业推出了迎合市场化利率的新产品，新品的预定利率总体比原产品上升了 1 个百分点。

（6）制定"偿二代"偿付能力监管框架

2013 年 5 月，保监会出台了《中国第二代偿付能力监管制度体系整体框架》（以下简称《整体框架》），提出要用 3～5 年的时间，建成我国第二代偿付能力监管制度体系。从目前公布的整体框架来看，"偿二代"将从根本结构上改变我国保险行业的资本监管要求。

"偿二代"将以风险为导向，充分考虑不同资产组合的风险，并据此设置资本监管要求。"偿二代"将保险公司面临的风险区分为可计量风险与不可计量风险，通过风险综合评级，对保险公司所有与偿付能力相关的风险进行综合评价。

《整体框架》作为"偿二代"建设的顶层设计，明确了"偿二代"的总体目标，确立了"三支柱"框架体系，制定了"偿二代"建设的若干基本技术原则，既为"偿二代"建设勾勒了完整的蓝图，也为"偿二代"各项技术标准的研制和测算奠定了坚实的基础。

4. 我国金融改革创新将推动金融中心城市竞争力提升

中国金融改革取得的成就，为金融中心城市建设提供了坚实的基础。没有 30 多年来的金融改革打基础，也就没有当前金融中心建设的成就。很难想象在计划经济体制下，单一银行融资会产生真正的金融中心。中国金融改革不断深化，金融机构多样化发展，金融市场规模不断壮大，金融监管手段日益健全，金融总量持续扩大，金融活动活跃度不断提升，为中国金融中心的发展奠定了良好的基础。金融中心对所在地区的金融市场发展水平、国际化水平和运

行效率都有着很高的要求。具体来说，完备的金融制度、不断创新的金融产品、先进完备的硬件设施、大量云集的金融机构、活跃的金融交易和众多的金融人才等，都是金融中心赖以形成的必要条件。

同时，中国金融改革面临的问题，则对中国金融中心建设提出了新的要求。金融中心汇集了大量的金融机构和人才，对金融产品创新、促进金融交易和金融制度的完备、推动地区金融深化的作用功不可没。具体来说，金融中心可以加速推动市场配置金融资源，完成信息集聚和金融价格发现，对落后地区起到示范作用，促进金融市场与国际接轨，提高金融活动的效率，推动金融机构的金融创新活动，提高金融机构的风险管理水平等，而这些正是中国金融改革需要达到的目标。

（二）中国金融体系不断完善

量变的积累引起质变，金融中心的产生基于某一地区较高的金融发展水平，其中金融规模是一个重要的决定因素。与此同时，金融中心不仅是金融体系高度发展的最终结果，而且在促进本地金融业的发展中也发挥着牵引作用。具体来看，中国金融发展包括以下几个方面：良好的经济发展环境、日益完善的金融体系、巨大的资金供给与需求和大量高素质的金融人才等。这些因素从数量方面为中国提供了金融中心建设的可能性和基础，同时从它们自身的运动规律出发，也引致了对金融中心建设的巨大需求。

1. 金融发展环境日益优化

中国是世界上最大的发展中国家。经过 30 多年的改革开放和社会发展，社会生产力、综合国力和人民生活水平都有了显著提高。2013 年国内生产总值为 568845 亿元，比上年同比增长 7.7%（见图 5）。[①] 中国当前的经济总量稳居世界第二位，仅次于美国。中国已经名副其实地跨入了世界经济大国的行列。

2013 年末，国家外汇储备为 38213 亿美元，比上年末增加 5097 亿美元（见图 6），居世界第一位，有效保障了我国的金融安全。

---

① 本部分内容（数据和图表）来自中华人民共和国国家统计局《中华人民共和国 2013 年国民经济和社会发展统计公报》。

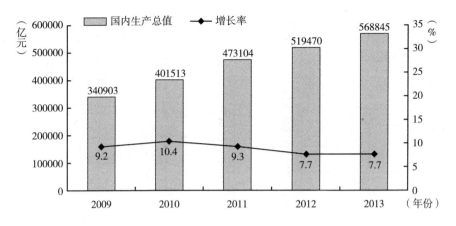

图5 2009～2013年国内生产总值及其增长率

注：图中的增长率是按照可比价格计算的。

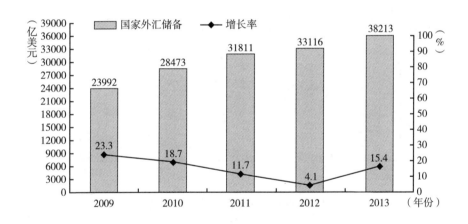

图6 2009～2013年国家外汇储备及其增长率

2013年，全国公共财政收入达到129143亿元，同比增长10.1%，增加11889亿元（见图7）。

2013年，全国农村居民人均纯收入为8896元（见图8），按照可比价格计算，实际比上年增长9.3%。全国城镇居民人均可支配收入为26955元（见图9），按照可比价格计算，实际比上年增长7.0%。根据2012年城乡一体化住户调查，全国居民人均可支配收入为18311元，同比增长10.9%，按照可比价格计算，实际增长8.1%。

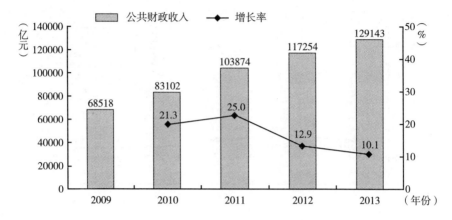

图7 2009～2013年公共财政收入及其增长率

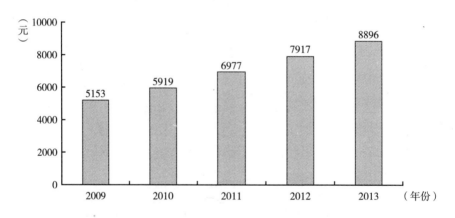

图8 2009～2013年农村居民人均纯收入

2013年，全社会固定资产投资总额为447074亿元，同比增长19.6%（见图10），按照可比价格计算，实际增长18.9%。西部地区投资为109228亿元，同比增长22.8%；中部地区投资为105894亿元，同比增长22.2%；东部地区投资为179092亿元，同比增长17.9%；东北地区投资为47367亿元，同比增长18.4%。

2013年，我国货物进出口总额为258267亿元人民币，合41600亿美元，同比增长7.6%。其中，进口121097亿元人民币，合19504亿美元，同比增长7.3%；出口137170亿元人民币，合22096亿美元，同比增长7.9%（见图11）。

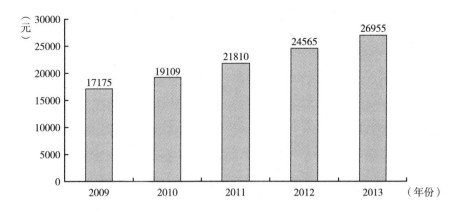

图9　2009～2013年城镇居民人均可支配收入

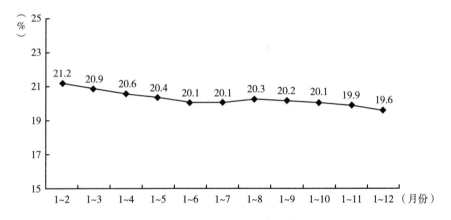

图10　2013年全社会固定资产投资（不含农户）增速（累计同比）

快速发展的中国经济，为中国金融的发展提供了坚实的基础，也对金融业和金融服务提出了快速发展的要求。

2. 金融机构发展迅猛

随着中国金融体制改革的进一步深化和中国经济的快速发展，中国金融业迅速发展，各项指标显著提升，多层次、全方位的金融组织体系、市场体系和服务体系已经初步形成，金融开放迈出了坚实的步伐。

截至2012年，我国银行业机构中共有3家政策性银行，分别是国家开发银行、中国进出口银行和中国农业发展银行；国有商业银行5家，分别是中国工商银行、中国农业银行、中国银行、中国建设银行和交通银行；股份制商业

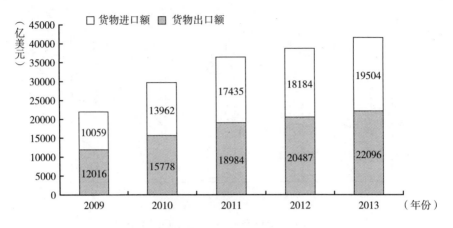

图11　2009～2013年货物进出口总额

银行12家，包括中信银行、中国光大银行、华夏银行等；邮政储蓄银行1家，即中国邮政储蓄银行；此外还有城市商业银行120家，包括北京银行、天津银行等；农村商业银行65家，包括北京农村商业银行股份有限公司、天津农村商业银行、天津滨海农村商业银行等；农村合作银行31家，包括安徽霍山农村合作银行、安徽青阳农村合作银行等；农村信用社27家，包括河北省农村信用社联合社、辽宁省农村信用社联合社等。此外还有三类新型农村金融机构（村镇银行）86家，包括崇明长江村镇银行、奉贤浦发村镇银行等；信托公司31家，包括北方信托、上海国信、华宝信托等；财务公司45家，包括天津渤海集团财务公司、上汽财务、宝钢财务等；金融租赁公司8家，包括工银金融租赁公司、民生金融租赁公司等；汽车金融公司7家，包括东风日产汽车金融公司等；货币金融公司3家，即国利货币经纪、国际货币经纪和平安利顺国际货币经纪有限责任公司；消费金融公司2家，即中银消费金融公司和成都锦程消费金融公司。外资银行75家，包括汇丰银行（中国）有限公司、东亚银行（中国）有限公司、花旗银行（中国）有限公司等（见表6）。

截至2012年，我国保险机构共分为保险集团控股公司、保险公司（财产险）、保险公司（人身险）、再保险公司、保险资产管理公司和外资保险公司代表处6类。其中，有保险集团控股公司10家（见表6），包括中国人民保险集团股份有限公司、中国人寿保险（集团）公司、华泰保险集团股份有限公司等；财产保险公司128家，包括安诚财产保险股份有限公司、华安财产保险股份有限公司等；人身保险公司 177 家，包括金盛人寿、中国太平洋人寿保险股份有限公司等；再保险公司 8 家，包括中国财产再保险股份有限公司、中国人寿再保险股份有限公司等；保险资产管理有限公司 11 家，包括中国人保资产管理股份有限公司、泰康资产管理有限责任公司等；外资保险公司代表处 177 家，包括日本东京海上日动火灾保险株式会社驻中国总代表处、日本生命保险公司北京代表处等（见表 6）。

表 6 2012 年全国各类金融机构统计

单位：个

银行机构类别	机构数量	保险机构类别	机构数量	证券机构类别	机构数量
政策性银行	3	保险集团控股公司	10	证券公司	112
国有商业银行	5	保险公司（财产险）	128	证券交易所	2
股份制商业银行	12	保险公司（人身险）	177	证券投资咨询公司	88
邮政储蓄银行	1	再保险公司	8	证券资信评级机构	6
城市商业银行	120	保险资产管理有限公司	11		
农村商业银行	65	外资保险公司代表处	177		
农村合作银行	31				
农村信用社	27				
村镇银行	86				
信托公司	31				
财务公司	45				
金融租赁公司	8				
汽车金融公司	7				
货币金融公司	3				
消费金融公司	2				
外资银行	75				

资料来源：根据中国银监会网站公开资料整理。

截至 2012 年，我国有证券公司 112 家（见表 6），包括银河证券、国泰君安证券和国信证券等；证券交易所 2 家，即上海证券交易所和深圳证券交易所；证券投资咨询公司 88 家，包括安徽大时代投资咨询有限公司等；证券资信评级机构 6 家，包括大公国际资信评估有限公司和东方金诚国际信用评估有限公司等。

由此可见，中国金融业多层次、全方位的金融组织体系已经初步形成，金

融组织机构数量规模已达到相当高的程度。

3. 金融资产总量不断扩大

截至 2013 年底，广义货币供应量（M2）余额 110.7 万亿元，同比增长 13.6%；狭义货币供应量（M1）余额 33.7 万亿元，同比增长 9.3%；流通中现金（M0）余额为 5.9 万亿元，同比增长 7.2%。

截至 2013 年底，债券市场全年共发行人民币债券 9.0 万亿元，同比增长 12.5%，增速较上年上升 10.1 个百分点。其中银行间债券市场累计发行人民币债券 8.2 万亿元，同比增长 9.9%，增速较上年上升 8.2 个百分点。截至 2013 年底，债券市场债券托管余额达 29.6 万亿元，同比增长 13.0%，增速较上年下降 4.6 个百分点。其中，银行间市场债券托管余额为 27.7 万亿元，同比增长 10.7%，增速较上年下降 6.1 个百分点；占债券市场债券托管余额的 93.6%，占比较上年末下降 1.9 个百分点[1]。

截至 2013 年底，银行业金融机构资产总额为 151.4 万亿元，比年初增加 17.7 万亿元；负债总额为 141.2 万亿元，比年初增加 16.2 万亿元，增长 13.0%。

截至 2013 年底，银行业金融机构本外币各项存款余额为 107.1 万亿元，比年初增加 12.7 万亿元，同比增长 13.5%；本外币各项贷款余额为 76.6 万亿元，比年初增加 9.3 万亿元[2]。

截至 2013 年底，沪深两市上市公司有 2489 家，比 2012 年底减少 5 家。其中，中小板 701 家，创业板 355 家，均与 2012 年底持平。沪深两市总市值达 23.91 万亿元，流通市值达 19.98 万亿元，分别比 2012 年底增长 3.79% 和 9.87%。沪深两市总市值占当年国内生产总值的 42.03%，位居全球第四位，仅次于美国、日本和英国[3]。

截至 2013 年底，我国财产险公司原保险保费收入为 6481.16 亿元，同比增长 17.2%；寿险公司原保险保费收入为 10740.93 亿元，同比增长 7.86%。财产险业务原保险保费收入为 6212.26 亿元，同比增长 16.53%；寿险业务原保险保费收入为 9425.14 亿元，同比增长 5.8%；健康险业务原保险保费收入

---

① 中国人民银行网站。
② 中国银监会网站。
③ 中国证监会网站。

为1123.5亿元，同比增长30.22%；意外险业务原保险保费收入为461.34亿元，同比增长19.46%。财产险业务中，交强险原保险保费收入为1258.86亿元，同比增长12.99%；农业保险原保险保费收入为306.59亿元，同比增长27.43%。另外，寿险公司未计入保险合同核算的保户投资款和独立账户新增交费3295.49亿元[1]。

4. 金融市场日益健全

金融中心的发展，离不开发达的金融市场。在各金融中心城市的建设实践中，都把金融市场建设作为有力的抓手，通过发展金融市场来加快推进金融中心城市建设步伐。即使金融业高度发达的城市，也是不遗余力地推进金融市场建设，从而在金融中心竞争格局中保持领先地位。

北京虽然集聚了全国大量的金融资源，但是金融市场建设一直是北京建设国际金融中心城市的短板。因此，北京提出要重点完善金融市场体系，丰富要素市场。其中，主要措施包括：健全中关村代办股份转让试点；把中国技术交易所打造成具有国际影响力的技术交易市场；把北京文化产权交易所打造成全国文化产权交易的核心市场；加快中国林业产权交易所发展和建设；推动北京产权交易所向集团化方向发展；做大做强北京金融资产交易所，使其成为全国金融资产交易中心；等等。

上海作为国家重点打造的国际金融中心城市，是我国金融市场最发达的城市，在金融市场建设方面具有先天优势。在未来的金融市场建设发展中，上海提出的重点任务是拓展广度和深度，要进一步强化金融市场功能，形成在国际上具有影响力和大宗商品定价能力的金融市场。上海的发展目标是大力丰富金融市场工具，建立健全金融市场运行机制，形成多功能、多层次的金融市场体系。

与北京、上海相比，别的金融中心城市金融实力稍弱，但是也都根据自身特点和实力，提出建设不同特点和类型的金融市场。比如天津提出建设碳排放权交易所、股权交易所和渤海商品交易所等；大连提出依托大连商品交易所，建设区域期货中心；深圳提出在做优做强深交所主板的基础上，重点推进创业板发展，大力发展产权交易市场；厦门的发展重心是培育金融要素市场，重点

---

① 中国保监会网站。

推进海峡两岸文化艺术品交易所等要素市场建设；福州的目标是打造区域性产权交易市场。

通过研究我国各金融中心城市金融市场建设的实践，我们可以看到，这些城市提出建设的金融市场，涉及债券市场、股权市场、场外交易市场、财富管理中心、金融要素市场、基金市场、大宗商品交易市场、期货市场、产权市场、商品交易所等，几乎涵盖了我国现有的所有金融市场类别。虽然由于条件差异较大，各地金融市场建设发展水平有高有低，同时推进速度有快有慢，但是它们有一个相同之处，就是把金融市场建设作为一个重要着力点来推进，这已经成为中国金融中心发展的重要特征。

由此可见，金融中心建设与金融市场建设开始更加紧密地结合到了一起，金融中心建设与金融市场建设互为目的、互为手段，推进金融中心建设就必须推进金融市场发展；反之亦然，推进金融市场发展又是推进金融中心建设的重要方式和手段。因此，中国金融中心城市建设，既是中国金融市场发展的合理延续和必然要求，同时也是进一步促进中国多层次、多样化金融市场快速健康发展的重要手段。

（三）我国人民币国际化步伐逐渐加快

货币的国际化是指一种货币的使用超出国界，在境外可以同时被本国居民和非居民所持有和使用[①]。虽然中国距离完全实现人民币国际化还有很长的路要走，但是目前已经取得了巨大的进步，主要表现在与多国签订了货币互换协议、开始作为国际贸易结算货币使用、香港人民币离岸市场建设加快和人民币在岸市场发展迅速等。

1. 与多国签订货币互换协议与安排

截至2013年2月，人民币是全球排名第14位的支付货币，市场占有率为0.56%。中国的贸易占全球贸易的10%，目前，人民币在国际上的使用率还明显过低。如果人民币要成为一种真正国际化的货币，一个重要的前提是被其

---

① Kenen, Peter, "Currency Internationalization—An Overview", paper, Bok-BIS Seminar on Currency Internationalization: Lessons from the Global Financial Crisis and Prosects for the Future in Asia and the Pacific. Seoul, 19 – 20 March, 2009.

他国家接受为贸易结算货币。通过货币互换协议与安排，企业在国际贸易中不仅可以规避汇率风险，还可以降低汇兑费用；更为重要的是，这也是推进货币国际化进程的一种措施①。

截至2013年6月，中国人民银行已经与韩国、土耳其、中国香港、蒙古、马来西亚、澳大利亚、白俄罗斯、巴西、印度尼西亚、阿联酋、冰岛、巴基斯坦、新加坡、新西兰、蒙古、乌兹别克斯坦、泰国、哈萨克斯坦、乌克兰和英国等国家或地区的货币当局签署了货币互换协议。2008年12月12日，中国人民银行和韩国银行宣布签署规模为1800亿元人民币/38万亿韩元的货币互换协议，这是我国第一个双边货币互换协议，由此开启了人民币国际化的新阶段。之后，为推动双边贸易和投资发展，中国人民银行先后与韩国、中国香港、马来西亚、白俄罗斯、印度尼西亚、阿根廷、冰岛、新加坡八个国家或地区的货币当局签署了双边本币互换协议，总额达到了8035亿元人民币。同时，中国也与一些国家积极探讨建立双边本币结算机制。2011年和2012年，中国先后与新西兰、乌兹别克斯坦、蒙古、哈萨克斯坦、俄罗斯、泰国、巴基斯坦、阿联酋、土耳其等国家央行签署双边本币互换协议。在同一时期，中国又与韩国央行、马来西亚央行和中国香港金管局续签双边本币互换协议并扩大互换规模。2013年6月22日，中国人民银行宣布，其与英格兰银行签署了规模为2000亿元人民币/200亿英镑的中英双边本币互换协议，期限为3年。英国也由此成为首个与中国签订货币互换协议的G7国家。

2. 试点跨境人民币结算，建立人民币回流机制

2009年3月9日，国务院提出在香港地区进行人民币跨境结算中心试点②。2009年7月1日，中国人民银行、商务部、财政部、国家税务总局、海关总署和中国银行业监督管理委员会联合发布文件《跨境贸易人民币结算试

---

① 货币互换协议是指互换双方可在必要之时，在一定规模内，以本国货币为抵押换取等额对方货币，向两地商业银行设于另一方的分支机构提供短期流动性支持。通过货币互换，将得到的对方货币注入本国金融体系，使得本国商业机构可以借到对方货币，用于支付从对方的进口商品。这样，在双边贸易中，出口企业可以收到以本币计值的货款，可以有效规避汇率风险，降低汇兑费用。

② 中国外汇网，人民币国际结算专题，http：//www.chinaforex.com.cn/Default.aspx? tabid = 1103。

点管理办法》，批准试点地区企业和银行开展跨境人民币结算业务。

自开展人民币跨境贸易结算以来，截至 2011 年底，中国进出口贸易中人民币的计价比例已经占到了 10%，跨境贸易人民币结算业务规模达到 1.7 万亿元。这虽然和人民币近期持续升值有一定关系，但也从侧面说明了人民币跨境结算业务的发展非常迅速。2010 年 6 月 17 日，中国人民银行、财政部、商务部、海关总署、国家税务总局和银监会联合发布文件①，宣布将结算试点地区范围扩大到沿海和内地的 20 个省、区、市，境外结算地区范围扩大到所有国家和地区。2011 年 6 月 21 日，央行出台了《关于明确跨境人民币业务相关问题的通知》，明确了外商直接投资人民币结算业务的办法，这成为推进人民币跨境流动的又一重大措施。同年 8 月，上述六部门又联合出台了《关于扩大跨境贸易人民币结算地区的通知》，宣布在全国范围内都可以实行跨境贸易人民币结算。

2011 年，以商务部《关于跨境人民币直接投资有关问题的通知》和中国人民银行《外商直接投资人民币结算业务管理办法》的出台为标志，人民币回流机制开始形成，为人民币直接跨境投资奠定了政策基础。12 月 16 日，中国证监会、中国人民银行、国家外汇管理局联合制定措施②，在符合条件的情况下，允许基金管理公司和证券公司的香港子公司作为试点，运用其在香港募集的人民币资金，在批准的投资额度内，开展境内证券投资业务。根据规定，批准的首批投资额度为 200 亿元人民币。

2012 年 4 月，证监会、中国人民银行和国家外汇管理局决定新增外国直接投资额度 500 亿美元，同时增加人民币合格境外投资者（RQFII）额度 500 亿元人民币。在扩大规模以后，合格的境外机构投资者（QFII）总额度已经达到 800 亿美元，人民币合格境外投资者（RQFII）额度为 700 亿元人民币③。

2012 年，中国人民银行继续开展跨境贸易和投资人民币结算工作，人民

---

① 中国人民银行、财政部、商务部、海关总署、国家税务总局、银监会：《关于扩大跨境贸易人民币结算试点有关问题的通知》，2010 年 6 月。

② 中国证监会、中国人民银行、国家外汇管理局：《基金管理公司、证券公司人民币合格境外机构投资者境内证券投资试点办法》，2011 年 12 月。

③ 《中国积极推动人民币国际化，健全境外回流机制》，《人民日报》2012 年 4 月 10 日。

币在跨境贸易投资中的作用显著增强，有力支持了对外贸易投资和实体经济发展。一是允许所有从事进出口货物贸易、服务贸易及其他经常项目的企业选择以人民币进行计价、结算和收付。2012年3月，中国人民银行会同相关部门发布通知，将参与出口货物贸易人民币结算的主体从试点企业扩大到所有具有进出口经营资格的企业。6月，审核确定9500余家出口货物贸易人民币结算重点监管企业。二是进一步规范了外商直接投资人民币结算业务和境外机构人民币结算账户的（NRA）管理。6月，发布外商直接投资人民币结算业务的操作细则，规范了相关业务办理。7月，对NRA账户的开立、使用和管理等做出了规定。

3. 香港离岸人民币市场初见雏形

离岸金融是设在某一国境内但与该国金融制度无甚联系且不受该国法规管制的金融机构所进行的资金融通活动，主要吸收非居民的资金，为非居民服务[1]。在人民币国际化进程迅速推进的大背景下，建设人民币离岸市场也是大势所趋。而香港作为重要的国际金融中心城市，建设人民币离岸金融中心的条件可以说得天独厚。2011年8月17日，时任国务院副总理李克强在香港明确了香港人民币离岸金融中心的地位，之后出台了一系列支持其发展的措施，增强了香港建设人民币离岸金融中心的信心。

香港在确定了建设人民币离岸金融中心的目标以后，采取多种措施，大力开展离岸人民币业务，发展势头十分迅速（见表7）。截至2012年2月，香港人民币存款规模达到5662亿元。其中，定期存款4064亿元，占全部人民币存款的比重达到71.8%。这说明虽然香港人民币离岸市场发展较快，但是人民币产品类型还不够丰富，定期存款成为人民币理财的主要金融工具[2]。截至2011年11月，香港共发行人民币债券991亿元。同时，在外汇市场方面，香港人民币离岸市场（CNH）和无本金交割市场（NDF）成交都十分活跃。

---

① 华钧：《在天津建立离岸金融中心初探》，《产权导刊》2006年第10期。
② 何帆、张斌、张明、徐奇渊、郑联盛：《香港离岸人民币金融市场的现状、问题、前景与风险》，《国际经济评论》2011年第3期。

表7　香港离岸人民币业务发展历程*

日期	事件
2004 年 1 月	香港开始开展个人人民币业务
2007 年 7 月	第一只人民币债券在香港发行
2009 年 7 月	香港试点人民币贸易结算
2009 年 9 月	发行第一只人民币主权债券
2010 年 2 月	制定香港人民币业务发展和人民币跨境资金流动的监管原则和操作安排
2010 年 6 月	国务院扩大人民币贸易结算试点计划
2010 年 7 月	香港货币当局修订人民币业务清算协议,促进人民币保险产品和资产管理业务的发展
2010 年 8 月	香港宣布设立人民币清算银行,试点与中国内地之外的合格机构投资大陆银行间债券市场
2010 年 11 月	通过债务工具中央结算系统发行人民币主权债券
2010 年 12 月	使用人民币进行结算的企业数目达到 67359 家
2011 年 1 月	香港银行宣布可以为内地企业使用人民币开展海外投资提供资金支持
2011 年 8 月	人民币贸易结算试点计划扩大到整个中国内地
2011 年 10 月	出台《外商直接投资人民币结算业务管理办法》
2011 年 12 月	允许人民币合格境外机构投资者(RQFII)投资中国内地的股票和债券市场
2012 年 3 月	国务院允许内地所有企业使用人民币进行贸易结算

资料来源：笔者根据香港金融管理局《介绍香港人民币业务小册子》（2012 年 3 月，英文版本）（又名 Hong Kong：The Premier Off-shore Renminbi Business Centre）第 20 页表格翻译而来，http://www.hkma.gov.hk/media/eng/doc/key-functions/monetary-stability/rmb-business-in-hong-kong/hkma-rmb-booklet.pdf。

为推动香港人民币债券市场的发展，支持建立香港人民币离岸业务中心，从 2009 年开始，财政部连续 4 年在香港发行人民币国债，累计发行规模为 570 亿元。2012 年，财政部在香港发行人民币国债 230 亿元，其中面向机构投资者发行 155 亿元，面向个人投资者发行 55 亿元，面向国外中央银行发行 20 亿元。这些举措极大地加快了香港人民币离岸市场的建设步伐。

4. 中国境内在岸人民币市场发展迅速

要完全实现人民币国际化，不仅需要人民币离岸市场，更需要在岸市场的支撑。在人民币国际化的整体布局中，上海作为最主要的人民币在岸市场，具有非常重要的地位和作用。

上海在《上海国际金融中心"十二五"规划》中明确提出，以建设人民币跨境支付清算中心为重点，加快建设现代化金融基础设施体系。上海计划以打造人民币跨境投融资中心为重点，努力提高上海金融国际化水平。上海提出要抓住国际金融体系变革调整的机遇，以人民币跨境使用为契机，不断扩大金融对外开放，加快建设人民币市场，不断提升上海国际金融中心参与国际金融竞争、配置全球金融资源的能力。具体措施有：推进金融市场对外开放，鼓励境外投资者和发行主体融入上海金融市场，推进国际板建设，支持有条件的境外企业发行人民币股票和扩大发行人民币债券，等等；积极推进金融服务业对外开放；加快拓展金融机构的全球服务能力，发展跨境贸易和投资人民币结算业务，支持在沪金融机构继续试点与贸易有关的人民币跨境融资、担保等资本项下的跨境人民币业务，鼓励境内银行直接向境外项目提供人民币融资或通过境外分支机构和代理行对外提供人民币贷款；加强境内外金融交流合作。

上海建设在岸人民币金融中心，将与港深离岸金融中心的突破方向进行明确区分。两大金融中心的建设，都是为提高我国金融开放水平服务的。我们看到，建设香港离岸人民币业务中心和粤港合作，其主要目的是支持人民币资本项目扩大开放，探索资本项目自由化，香港将继续作为中国金融体系和国际金融的连接点和中转站而发挥作用；而上海在岸金融中心建设，则是立足于国内金融体系，逐步推进中国金融业和金融市场的对外开放。上海将依托不断提升的中国金融水平，承担起建设有中国特色的国际金融中心的历史任务。

2013 年 12 月，全国关注的上海自贸区金融改革方案出台，中国人民银行正式发布《关于金融支持中国（上海）自由贸易试验区建设的意见》，提出了人民币资本项目可兑换、利率市场化和外汇管理等领域的改革试点措施，人民币资本项目放开正在上海自贸区这一"试验田"全面提速。

虽然上海的定位是国内最重要的在岸人民币金融中心，但是国内的其他金融中心城市也有很多提出要开展离岸金融业务。深圳一直通过开展"两头在外"的离岸金融业务为跨国公司提供服务。随着香港人民币离岸金融业务的迅速发展，深圳提出要依托香港，创新人民币跨境业务。重庆作为重要的服务外包城市，提出要建设离岸结算中心，未来发展成为国际结算型金融中心①。

---

① 《结算量达 350 亿美元，重庆猛推离岸金融》，《21 世纪经济报道》2012 年 2 月 22 日。

天津滨海新区是国务院批准的第三个离岸金融试点，但是一直没有得到很好的发展。2011年6月，北京天竺综合保税区也提出依托保税区，试点开展离岸金融业务。目前，国内很多金融中心城市在发展规划中把开展离岸金融业务当作发展的重点任务。发展离岸金融，不仅是依托国内资源，更重要的是加强对外开放，内外形成合力，共同推进人民币国际化。

（四）区域金融改革步伐不断加快

近年来，与区域经济金融特征相联系的区域性金融改革已成为我国金融体制改革的一个重要方面。这类改革具有专项性质，以试验区形式推进，充分尊重市场原则和自下而上的市场选择，注重发挥地方的积极性和首创精神，鼓励地方先行先试，强调与经济体制改革和全局性金融改革相一致。实践表明，区域性金融改革促进了金融资源配置效率的提高，极大地激发了地区经济与金融的活力，也为地区经济转型提供了有力支持。

1. 区域金融改革是我国金融改革的重要组成部分

从改革路径看，我国金融改革可以分为两个维度。第一个维度是全局性的金融改革，从顶层进行制度设计，自上而下进行统一部署，并在全国范围内实施。比如大型商业银行股份制改革、农村信用社改革、利率市场化改革和汇率形成机制改革等。第二个维度是专项金融改革，其中区域性改革立足于本地实际，突出改革的区域特征，采取先试点、再总结、后推广的模式，尊重自下而上的市场选择，与全局性金融改革相互补充、相互促进。

区域性金融改革注重与区域发展特征相联系，具有以下特点：一是立足于当地经济金融实际，尊重市场规律，发挥地方积极性和首创精神，充分挖掘当地潜力，提高了金融资源配置效率。二是以某一项或某几项金融创新为核心，配合产业政策、财税政策、金融政策等一揽子政策，注重综合统筹。三是形式多样，既有区域性金融中心建设，也有金融综合改革试验区建设和金融专项配套改革。四是几乎所有区域性金融改革都发端于地方和市场主体，有些是自发先行探索，有些是在取得阶段性成果后由省部层级共同推进，还有些直接由国务院批准实施。

改革开放初期，我国批准了深圳、珠海、汕头、厦门四个经济特区，极大地带动了当地乃至全国的经济发展，并为我国深化改革、扩大开放积累了丰富的经验。随着我国金融业的发展，以大型商业银行股份制改革为主要内容的全局性金融改革取得突破性进展。自 2009 年国务院出台《关于推进上海加快发展现代服务业和先进制造业　建设国际金融中心和国际航运中心的意见》以来，我国稳步推进区域性金融改革试点，已经推进和正在研究的目前已达 20 多项，包括浙江温州以推动民间融资规范化和阳光化为中心的金融综合改革、珠三角和前海地区以金融对外开放和粤港澳合作为重点的改革试点等。

2. 我国将进一步推动金融改革试点工作

作为自下而上的金融改革探索，区域性金融改革试点难免会出现一些新的情况和问题，例如有些政策措施突破了现有国家政策规定、工作协调机制不健全、相关部门的职责不够清晰等。区域性金融改革试点应依据进展情况及时纠偏，把控风险和节奏，有效预防改革可能产生的外溢性和不公平等负面效应。各地在推进区域性金融改革试点的过程中，要科学规划，合理布局，结合自身优势，实现错位竞争和差异化发展。要积极引导社会正视金融改革的长期性、艰巨性和复杂性，正确理解改革的目标和意义，合理认识金融改革与经济运行的关系，避免将周期性和结构性经济问题归因于金融改革。要引导舆论正确评估金融改革的成效，避免形成"改革能够立见成效"的错误认识，更多地从提高金融效率、改善融资结构等中长期角度客观评价改革，注重经济、法律等多个领域的政策配套和综合协调。

下一步，国家有关部门将一如既往地重视改革的总体设计，既推动自上而下的重大金融改革，又继续鼓励地方发挥改革积极性，开展区域性金融改革试点，推进创新，不断积累经验并逐渐推广。

四　中国金融中心城市发展的最新态势

中国金融中心建设在近一个时期取得了突飞猛进的进展，对区域经济发展起到了非常重要的推动作用。研究我国金融中心的发展轨迹，发现有以下几个趋势：各金融中心城市发展目标和定位更加清晰，京、沪、深三大金融中心城

市龙头地位日益突出，金融功能区建设成为金融中心城市的重要推手，政府推动依然是金融中心城市发展的主导力量。

（一）各金融中心城市发展目标和定位更加清晰

中国经济发展势头良好，经济基础雄厚，但与此同时，中国东西部地区发展明显不平衡，这就为多个区域金融中心的形成提供了可能。当前，国内众多城市提出了建设国际金融中心的目标，为了避免重复建设和恶性竞争，各金融中心城市更加注重切合实际，从自身条件出发找准定位。从定位层级上看，有的金融中心城市的定位是成为国际金融中心，比如北京、上海和深圳；有的金融中心城市的定位是区域性金融中心，仅服务所在区域的经济和城市群，比如天津、西安和郑州等；也有的金融中心城市的定位是服务国际金融中心的，比如杭州、南京等。由此可以看出，各金融中心城市都根据自身特点和地理位置，明确了自身的目标定位，走差异化发展道路的趋势比较明显。

为了更好地指导各中国金融中心的建设实践，各金融中心城市都在"十二五"之初，制定了自身的规划，提出"十二五"时期金融中心建设的思路，明确了未来发展的差别化定位和目标（见表8）①。

表8 中国金融中心城市的发展定位和目标

序号	金融中心	建设目标和定位
1	北　京	具有国际影响力的金融中心城市
2	天　津	建设与北方经济中心相适应的现代金融体系和全国金融改革创新基地
3	大　连	东北地区的金融中心
4	济　南	黄河中下游地区金融中心
5	青　岛	区域性金融中心
6	石家庄	冀中南经济区金融中心
7	沈　阳	东北区域金融中心
8	长　春	东北区域性金融创新城市
9	上　海	与我国经济实力以及人民币国际地位相适应的国际金融中心
10	南　京	区域金融中心城市

①　所引用的30个城市的"十二五"规划和金融业（现代服务业）专项规划参见本书附录表1。

序号	金融中心	建设目标和定位
11	杭　州	长三角南翼区域金融服务中心
12	苏　州	与上海国际金融中心互补的功能性金融中心
13	宁　波	区域性金融结算服务中心和具有全国性影响力的金融后台服务基地
14	合　肥	金融综合服务基地和区域性金融中心
15	武　汉	区域金融中心
16	郑　州	区域性金融中心
17	深　圳	全国性金融中心，港深大都会国际金融中心重要组成部分
18	广　州	国家战略层面的区域金融中心
19	长　沙	长株潭区域性金融中心
20	南　昌	区域性金融中心
21	厦　门	两岸区域性金融服务中心
22	福　州	海峡两岸金融服务中心
23	成　都	具有国际辐射力和带动作用的国际性区域金融中心
24	重　庆	长江上游地区金融中心
25	西　安	西部区域性金融中心
26	兰　州	西部区域性金融中心
27	乌鲁木齐	中国西部和面向中西亚的区域性金融中心
28	南　宁	面向东南亚的区域性金融中心
29	昆　明	面向东南亚、南亚的区域性国际金融中心
30	哈尔滨	东北亚区域重要的金融中心

资料来源：根据各金融中心城市官方网站公开资料整理。

（二）京沪深三大金融中心城市龙头地位日益突出

无论是从金融中心城市的金融竞争力上，还是从金融资源的集聚程度上，北京、上海和深圳都处于我国金融中心城市的龙头地位。

首先，从发展目标定位上，北京、上海和深圳是国际金融中心城市，而其他金融中心城市都是功能性金融中心城市或者区域金融中心城市，发展目标不在一个层面，京、沪、深必然会在全国金融中心城市体系中处于龙头地位[①]。《上海国际金融中心"十二五"规划》提出，显著提升上海国际金融中心配置

---

① 这里只需指出一点，即广州的定位是"国家战略层面的区域金融中心"，不是全国性金融中心。各金融中心定位参见表8。

全球资源的功能和服务我国经济社会发展的能力，为到 2020 年把上海建设成为与我国经济实力以及人民币国际地位相适应的国际金融中心打下坚实的基础。《北京市"十二五"时期金融业发展规划》中，明确了建设具有国际影响力的金融中心城市的目标，并提出了自身的战略定位，即"六个中心"：国家金融创新中心、国家支付清算中心、国家债券市场管理中心、全国股权投资中心、全国财富管理中心和全国金融人才中心。《深圳市金融业发展"十二五"规划》提出，把深圳建设成为全国重要的金融中心，即全国性的金融中心。深圳将以金融创新、多层次资本市场、财富管理、中小企业融资为特色，最终成为港深大都会国际金融中心的重要组成部分。虽然深圳的经济金融综合实力与北京和上海相比有差距，但是如果与香港形成良好的互动合作，将大大提升深圳金融中心的金融竞争力和辐射能力。

其次，区域经济圈是我国经济社会的重要特征，而北京、上海和深圳刚好是我国三大经济圈的中心城市。研究表明，金融中心城市具有很强的辐射效应，金融中心越发达，就会集聚越多的金融资源，其辐射的范围就越大，影响力就越强，就越能带动区域经济发展，推动区域金融的深化。随着金融中心城市的不断发展壮大，金融功能就会日趋成熟，金融资源会通过金融机构的产品和服务向周边地区流动。上海作为长三角的龙头，主要是通过国际金融中心的集聚力、辐射力和带动力，来更好地服务长三角地区。而深圳作为"泛珠三角"地区的国际金融中心，主要发挥着对"泛珠三角"经济圈和中国东盟贸易区的辐射、集聚和带动作用。作为环渤海地区的中心城市，北京对环渤海地区乃至整个东北亚经济圈形成有效辐射。从各金融中心城市的定位也可以分析出，这些经济圈中的其他金融中心城市的定位就是为区域经济服务的，甚至是充当国际金融中心的副中心，为其发展提供服务，承接其外溢金融资源。

最后，从各金融中心城市的金融竞争力方面来说，北京、上海和深圳也是处于遥遥领先的地位。在全球最具影响力的伦敦金融城全球金融中心指数评价体系中，中国大陆地区只有北京、上海和深圳入选，并且排名比较靠前。不仅如此，在《中国金融中心发展报告（2010～2011）》中，根据我们的指标体系加以综合分析和评价，也只有北京、上海和深圳三个城市属于第一聚类的金融中心城市，综合得分都超过了 0.04 分，属于国家级金融中心。另外，参考深圳综合开发研究院对金融中心城市的评价结果，上海、北京和深圳分别位列前三名，综合竞争力遥遥领先于其他城市（上海、北京和深圳的得分分别是112.45 分、100.77 分和 62.95 分，而排名第 4 位的广州得分仅为 39.29 分）。①

（三）金融功能区建设成为金融中心城市的重要推手

金融功能区，顾名思义，就是实现金融资源空间集聚、有效发挥金融功能的一定区域。金融功能区属于商务区，是经济功能区，即具有一定经济功能的聚集区域②。金融功能区是金融中心城市建设和产业布局的重要载体和空间形态。伦敦、纽约、东京是发展成熟的三大国际金融中心城市，香港和新加坡是亚太区域两大金融中心城市，巴黎和法兰克福则是欧洲两大区域金融中心城市。这些金融中心城市发展的成功经验之一就是它们都有若干能够承载金融产业发展的金融功能区。

金融业发展最大的特征就是金融资源在空间上的集聚。各金融中心城市都充分认识到了建设金融功能区的重要意义，制定出台各种优惠措施，吸引各种金融机构入驻，打造金融聚集区。实践表明，目前中国金融中心城市都在大力推进自己的金融功能区建设。很多金融中心的金融功能区已经形成了一定规模，比如北京的金融街和 CBD、上海的陆家嘴金融城和外滩金融聚集带、深圳的福田 CBD、广州天河 CBD、西安浐灞金融商务区、天津滨海新区于家堡金融商务区、厦门滨北金融商务区、杭州钱江新城、福州海峡金融街、哈尔滨群力新区金融商务区、合肥滨湖金融城、南京河西 CBD、沈阳金融商贸开发区、南昌红谷滩 CBD、郑东新区 CBD、乌鲁木齐高新区 CBD 和成都天府新城等。作为典型的金融功能区，这些区域都聚集了大量的金融机构和企业总部，是金融业的核心聚集区域，也是当地经济贡献度最高的城市，对经济发展发挥着巨大的带动作用。

---

① 余凌曲等：《CDI 中国金融中心指数（CDI CFCI）报告（第三期）》，中国经济出版社，2011，第 4 页。

② 王剑等：《世界城市功能区空间结构演变浅析——以纽约、东京、伦敦为例》，《北京财贸职业学院学报》2011 年第 2 期。

（四）政府推动依然是金融中心城市发展的主导力量

金融中心的形成虽然有政府推动、自然形成和混合发展三种模式，但是严格地说，中国金融中心的建设，从来都没有离开过政府的主导。从各地建设实践来看，金融中心发展定位的确立金融功能区的规划、各类优惠政策的制定等，都是由政府主导实施的。

在中国的经济发展中，政府一直扮演着重要的角色，中国金融中心的发展也不例外。从各金融中心城市的建设实践来看，基本上选择的是以政府扶持引导为主、与市场配置相结合的道路，这也是混合经济时代的一个重要特征。受金融危机影响，全球经济表现持续低迷，主要的国际金融中心竞争力呈下降趋势，然而同期中国金融中心的发展却取得了引人瞩目的成就。究其原因，最重要的就是政府大量的投入，通过制定一系列政策等措施，使得中国金融中心建设在逆境中快速发展。

在"十二五"的开局之年，各金融中心城市制定"十二五"经济社会发展规划时，就突出提到了建设金融中心的重要性，不仅如此，很多城市还制定了服务业、金融业发展专项规划，指导各地的金融中心建设实践。这些规划，毫无疑问将对当地未来金融中心的发展起到重要的推动作用。在这些规划中，我们可以看到，各金融中心城市不仅提出了自己的发展目标和定位，而且明确了重点任务和对策措施。

五　中国金融中心城市发展仍需注意的问题

（一）金融生态环境需要进一步优化

广义上的金融生态环境是指宏观层面的金融环境，是指与金融业生存、发展具有互动关系的社会、自然因素的总和，包括政治、经济、文化、地理、人口等一切与金融业相互影响、相互作用的方面，主要强调金融运行的外部环境，是金融运行的一些基础条件。狭义上的金融生态环境是指微观层面的金融环境，包括法律制度、行政管理体制、社会诚信状况、会计与审计准则、中介服务体系、企业的发展状况及银企关系等方面的内容。金融生态环境是依照仿生学原理来发展建立金融体系的良性运作发展环境①。

中国社会科学院金融研究所编著的《中国地区金融生态环境评价（2009～2010）》对中国各大城市的金融生态环境从经济基础、金融发展、政府治理和制度文化四个方面进行了综合评价。表9列出了中国金融中心城市整体的金融生态评价结果。

表9　中国金融中心城市金融生态环境评价结果（2009～2010）

城市	政府治理（分）	经济基础（分）	金融发展（分）	制度与诚信文化(分)	综合得分（分）	综合排名
深　圳	0.782	0.849	0.808	0.777	0.804	1
杭　州	0.881	0.665	0.858	0.736	0.785	2
上　海	0.730	0.755	0.782	0.707	0.743	3
苏　州	0.911	0.624	0.638	0.727	0.725	4
北　京	0.734	0.721	0.697	0.708	0.715	5
宁　波	0.796	0.624	0.719	0.716	0.714	6
厦　门	0.617	0.608	0.740	0.705	0.667	8
广　州	0.648	0.718	0.622	0.587	0.654	10
南　京	0.756	0.644	0.618	0.560	0.645	11
青　岛	0.749	0.568	0.514	0.635	0.616	17
重　庆	0.570	0.574	0.643	0.653	0.610	19
成　都	0.675	0.486	0.662	0.574	0.599	21
天　津	0.691	0.572	0.570	0.525	0.590	24
大　连	0.696	0.502	0.523	0.600	0.580	25
福　州	0.769	0.472	0.618	0.458	0.579	26
济　南	0.694	0.529	0.563	0.500	0.572	27
长　沙	0.656	0.450	0.569	0.583	0.565	28
郑　州	0.623	0.503	0.554	0.530	0.552	30
合　肥	0.575	0.439	0.599	0.562	0.544	33
昆　明	0.532	0.412	0.696	0.535	0.544	34
沈　阳	0.618	0.513	0.485	0.409	0.506	37
武　汉	0.513	0.519	0.554	0.392	0.494	41
南　昌	0.599	0.391	0.531	0.421	0.486	42

---

① 参见百度百科，http：//baike. baidu. com/view/168861. htm？fr = aladdin。

续表

城市	政府治理 （分）	经济基础 （分）	金融发展 （分）	制度与诚信 文化（分）	综合得分 （分）	综合排名
乌鲁木齐	0.565	0.342	0.496	0.442	0.461	48
西　安	0.577	0.386	0.486	0.343	0.448	51
南　宁	0.379	0.376	0.620	0.407	0.445	52
哈尔滨	0.530	0.365	0.366	0.460	0.430	60
长　春	0.514	0.311	0.423	0.471	0.430	60
石家庄	0.476	0.392	0.412	0.392	0.418	62
兰　州	0.400	0.310	0.529	0.362	0.400	68

资料来源：《中国地区金融生态环境评价（2009~2010）》，社会科学文献出版社，2011。

从表 9 中，我们可以对中国金融中心城市金融生态环境有一个综合的判断，根据各金融中心城市的综合得分情况，我们把中国 30 个金融中心城市的金融生态环境划分为 3 个等级（见表 10）。

表 10　中国金融中心城市金融生态环境等级评定

金融生态等级	划分标准	城市
1 级	综合得分在 0.650 以上	深圳、杭州、上海、苏州、北京、宁波、厦门、广州
2 级	综合得分在 0.500 ~ 0.650 之间	南京、青岛、重庆、成都、天津、大连、福州、济南、长沙、郑州、合肥、昆明、沈阳
3 级	综合得分在 0.400 ~ 0.500 之间	武汉、南昌、乌鲁木齐、西安、南宁、哈尔滨、长春、石家庄、兰州

资料来源：根据《中国地区金融生态环境评价（2009~2010）》（社会科学文献出版社，2011）第78 页相关图表整理。

从金融生态环境分项评价分析，政府干预经济过多、经济基础薄弱、诚信文化缺失等很多因素都会制约当地金融生态环境的改善。同时从区域来看，与发达地区相比，西部地区的金融中心城市在这些方面还有许多需要进一步提升的地方。发达地区的金融中心城市，在这些分项指标上，也有相对的短板，这是在建设金融中心的过程中需要改进的地方。

（二）金融资源整合成为突出问题

金融资源整合总体上可以提高金融机构和金融市场的运行效率，改变金融机构在金融中心中的竞争格局，它也对金融监管当局提出了新的课题①。进取和守成是金融中心城市建设的两个重要方面，在发展的过程中，我们都要兼顾。但是在中国金融中心建设的实践中，地方政府往往更加关注"进取"的问题，通过出台各种优惠政策等措施，吸引尽可能多的机构入驻。虽然集聚更多的资源可以在一定程度上提升整体实力，但是整合利用好金融中心城市现有的金融资源，发挥尽可能大的效应，更能提高城市的综合竞争力，也可以更好地促进中国金融中心城市的发展。

由于金融业牵涉经济生活的方方面面，因此制定和出台区域金融优惠政策时需要考虑周到，争取做到和谐发展。在促进区域经济发展方面，财政的配套政策比较容易实施，效果也会比较迅速显现，但是推动金融业创新的政策措施、优惠政策的配套和整合措施却难以发挥应有的作用。在我国，货币政策的制定权主要掌握在中国人民银行手中，而金融机构的监管者是证监会、银监会和保监会，因此考虑到金融的系统性风险和分业监管协调的困难，很少会出台符合某一地区特点的区域倾斜金融扶持政策。因此，金融中心更多的是要充分利用现有的金融资源，因势利导，争取通过政策引导等措施，发挥更大的作用。

就目前而言，中国金融中心城市集聚的金融资源已经非常丰富，下一步的重点应该是整合自身的金融资源。由于各金融中心城市的发展目标和定位不同，因此要把握好金融资源整合的方向，确定本地金融资源整合的重点，发挥出金融资源更大的带动和辐射作用。

（三）金融服务实体经济的认识有待提升

全球金融危机最大的教训就是金融要服务于实体经济，不能脱离实体经济发展的需要。因此可以说，金融服务实体经济是金融业健康发展的根基。从历史上看，人类社会最早的经济活动就是实体经济。正是实体经济的不断发展催生了对金融的需求，金融业才随之诞生并逐步发展壮大。分析两者的关系，尽管发达的金融业能够极大地推动和促进实体经济的发展，但从本质上分析，金融业只有立足于实体经济，才能够持续健康发展。

---

① 王力、黄育华：《国际金融中心研究》，中国财政经济出版社，2004，第115页。

2012 年初，第四次全国金融工作会议提出的"五个坚持"原则中，坚持金融服务实体经济的本质要求被放在首要位置。时任国家总理温家宝强调，要从多方面采取措施，确保资金投向实体经济，有效解决实体经济融资难、融资贵的问题，坚决抑制社会资本脱实向虚、以钱炒钱，防止虚拟经济过度自我循环和膨胀，防止出现产业空心化现象。

研究分析中国企业联合会发布的《2012 中国 500 强企业发展报告》可以发现，2012 年中国企业 500 强的个体规模和总体规模虽然有明显的扩大，但是利润额出现下降的企业数量多于以前，还有多个行业出现绩效明显下滑的情况。更值得关注的是，制造业与银行业效益之间的差距不断拉大，制造业开始出现"空心化"的风险。报告显示，在中国企业 500 强中，共有 14 家商业银行入围。2012 年，14 家商业银行营业收入总额为 3.25 万亿元，同比增长30.32%。其中，中国最大的 5 家商业银行，营业收入仅占 500 强企业总额的5.7%，但是利润却占到了 32.2%；与此形成鲜明对比的是，272 家制造业企业的营业收入总额占比为 42.7%，然而利润只占 25.04%。由此可见，强调金融服务实体经济的功能迫在眉睫，否则会给经济健康运行带来很大的风险。

我国改革开放以后，随着经济社会的不断发展，金融业取得了长足的进步，一些金融业发达城市也提出了成为金融中心的目标。可以说，建设金融中心是一种超前的战略思维，可以带动区域经济的发展。但是一些地方政府出于政绩的需要，更加看重金融业所带来的高额税收和 GDP，而忽视金融与实体经济的匹配发展，最终在个别区域出现了资本脱实向虚、以钱炒钱的问题。如果金融业过度向虚拟经济倾斜，就会导致金融资本自我循环，而不能流入实体经济，最后出现实体经济空心化。目前，金融业发展脱离实体经济的不良后果已经开始显现：金融业方面资金炒作和投机盛行，而实体经济的融资需求无法得到满足。金融业发展与实体经济不匹配，就需要政府进行宏观调控，但是可能造成流动性泛滥从而引发通货膨胀加剧，也有可能造成流动性紧张从而制约实体经济发展。

从目前来看，中国金融中心建设在整体上是有利于实体经济发展的，为金融和经济的发展做出了巨大贡献，但是也要注意防止一种危险，就是过分强调金融中心的作用，反而导致金融中心建设脱离实体经济发展的需要。金融中心与实体经济发展息息相关，建设金融中心要把握一个核心，就是金融中心的建设要与实体经济发展的需要相适应。金融中心的建设不能落后于实体经济的发展，从而导致实体经济的融资需求无法得到满足，金融不能有力支持企业的生存和发展，最终制约实体经济的发展；金融中心的建设也不能超前于实体经济的发展，这样就会造成资金空转，资产价格上升，可能会产生泡沫，导致经济危机，损害经济健康运行。因此，在金融中心建设的过程中，一定要处理好它与实体经济发展的关系，牢牢把握金融中心建设要服务于实体经济发展的原则。

（四）金融功能区建设需要科学规划

金融功能区是金融中心建设的载体，国内各个金融中心之间的竞争，更多体现为金融功能区之间的竞争。就像"伦敦金融城"和"华尔街"作为金融核心功能区，分别成为伦敦和纽约全球金融中心的标志一样，中国金融中心城市也在着力打造自己核心功能区。金融核心功能区作为建设金融中心的载体，不仅是要集聚金融资源，更重要的是发挥辐射带动作用，支撑地方经济发展，促进地方产业结构调整和优化升级。各金融中心城市大力推进金融功能区建设的实践表明，地方政府已经意识到其重要性。但是在具体的金融功能区建设方面，出现了一些在未来发展中需要面对和解决的问题。

首先，金融功能区亟须科学的产业发展规划来引导。研究分析我国的金融功能区，一个重要的特点都是基于中央商务区而建设发展的。中央商务区良好的产业基础虽然可以快速地推进金融功能区建设，但是也会造成金融功能区内金融业的主导地位不突出、高端产业和中低端产业并存的局面。从理论上讲，金融功能区的主导产业必须是金融业，入驻的机构应该是以金融机构为主、以与金融相关度高的现代服务业企业为辅。然而在各地金融功能区的建设实践中，更加注重的是引进机构的数量，而对企业性质很少加以限制，这使得金融功能区产业结构混乱、金融机构的集聚程度较低。这种做法虽然短时间内可以吸引大量企业入驻，但是未来会限制金融功能区的进一步提升[①]。

---

① 北京特华财经研究所课题组：《北京金融街功能区建设发展面临的问题研究》，《中国城市经济》2007年第3期，第68~75页。

其次，金融功能区的开发建设需要统筹规划、合理布局。研究分析世界上成功的国际金融中心，一个重要的成功因素就是有科学规划和布局的金融功能区。世界主要金融功能区的发展都是一个从自发到自觉的过程，由于环境优美、交通便利等原因自发形成一定规模之后，相关部门就会对该区进行适当的规划和定位，并对原有的产业结构和空间布局进行适当的调整。无论是对居住人口的调整，还是对区域内物业类型的调整，都是循序渐进的过程，而且也是一个灵活而动态的调整过程。其中涉及旧城保护、市场推动、政府推动等各种影响因素。由此可见，金融功能区的建设是一个漫长的过程，需要逐步推进才能完成，因此科学规划是不可缺少的。然而我国金融中心城市中，由于政府的短视行为，只有个别城市针对金融功能区制定了发展规划，然而能够按照规划认真执行的少之又少。比如，北京虽然制定了"一主一副三新四后台"的金融功能区空间布局，但是并不科学，主要表现在两个方面：一是金融街和CBD在产业结构上存在很多重叠，二是规划过多的金融功能区可能会出现恶性竞争。上海金融功能区也存在规划上的问题，由于陆家嘴金融城地处市中心，土地面积有限，后备土地资源缺乏的问题将日渐凸显①。更多的城市没有制定金融功能区专项规划，很难发挥金融机构和金融市场的集聚效应。

最后，金融功能区需要进一步完善配套设施。金融功能区虽然是以金融业和金融机构的集聚为主，但是也需要建设需要配套设施和基础设施来服务功能区内的主导产业。一般而言，金融功能区需要的基础设施有便捷的交通、发达的通信设施和高速通畅的信息网络系统等。除此之外，金融功能区还需要相关的配套设施有酒店、公寓以及餐饮、休闲娱乐、购物场所和绿地等生活设施。总结国际金融功能区建设的成功经验，非常重要的就是注重完善基础设施和配套设施。纽约为改善曼哈顿商务区的发展环境，修建了大量高档酒店和公寓，改变了曼哈顿"白天繁荣，夜晚鬼城"的状况；法国巴黎的拉德芳斯金融功能区为了给从业人员提供便利舒适的工作生活环境，修建了大量的商务、休

① 王曼怡：《中国特大城市金融功能区竞争力研究——基于波特钻石理论的分析》，《经济与管理研究》2011年第12期，第69～73页。

闲、餐饮和娱乐设施；反观伦敦和东京，由于没有很好地解决配套设施的问题，大量的金融机构聚集到了伦敦金融城以东的金丝雀码头和日本的新宿，因为那里的配套设施更为完善，这在一定程度上分散了金融中心的集聚作用。从中国金融中心城市建设金融功能区的实践来看，虽然有国外金融功能区的前车之鉴，也意识到了完善基础设施和配套设施的重要性，但是发展水平还是不尽如人意，有很多需要完善和提高的地方①。

（五）政府推动模式的内涵有待丰富

在政府推动金融中心建设的过程中，政府不仅决定着金融中心发展的方向，而且通过扶持政策推动着金融中心的建设。政府发挥作用主要依靠的途径包括顶层规划设计、信息技术及资本支持和其他相关配套的支持体系。但是金融中心的形成和发展也依托市场经济的大环境，政府作用的发挥也要依靠市场的力量，从而实现资源要素的合理配置。因此，要正确把握政府力量在金融中心建设中的"度"，政府推动的力量要随着金融中心的发展阶段来调整。

在金融中心的形成和发展中，政府在金融市场制度完善、风险监管和运行环境等方面发挥着主导重要。从宏观角度看，政府主要是运用各种经济政策手段从总体上进行宏观调控；从微观角度看，政府主要是制定实施具体的措施并且保证政策的落实。因此，政府制定政策应更多地关注调整产业结构、调节收入分配、转变经济发展方式，而不是过多地涉足资源配置方面。政府在推动金融中心的形成过程中，推动范围可以按照前期"以政府推动为主、市场作用为辅"，中期"政府与市场作用并举"，成熟后"以市场推动为主、政府作用为辅"的顺序，并根据实际情况进行一定的调整，而不是全部大包大揽，否则可能会扭曲资源配置，反而不利于金融中心的建设。

---

① 北京特华财经研究所课题组：《北京金融街功能区建设发展面临的问题研究》，《中国城市经济》2007 年第 3 期，第 74 页。

分 报 告

Sub-reports

B.2
中国金融改革创新试验区发展评述

摘 要:

中国金融改革创新试验区的建设，本身就是中国金融中心城市得以快速发展的时代背景之一，反过来它又成为这30个城市提升自身金融竞争力的推手，并构成这些城市金融中心建设的重要内容。本报告首先界定了中国金融改革创新试验区的基本内涵，分析了金融改革创新试验区与金融中心建设的关系。其次，根据金融改革创新试验区的历史演变，在分析各种类型金融改革创新试验区发展模式的基础上，研判未来金融改革创新试验区的发展趋势。最后，提出加快推进中国金融改革创新试验区开发建设的政策建议。

关键词:

金融改革创新试验区　金融中心城市

一　中国金融改革创新试验区的设立背景

中国金融改革创新试验区，是指中国大陆自改革开放以来，特别是建立社会主义市场经济体制以来，以金融改革、制度创新、对外开放和推动区域金融合作等为目标所设立的相关试验区。在实践中，我国金融改革创新试验区有着各种不同的形态，如金融贸易区、金融商贸开发区、金融综合改革试验区、金融改革创新综合试验区、金融服务实体经济综合改革试验区和自由贸易试验区等。这些形态不同的金融改革创新试验区，是国家选择在不同区域确定不同改革创新内容，并赋予其特殊政策的具体体现。

中国金融改革创新试验区，从早期的经济特区（金融改革创新只是其中一个方面）到金融综合改革试验区，再到中国（上海）自由贸易试验区，走过了一条概念从模糊到清晰、功能从综合到专业化的发展道路。这个发展历程并不是孤立的，而是与中国经济体制改革的历史进程相适应的。因此，从某种意义上说，中国金融改革创新试验区的设立，既是推动金融中心城市建设的政策创新平台，也是金融服务实体经济发展的客观要求。

党的十八届三中全会明确提出要全面深化改革，"完善金融市场体系"①。紧紧围绕让市场在资源配置中起决定性作用这一中心来深化经济体制改革，强化审慎监管体制和危机处置能力的改革，推动包括汇率弹性和资本项目开放等开放领域的改革②。以此为目标，中国金融改革创新试验区必将担负起"先行先试"、引领中国金融改革创新的先行"探路者"重任。

二 中国金融改革创新试验区与金融中心城市建设的关系

（一）金融改革创新试验区为金融中心城市建设提供试验平台

中国金融改革创新试验区建设与中国金融中心城市建设是紧密联系在一起的。中国金融改革创新试验区自出现以来，一直是站在中国经济金融改革、对外开放和金融创新的最前线，"先行先试"，开拓创新。首先，金融改革创新

---

① 王振峰：《让金融改革为做强实体经济保驾护航》，中国经济网，2013 年 10 月 29 日，http：//finance. eastmoney. com/news/74170，20131029332891716. html。

② 刘煜辉：《十八届三中全会前瞻：中国金融改革涉及三个层次》，《中国经济周刊》2013 年 10月 29 日，http：//finance. eastmoney. com/news/74170，20131029332772344. html。

试验区的建设，是以推动中国金融中心城市发展为己任的。没有金融改革、创新和对外开放，也就没有高度发展的金融业，也就谈不上金融中心建设。其次，金融改革创新试验区建设是金融中心城市建设的重要内容，它从金融改革创新、区域金融合作、引领示范、拉动区域经济发展等方面为金融中心城市提供试验平台，总结积累经验。最后，中国金融改革创新试验区建设是中国金融中心城市建设的重要推手。

当然，也不能把金融改革创新试验区与金融中心城市混为一谈。

首先，从目标定位上看，金融改革创新试验区是在全国范围内选择特定区域，开展各类金融改革创新和对外开放试验，为国家的改革摸索经验等，突出的是"先行先试"这一特征。而金融中心城市建设，是某城市基于自身的经济条件、基础设施和金融发展实力等资源禀赋，在金融竞争力和城市经济实力等方面加快提升，其目的是加快自身的金融产业发展，形成发展的新特色和城市功能的新定位。

其次，从发展手段上看，金融改革创新试验区依靠的是国家和各级政府赋予的"先行先试"的优惠政策，目的是推动试验区内的金融改革、创新和开放等等。而金融中心城市建设则是一项综合的系统工程，需要从经济发展力、基础设施支持力和金融发展实力等方面同时着力提升，才能够推动金融中心城市的建设和发展。

再次，从覆盖范围上看，金融改革创新试验区与金融中心城市的区域有重合，也有差异，有的金融改革创新试验区本身就坐落在金融中心城市范围内，有的却在金融中心城市范围之外；有的金融中心城市在金融改革创新试验区之内，也有的范围是完全重合的。

最后，从发展结果上看，金融改革创新试验区通过"先行先试"会形成可以复制的经验模式，以便在全国更多的地区进行推广，试验区本身的功能则会随试验任务的变化而有不同，有的继续新试验，有的结束试验。而金融中心城市本身就是具有相当实力的经济中心，也会因建设金融中心而迅速崛起。

（二）金融改革创新试验区是金融中心城市建设的重要组成部分

中国金融改革创新试验区是中国金融中心城市建设的重要组成部分，主要表现在以下四个方面：深化金融改革创新、扩大区域金融合作、肩负引领示范任务和拉动区域经济增长。

1. 深化金融改革创新

随着中国经济与世界逐步接轨，金融日益全球化，中国金融改革创新进入了一个新的时期：既要逐步改革过去形成的金融管理和服务体制，更要积极推进金融创新，加速推进金融国际化，迎接全球的竞争和挑战。金融改革创新试验区享受若干优惠政策，先行先试，有助于探索解决我国金融体制改革中重点难点问题的新路径，深化金融体制改革，加快金融市场、机构和服务等的创新。

例如，温州金融综合改革试验区成立后，马上就提出了12条金融综合改革细则，其中有规范发展民间融资、深化地方金融机构改革、完善地方金融管理体制、建立金融综合改革风险防范机制等金融改革方面的内容，更多的还是像加快发展新型金融组织与专业资产管理机构、研究开展个人境外直接投资试点、创新发展面向小微企业和"三农"的金融产品与服务、探索建立多层次的金融服务体系以及培育地方资本市场等涉及金融创新方面的内容。

再如，珠三角金融改革创新综合试验区更是涉及城市金融改革创新综合试验、农村金融改革创新综合试验、城乡统筹发展金融改革创新综合试验等多方面的内容。福建泉州金融服务实体经济综合改革试验区则提出"进一步提升金融服务实体经济的能力，探索金融服务实体经济的新途径，建立健全与社会主义市场经济发展相适应的金融体制机制，促进实体经济又好又快发展"。

这些试验区针对当前金融改革中的重点难点问题，先行先试，为全国金融体制改革和创新的深化总结经验，探索新路。

2. 扩大区域金融合作

我国金融改革创新试验区中，有着鲜明的区域金融合作的内容，主要是与港澳和台湾地区的金融合作。深圳前海、珠海横琴和广州南沙是深化粤港澳经济金融合作的重要平台。深圳前海深港现代服务业合作区提出，将以"创新、市场化、与国际接轨"为指导思想，在"一国两制"框架下，努力打造粤港现代服务业创新合作示范区。珠海横琴新区则提出，以合作、创新和服务为主

题，充分发挥横琴地处粤港澳接合部的优势，推进与港澳的紧密合作、融合发展，逐步把横琴建设成为带动珠三角、服务港澳、率先发展的粤港澳紧密合作示范区。《广州南沙新区发展规划》则提出"立足广州、依托珠三角、连接港澳、服务内地、面向世界，建设成为粤港澳优质生活圈和新型城市化典范、以生产性服务业为主导的现代产业新高地、具有世界先进水平的综合服务枢纽、社会管理服务创新试验区，打造粤港澳全面合作示范区"。

福建省平潭综合试验区的发展定位是"探索两岸交流合作先行先试的示范区"和"海峡西岸经济区科学发展的先行区"。《厦门市深化两岸交流合作综合配套改革试验总体方案》明确提出要建设两岸区域性金融服务中心。方案指出，厦门要加快建设辐射海西、服务两岸的区域性金融服务中心，必须根据国家金融开放总体部署，积极推动金融业的体制创新、产品创新和管理创新，扩大和深化金融服务范围。昆山深化两岸产业合作试验区的三大定位是"两岸产业合作转型升级的先行先试区、两岸中小企业深度合作的重要载体、两岸交流合作模式创新的示范平台"。此外，泉州金融改革方案中也提出努力打造"台港澳侨资集聚中心"和"实体金融服务中心"。

这些金融改革创新试验区的发展，将进一步促进内地和港澳台地区的经济金融合作，为我国金融国际化的进程探索路径，积累经验。

3. 肩负引领示范任务

国家批准设立的各类金融综合改革试验区，其经济金融方面的改革与创新，不单单是为了自己一城一地的发展，而且肩负着为全国的经济金融改革与创新而探路的光荣任务。因此，金融改革创新试验区的探索成果，会在区域经济中推广开来，对区域经济的发展起着引领和示范作用。

例如，广东珠江三角洲金融改革创新综合试验区是新时期国家推进金融改革发展的重要举措，它包括三大主要方面：城市金融改革创新综合试验区，在珠三角地区建设；农村金融改革创新综合试验区，在环珠三角的梅州市建设；统筹城乡发展金融改革创新综合试验区，在环珠三角的湛江市建设。改革开放以来，珠江三角洲就得风气之先，引领全国经济金融改革的潮流，其发展模式也被国内其他地区纷纷仿效。但是这种外向型经济发展模式受国际经济形势影响极大。国际金融危机加剧了内外经济环境的需求不振，我国经济转型升级压力增大，而珠三角地区的压力更加明显。珠三角金融改革高屋建瓴，立足于把已进入后工业化时期的城市群打造成一体化、多层次的金融资本密集型发展区域，具有远远超越经济金融复苏的阶段性、地方性的意义①。

4. 拉动区域经济增长

设立各类金融改革创新试验区，并给予其各类优惠政策和先行先试的权利，一方面极大地调动了试验区上下的积极性，另一方面还形成了政策"洼地效应"，快速推进了试验区建设。试验区的建设对所在省市和区域有着极大的拉动和辐射作用，带动了区域经济的发展。

例如，天津滨海新区于2006年6月开始建设综合配套改革试验区以来，充分利用国家赋予的优惠政策，先行先试，依托京津冀、服务环渤海、辐射"三北"、面向东北亚，努力建设成为我国北方对外开放的门户、高水平的现代制造业和研发转化基地、北方国际航运中心和国际物流中心，逐步成为经济繁荣、社会和谐、环境优美的宜居生态型新城区，被誉为"中国经济的第三增长极"。天津滨海新区综合配套改革试验区探讨的是新的城市发展模式，其目的是在引进外资和先进技术，推动环渤海地区经济发展的同时，走新型工业化道路，把增强自主创新能力作为中心环节，积极发展高新技术产业和现代服务业，发挥对区域经济的带动作用②。充分发挥好服务辐射作用，是中央和天津市赋予滨海新区的重大使命。围绕这项任务，滨海新区从产业对接、功能延伸、科技和人才服务几方面入手，发挥辐射带动作用，促进区域经济发展。从纳入国家战略至今，这片占全国国土面积不到万分之三的土地，已经对我国的区域经济崛起产生了强大的推动力③。

（三）金融改革创新试验区是金融中心城市建设的重要推手

我国设立的金融改革创新试验区，在为全国金融改革创新探索方向、积累

---

① 《金融改革引领经济转型》，《中国经济时报》2012年7月26日，http：//finance. eastmoney. com/news/1350，20120726238931938. html。

② 国家综合配套改革试验区，百度百科，http：//baike. baidu. com/view/1302344. htm。

③ 《天津滨海新区发挥服务辐射作用带动区域经济发展》，人民网天津视窗，2012年11月15日，http：//www. 022net. com/2012/11－15/472675253299546. html。

经验的同时，极大地促进了自身的经济金融发展，打造了区域乃至全国性的经济金融中心。

上海从浦东新区开发和陆家嘴金融贸易区建立以来，经过 20 多年的开发建设，以金融为核心的现代服务业产业体系有序发展，金融机构特别是外资金融机构集聚度高，总部经济集聚度高，是中国内地金融投资机构密集、要素市场完备、资本集散功能强劲的经济增长极。2009 年 3 月 25 日，国务院常务会议通过《关于推进上海加快发展现代服务业和先进制造业建设国际金融中心和国际航运中心的意见》，提出上海国际金融中心的建设目标。

上海国际金融中心地位的确立，又给浦东新区和陆家嘴金融贸易区的金融综合改革创新开辟了更广阔的空间。浦东新区被赋予建设成为上海国际金融中心和国际航运中心核心功能区的战略定位，在强化国际金融中心、国际航运中心的环境优势、创新优势和枢纽功能、服务功能方面积极探索，大胆实践，努力建设成为科学发展的先行区、"四个中心"（国际经济中心、国际金融中心、国际贸易中心、国际航运中心）的核心区、综合改革的试验区、开放和谐的生态区。陆家嘴作为目前国内唯一以"金融贸易区"命名的国家级开发区，被确认为上海国际金融中心的核心区域。

又如，沈阳金融商贸开发区历经 20 年的不断发展建设，实现了由一个市中心棚户区到金融集聚、商贸繁荣的"东北区域金融中心"和"国家优化金融生态综合试验区"的华丽转变。沈阳金融商贸开发区将以打造东北区域金融中心为目标为沈阳经济区城市群和东北老工业基地振兴服务。

再如，厦门市被批准建设两岸区域性金融服务中心。大陆对台金融合作的重大金融改革创新项目，只要厦门具备条件的，就优先安排在厦门先行先试。区域金融中心建设在此和金融改革试验融为一体。

再举一个例子。广州和深圳两大金融中心的地位和分工是珠三角金融改革创新综合试验区建设的重要内容。在金融改革这张蓝图上，广东已经明确了一个金融改革创新综合试验区、两个区域金融中心（广州和深圳）、三个创新平台（前海、横琴和南沙）和一个后援基地（广东金融高新技术服务区）的金融强省建设总体布局。广州以银行、保险、财富管理为重点，着力提升金融市场资源配置能力和辐射能力；而深圳则侧重于发展多层次资本市场、创业投资等，建设与香港紧密融合的金融合作先行区①。

三　中国金融改革创新试验区的发展历程

（一）从经济特区到综合配套改革试验区②

改革开放之前的 30 年，我国仿效苏联模式，建立和发展了高度集中的服务于计划经济的社会主义金融制度。改革开放以后，随着经济体制改革和金融体制改革的深化，我国建立和发展了服务于社会主义市场经济的金融体制。在这一改革进程中，金融体制改革的目标是逐步建立起既强有力而又灵活自如的金融体系，充分发挥金融系统筹集融通资金、引导资金流向、提高资金利用效率和调节社会需求的作用。

1. 经济特区的金融改革创新和开放试验

在我国建立社会主义金融体系的过程中，经济特区为我国金融改革做出了重要贡献。在金融领域，每项重要改革和对外开放，都在经济特区先走一步，总结经验后再研究如何在全国推开。这实际上是中国金融改革创新试验区的雏形，其基本特征一直延续到中国（上海）自由贸易试验区。深圳金融业在中央的支持和自身努力下，大胆创新，率先建立了符合市场经济要求的现代金融组织体系、金融调控体系、金融市场体系，在金融业务方面创造了多个全国第一，为我国的金融业改革开放做出了重要贡献。20 世纪 90 年代中期以来，随着深圳和香港两地金融发展水平的差距迅速缩小，深港合作开始呈现双向互动、金融同城的趋势，特别是支付结算领域的合作迅速取得突破。深港金融合作为深圳金融创新发展注入强大动力。

2. 金融贸易区和金融商贸开发区

20 世纪 90 年代以来，随着中国改革开放的进程加速和社会主义市场经济

---

① 《广东珠三角金融改革创新综合试验区获批将出细化方案》，《上海证券报》2012 年 6 月 29 日，http://news.51zjxm.com/zhengce/20120629/17457.html。
② 刘鸿儒等：《变革——中国金融体制发展六十年》，中国金融出版社，2009。

体制的建立健全，中国金融改革创新进入了一个新的阶段。在这一阶段，中国开始设立一些专门以金融改革创新等为目的的试验区域，比如陆家嘴金融贸易区[①]和沈阳金融商贸开发区[②]等。这一时期的试验区还没有明确的指导思想和改革创新的方向，只是开始把金融改革创新从经济改革创新和开放中单独提出来，展现了一定的前瞻性和预见性。沈阳金融商贸开发区后来升格为国家优化金融生态综合试验区，成为建设区域性金融中心的功能区，带动了整个东北地区金融生态环境的优化。

3. 国家级综合配套改革试验区

真正成为中国金融改革创新试验区先驱的，是国家批准的 11 个综合配套改革试验区[③]。截至 2011 年 12 月，国务院已经批准了 10 个国家级综合配套改革试验区，它们是上海浦东新区综合配套改革试点、天津滨海新区综合配套改革试验区、重庆市全国统筹城乡综合配套改革试验区、成都市全国统筹城乡综合配套改革试验区、武汉城市圈全国资源节约型和环境友好型社会建设综合配套改革试验区、长株潭城市群全国资源节约型和环境友好型社会建设综合配套

---

① 陆家嘴金融贸易区于 1990 年 6 月由国务院批准设立，是 1990 年党中央、国务院宣布开发开放浦东后，在上海浦东设立的中国唯一以"金融贸易"命名的国家级开发区。区域面积为 31.78 平方公里。陆家嘴根据党中央提出的"以上海浦东开发开放为龙头，进一步开放长江沿岸城市，尽快把上海建成国际经济、金融、贸易中心之一，带动长江三角洲和整个长江流域地区经济的新飞跃"的战略部署，以江泽民同志的题词"努力把陆家嘴建设成为面向国际的现代化金融贸易区"为奋斗目标，提出在"十五"期间基本建成面向国际的现代化金融贸易区的设施框架，在 2015 年基本形成亚太区域性国际金融贸易中心。

② 沈阳金融商贸开发区始建于 1991 年，开始时只是一个中心棚户区改造的项目。2002 年被辽宁省政府批准为省级开发区，开始朝着建设东北区域金融中心的方向努力。2010 年 4 月，国务院批准在沈阳经济区开展国家新型工业化综合配套改革试验，在国务院批复的《沈阳经济区新型工业化综合配套改革框架方案》中明确提出，"以沈阳金融商贸开发区为主体，开展国家优化金融生态综合试验，加快建设区域性金融中心，带动整个东北地区金融生态环境优化"。2011 年 9 月 16 日，国务院正式批复《沈阳经济区新型工业化综合配套改革试验总体方案》，进一步指明了沈阳金融商贸开发区今后建设国家优化金融生态综合试验区和东北区域金融中心努力的方向。

③ 国家综合配套改革试验区是为了顺应经济全球化与区域经济一体化的趋势，按照完善社会主义市场经济体系的内在要求，在科学发展观指导下，国家所建立的以制度创新为主要动力，以全方位改革试点为主要特征，对全国社会经济发展带来深远影响的试验区。国家综合配套改革试验除了具有"经济开发区""经济特区"、农村综合改革试验区的内涵，还涉及社会经济生活方方面面的改革，是一项以全面制度体制建设的方式推进改革的系统过程。

改革试验区、深圳市综合配套改革试点、沈阳经济区国家新型工业化综合配套改革试验区、山西省国家资源型经济转型综合配套改革试验区和厦门市深化两岸交流合作综合配套改革试验区。2011年，国家发改委官员表示，改革进入深化阶段，除遇特殊情况，原则性不再接受新的综合配套改革试验区的申请。2013年4月3日，国务院常务会议部署开展现代农业综合配套改革试验工作，会议确定黑龙江省先行开展现代农业综合配套改革试验工作。至此，我国第11个国家级综合配套改革试验区诞生。

4. 综合改革试验区

此外，国务院还决定设立4个"综合改革试验区"（区别于"配套"），即义乌市国际贸易综合改革试点、温州市金融综合改革试验区、珠三角金融改革创新综合试验区以及泉州金融综合改革试验区。在新的历史起点上，金融业全面深化改革的实践，必将推动我国社会主义市场经济基础上金融体制的进一步变革，金融改革创新试验区的生命力也因此得到保证。

（二）金融综合改革试验区

金融综合改革试验区，就是严格意义上的中国金融改革创新和对外开放的试验区。目前国家已经批准的5个试验区分别是温州市金融综合改革试验区、广东珠三角金融改革创新综合试验区、福建省泉州市金融服务实体经济综合改革试验区、云南省广西壮族自治区沿边金融综合改革试验区和青岛财富管理金融综合改革试验区。武汉市金融办主任方洁在汉口银行透露，武汉金融改革创新总体方案有望在2014年获国务院批准。方案一经获批，武汉市将成为全国第6个金融综合改革试验区。此外，宁夏也在争取创建国家级金融改革创新试验区。

1. 珠三角金融改革创新综合试验区

对珠三角金融改革创新综合试验区的政策力度超过温州，涉及城市金融改革创新综合试验、农村金融改革创新综合试验、城乡统筹发展金融改革创新综合试验等方面。

广东提出深入推进珠三角金融一体化，大力增强广州、深圳两个金融中心城市的能级，并根据佛山、东莞、珠海、中山等其他城市的禀赋特点发展相适

应的金融业态，全力打造广州南沙、深圳前海和珠海横琴三个金融创新和开放平台。广东还提出要特别把握粤港澳合作的政策优势，使香港国际金融优势和广东经济腹地优势紧密结合，共同建设最具国际竞争力的金融创新区域。同时，广东将大力提升粤东西北金融服务水平，布置开展一批农村金融以及统筹城乡金融改革创新试点，解决金融资源布局的区域不平衡问题。

为推动珠三角金融一体化进程，广东将着眼于两大方面：一是突出抓好跨境投资人民币结算试点、外商股权投资企业试点等重点工作，以前海、横琴、南沙为平台探索人民币资本项目可兑换业务，以大型金融企业为平台探索金融综合经营；二是加快建立由央行牵头，国家发改委、财政部、银监会、证监会、保监会等有关部委和广东省政府密切合作的部省合作机制。

2. 沿边金融综合改革试验区

2013 年 11 月 21 日，《云南省广西壮族自治区建设沿边金融综合改革试验区总体方案》由中国人民银行等 11 个部委联合印发。

沿边金融综合改革试验区的设立目的是"支持云南省加快建设面向西南开放的重要桥头堡，促进广西壮族自治区深化与东盟的开放合作，积极探索跨境金融改革创新，推动沿边地区和民族地区经济金融和谐发展"。沿边金融综合改革试验区的主要目标是经过 5 年左右的努力，初步建立与试验区经济社会发展水平相匹配的多元化现代金融体系。

沿边金融综合改革试验区发展的总体思路是：优化金融生态环境，加强金融基础设施建设，完善市场组织体系，培育发展金融市场，改善融资结构，提高金融规模和交易效率，深化对外交流与合作，加大金融服务边境地区的力度。积极探索金融改革创新，全面提升跨境金融服务水平，推动资本市场对外开放和扩大人民币跨境使用，逐步增强人民币在东盟和南亚国家的竞争力、影响力和辐射力。

3. 青岛财富管理金融综合改革试验区①

2014 年 2 月，《青岛市财富管理金融综合改革试验区总体方案》（以下简称《方案》）获中国人民银行、国家发改委、财政部、民政部等 11 部委批复，

---

① 《青岛财富管理金改试验区获批》，《山东商报》2014 年 2 月 14 日。

青岛市正式启动建设以财富管理为主题的金融综合改革试验区。

《方案》共部署了6个方面的重点任务：积极培育多元化财富管理机构，探索组建专业化财富管理机构，吸引和聚集各类财富管理机构，构建财富管理高端中介服务体系和行业自律组织体系；大力发展多功能财富管理市场；推动财富管理相关金融改革创新；提高财富管理服务实体经济水平；切实提高防范金融风险的水平；不断优化财富管理发展环境。

"青岛成功获批也是政策的进一步落实。"山东省金融办相关工作人员表示，"青岛获批，在全国诸多金融中心中是唯一一个明确'财富管理'功能的中心，这样可以向客户提供多元化的金融服务，满足企业或是个人资产保值增值的需求，同时，也会带来全省金融改革新的契机，虽然现在还仅仅是一个方案，但未来会有更详细的配套政策。"

而关于青岛财富管理中心，在2013年8月7日山东省出台的金融改革意见中提出，青岛要发展以财富管理为主要内容的高端金融业务，吸引国内外投资理财机构和金融机构集聚，建设成为面向国际的新兴财富管理中心，同时，在金融改革蓝图中也提出将济南打造成区域金融管理中心、资金结算中心。

（三）区域金融合作试验区

区域金融合作试验区指的是根据我国的特殊国情，在国内金融改革和对外金融开放之外的另一类试验区，它们从事的是与香港、澳门两个特别行政区和台湾地区的金融合作。它们既代表着国内金融改革，又体现着对不同金融体制和地区的开放，实质上是金融创新的一种形式。金融改革、金融开放和金融创新三者有机地结合在区域金融合作试验区之中。

1. 粤港澳区域金融合作区

（1）广州南沙新区

2012年9月6日，国务院正式批复同意《广州南沙新区发展规划》（以下简称《规划》）。南沙新区的发展上升为国家战略。这是自1992年国务院批复设立上海浦东新区以来，我国已设立的第6个国家级新区。广州南沙新区的定位及目标是立足广州、依托珠三角、连接港澳、服务内地、面向世界，建设成为粤港澳优质生活圈和新型城市化典范、以生产性服务业为主导的现代产业新

高地、具有世界先进水平的综合服务枢纽、社会管理服务创新试验区，打造粤港澳全面合作示范区。

广州南沙新区的发展分两步走。国务院批准的规划期是 2012～2025 年，在整个建设期中《规划》也规定开发建设分为两个阶段进行，而且明确了这两个阶段的具体发展目标。第一阶段是从现在到 2015 年，第二个阶段是 2016～2025 年。

（2）深圳前海深港现代服务业合作区

开发建设前海，是国家在深圳经济特区成立 30 周年的历史节点上所做出的一项重大战略决策，承担着探索改革开放、科学发展新路子、探索内地与香港紧密合作新途径、探索转变经济发展方式新经验的历史使命。2010 年 8 月 26 日，国务院正式批复了《前海深港现代服务业合作区总体发展规划》。该规划在加快金融业发展方面主要有三方面内容：推动以跨境人民币业务为重点的金融领域创新合作、稳步推进深港资本市场合作、大力推进保险创新发展试验区建设。2011 年 3 月，国家正式将深圳前海开发纳入"十二五"规划纲要。2012 年 7 月，《国务院关于支持深圳前海深港现代服务业合作区开发开放有关政策的批复》发布，表示支持深圳前海深港现代服务业合作区实行比经济特区更加特殊的先行先试政策，打造现代服务业体制机制创新区、现代服务业发展集聚区、香港与内地紧密合作的先导区、珠三角地区产业升级的引领区。

2. 海峡两岸交流合作区

当前，两岸关系处在新的历史起点上，呈现和平发展的良好势头，两岸大交流的局面正在形成，两岸交往制度化和机制化建设有序推进。平潭综合试验区建设、厦门深化两岸交流合作综合配套改革试验区建设和昆山深化两岸产业合作试验区建设，是国家在新形势下促进两岸关系进一步发展的重大战略举措，将在经济上和金融上深化两岸交流与合作，是推进两岸关系和平发展的重要一环，对促进两岸交流合作向更广范围、更大规模、更高层次迈进，对推进两岸关系的和平发展，具有重要意义。

2010 年，国务院颁布《关于支持福建省加快建设海峡西岸经济区的若干意见》，并批准厦门经济特区扩大到全市，同意厦门市在两岸金融合作方面先行先试，建立两岸区域性金融服务中心。2011 年 3 月和 4 月，国家"十二五"

规划和海西规划进一步明确"支持厦门建立两岸区域性金融服务中心，扩大金融改革试点，在对台离岸金融、资金清算等方面率先试验"。2011年12月17日，国务院正式批准《厦门市深化两岸交流合作综合配套改革试验总体方案》（以下简称《总体方案》）。12月21日，国家发改委印发通知，要求认真落实《总体方案》提出的各项改革措施。

《总体方案》提出厦门要建设两岸区域性金融服务中心，中国大陆对台金融合作的重大金融改革创新项目，只要厦门具备条件的就优先安排在厦门先行先试。厦门要根据国家金融业对外开放的总体部署，大力创新金融体制、产品和管理，扩大金融服务范围，加快辐射海西、服务两岸的区域性金融服务中心的建设。

厦门金融试验区建设的主要内容是：以集聚金融资源为重点，逐步完善区域性金融服务体系；以先行先试为重点，逐步形成区域性金融要素市场；以金融改革创新为重点，提升金融为经济发展服务的水平①。

（四）中国金融改革创新的新高度——中国（上海）自由贸易试验区②

中国（上海）自由贸易试验区是新的历史时期中国金融改革创新试验区的起点。随着中国经济金融改革的推进和对外开放的发展，中国日益融入全球经济金融体系，争取自己在全球经济秩序中的话语权和表决权，中国金融改革创新试验区也会采取越来越先进、专业化和符合时代需要的形式。

2013年9月27日，国务院正式发布《中国（上海）自由贸易试验区总体方案》（以下简称《方案》）。方案列出自贸区的五项任务：一是加快政府职能转变；二是扩大投资领域的开放；三是推进贸易发展方式转变；四是深化金融领域的开放创新；五是完善法制领域的制度保障。《方案》还明确指出，将通

---

① 《厦门市深化两岸交流合作综合配套改革试验总体方案》，2011年12月31日，厦门市深化两岸交流合作综合配套改革专题，http://www.xm.gov.cn/zt/zhptgg/bj/201202/t20120221_456880.htm。

② 本部分内容参考了高顿财经研究院《中国（上海）自由贸易区的成因与展望》一文，中国商业电讯网站，http://www.prnews.cn/press_release/59884.htm。

过鼓励企业充分利用境内外两种资源、两个市场，实现跨境融资自由化。这是中国过去金融改革创新试验区的一个总结，又是中国在新形势下全面深化改革试验区建设的新起点。

虽然从《方案》提出到正式挂牌只经历了短短几个月的时间，但事实上建立上海自贸区的想法由来已久，有着深远的政策背景。

首先中国经济增长越来越明显的下行趋势使得建立自贸区十分必要，中国想要走出困境当然需要从外贸发展中找到新的经济增长点。此外，世界贸易和金融的一体化、自由化趋势可能把中国排除在外的形势，更让自贸区的建设变得十分紧迫。2005年新加坡首先提出跨太平洋伙伴关系协议（Trans-Pacific Partnership Agreement，TPP）的概念。新加坡当时仅与周围的文莱等3个太平洋地区小国签署了协定，也只是进行更加自由的贸易合作。2008年美国强势推动TPP，让TPP随后的发展脉络变得清晰起来，时至今日就变成了"美国版"的TPP。美国对TPP如此感兴趣，是因为WTO对于美国最有优势的资源都是限制最严的，一是农业，二是金融服务业。美国通过TPP鼓励世界其他国家开放自己的产业，打开国内市场，允许美国有市场竞争力的产业进入。同时，美国对欧洲国家也设计了与TPP类似的协议——TPIP。如果这两项协定都能最终达成，则全球经济体都将受到美国的控制。这显然不是还没有加入TPP谈判的中国所希望看到的。在TPP谈判刚刚开始时，中国对其持观望态度，并没有采取太积极的行动，而现在太平洋西岸的主要经济体国家都已加入TPP的谈判，这让中国处于尴尬的境地。2013年7月，中国政府第一次表态对TPP有极大兴趣。若按照TPP要求，2020年将是全面开放的限期，届时TPP不仅要求成员国全部相互免除关税，甚至还要全面开放包括农业和金融服务业在内的几乎所有经济领域，实现资本、人员更为自由的流动。虽然TPP到底能不能形成、中国是不是一定会在2020年全面开放还充满不确定性，但作为负责任的政府，一定要未雨绸缪，做最"坏"的打算。如果中国2020年对外全面开放，还没有成熟的自由贸易区，将难以适应新的国际经济形势的发展需要。现在建设一个自由贸易试验区，试验之后还要不断调整，时间还是很紧张的。

此次上海自贸区重要的开放领域是金融服务业，这包括对相关企业的税费减免及行政审批手续简化的改革。但税费减免应该是有条件的，不会将区内所有企业的企业所得税都降到 15%；行政审批手续减免的目标是把现在的审批制变为报备制。除此之外还包括允许外资金融机构享受（准）国民待遇，实现利率条件市场化，展开人民币离岸业务，实现汇率有条件自由浮动。

在自贸区内货币自由兑换也是中国经济改革的另一重大举措。不过所谓"自由兑换"可能并没有人们想象的那么"自由"。在最初也许会出台一些相关规定来控制风险。这个自贸区，用一个更贴切的说法应该是"自由经济区"，改革的内容还有相关的法律法规，绝不仅仅是单纯的贸易问题。

上海自贸区的建设重在"试验"，因此不能单从 28 平方公里的面积看待上海自贸区的意义，更重要的在于其"可复制性"和"可推广性"，对于加快政府职能转变与创新，促进贸易和投资便利化，深化改革和扩大开放，探索新途径，积累新经验具有重要意义。总之，自贸区重在制度改革试验与可复制性，不在于招商引资。

四　中国金融改革创新试验区的跟进措施

中国金融改革创新试验区是富有生命力的，它必将随着中国金融改革、开放和创新的深入而继续发展。但是，任何时间、任何条件下所采取的试验区的一定形式，都会随着情况的变化而进行调整，进一步改革和创新。同时，许多金融改革和试验，虽然在政策上已经允许，但具体在实践中做到什么程度，仍取决于当地的各种跟进措施。因此，我们有必要来研究各试验区的跟进措施，研判未来金融改革创新试验区的发展态势。

（一）上海金融改革试验区

从陆家嘴金融贸易区到浦东新区，再到自由贸易试验区，上海经历了我国金融改革创新的各个阶段。以陆家嘴为例。1990 年国务院批准的陆家嘴金融贸易区是全国 185 个国家级开发区中唯一以"金融贸易区"命名的开发区。为保证金融贸易区的开发建设达到世界先进水平，上海聘请了世界著名规划设计专家与上海规划专家合作设计了总体规划、交通规划和城市规划。陆家嘴金融贸易区经过 20 多年的开发建设，以金融为核心的现代服务业产业体系

正在有序发展，金融机构特别是外资金融机构集聚度高，总部经济集聚度高，是中国内地金融投资机构密集、要素市场完备、资本集散功能强劲的经济增长极。

2009 年 3 月 25 日，《关于推进上海加快发展现代服务业和先进制造业 建设国际金融中心和国际航运中心的意见》由国务院常务会议通过，陆家嘴作为国内唯一以"金融贸易区"命名的国家级开发区，被确认为上海打造国际金融中心的核心区域。2011 年，浦东综合配套改革试点按照"聚焦五大重点、提升五个功能"的总体思路稳步推进，重点改革领域实现了新突破。浦东新区研究制定了《陆家嘴金融城新型管理体制的方案》《陆家嘴金融城管理办法（草案）》，并与相关部门联合发布《关于推动浦东新区跨国公司地区总部加快发展的若干意见》，完善跨国公司总部运营制度环境①。

2013 年初，上海市委市政府明确把深入推进上海国际金融中心建设列为上海市 23 项重点工作的第一项②。2013 年 4 月 23 日，上海清算所推出人民币远期运费协议中央对手清算业务，此举标志着我国在主要的全球化金融衍生品上实现了以人民币计价清算零的突破③。

2013 年 4 月 18 日，浦东新区确定了综合配套改革试点的 24 项年度任务，其中试点建立自由贸易试验区是头等大事。在经济体制改革方面，陆家嘴金融城的管理体制改革是最大的亮点④。

2013 年 9 月 29 日，"中国（上海）自由贸易试验区"正式挂牌成立。中共中央政治局委员、中共上海市委书记韩正为"中国（上海）自由贸易试验区"揭牌，商务部部长高虎城和中共上海市委副书记、市长杨雄共同为"中国（上海）自由贸易试验区管理委员会"揭牌。同时，国家有关部门和上海

① 《浦东综合配套改革》，《上海年鉴（2012）》，2013 年 4 月 10 日，http：//www. shanghai. gov. cn/shanghai/node2314/node24651/n31071/n31082/u21ai731868. html。

② 《杨迈军代表：上海国际金融中心建设优势挑战都明显》，2013 年 3 月 13 日，http：//www. shanghai. gov. cn/shanghai/node2314/node2315/node18454/u21ai721592. html。

③ 《上海清算所推出人民币远期运费协议中央对手清算业务》，2013 年 4 月 23 日，http：//www. shanghai. gov. cn/shanghai/node2314/node2315/node18454/u21ai737002. html。

④ 《浦东头等大事：试点自贸试验区综改确定二十四项年度任务》，2013 年 4 月 19 日，http：//www. pdjjw. gov. cn/pdjjw_ web168/news/detailDo. aspx? sj_ dir = tbtj&ct_ id = 76502。

市领导还为第一批入驻该试验区的企业及金融机构代表颁发证照。

9月29日，根据外商投资法律法规、《中国（上海）自由贸易试验区总体方案》、《外商投资产业指导目录（2011年修订）》，上海市人民政府公布了《中国（上海）自由贸易试验区外商投资准入特别管理措施（负面清单）（2013年）》，该负面清单共涉及18个门类、89个大类、419个中类、1069个小类，共有190条管理措施。在1069个产业小类中，大约17.8%有特别管理措施。

（二）国家综合配套改革试验区

我们以天津滨海新区和重庆两江新区为例来研究国家综合配套改革试验区的后续发展。应该说，国家综合配套改革试验区是在努力完成自己的使命和任务的。

滨海新区在2005年被写入"十一五"规划并纳入国家发展战略，成为国家重点支持开发开放的国家级新区。按照中央要求，滨海新区编制完成了"十一五"规划纲要、城市总体规划和土地利用规划。2006年6月6日，《国务院关于推进天津滨海新区开发开放有关问题的意见》发布，天津滨海新区成为全国综合配套改革试验区。6月12日，天津市政府召开动员大会，学习贯彻《国务院关于推进天津滨海新区开发开放有关问题的意见》。7月3日，天津市市长戴相龙主持召开市政府第73次常务会议。会议原则通过了市发改委关于编制天津滨海新区综合配套改革试验区方案的工作意见，对市政府第三季度的重点工作进行部署。9月9日，天津市印发《天津滨海新区国民经济和社会发展"十一五"规划纲要》，提出建设区域金融集聚区，适应新区和区域发展的需要，加快改革和创新，大力发展金融业，努力创建与北方经济中心和滨海新区开发开放相适应的现代金融服务体系和金融创新基地。到2010年，金融业增加值达到150亿元。2008年11月，《天津滨海新区综合配套改革试验总体方案三年实施计划（2008～2010年）》制定，滨海新区综合配套改革试验进入全面实施、全面推进的新阶段。2011年5月30日，天津市政府印发《天津滨海新区综合配套改革试验第二个三年实施计划（2011～2013年）》。

重庆两江新区于 2010 年 6 月 18 日挂牌成立。重庆按照"立足重庆市、服务大西南、依托长江经济带、面向国内外"的思路，明确了两江新区"三步走"发展战略。2010 年 7 月 3 日，两江新区出台"十二五"规划初步思路。12 月 28 日，挂牌成立重庆两江新区研究院。2011 年 6 月 18 日，重庆市政府、国务院发展研究中心、中国国际贸易促进委员会、联合国开发计划署、世界贸易中心协会（香港）共同主办的首届"两江论坛"隆重开幕。11 月 10 日，重庆市政府印发《重庆两江新区经济社会发展"十二五"规划》（渝府发〔2011〕91 号），标志着两江新区经济社会发展第一个"五年规划"正式出台[①]。2012 年 2 月 16 日，两江新区 2012 年重大基础设施项目建设"百日会战"动员大会隆重召开，在两江新区 1200 平方公里的范围内，全年将实施重点项目 106 项，总投资 1810 亿元，计划完成年度投资 415 亿元，重大基础设施建设全面提速，全力提升发展保障能力，为新区全面发力、实现国家战略、会聚全球高端要素、建设国际化新区奠定坚实基础[②]。

（三）粤港澳金融合作试验区

国务院 2009 年 8 月 14 日正式批复《横琴总体发展规划》，横琴岛被纳入珠海经济特区，以促进粤港澳三地的紧密合作发展和港澳繁荣稳定为出发点，将实行更加开放的产业和信息化政策。2012 年以来，陆续出台了《珠海经济特区横琴新区条例》《珠海经济特区横琴新区商事登记管理办法》等法规制度。珠海市委市政府于 2012 年 12 月 28 日在横琴金融产业基地举办了"横琴新曲三周年工作总结现场会"，对横琴三年来的成就予以充分肯定，并表彰了三年开发建设中的先进个人和集体。

2012 年 10 月 11 日，《广州南沙新区发展规划》出台。南沙新区以深化与港澳的全面合作为主线，统筹推进规划实施，争取真正建设成为深化粤港澳全面合作的国家级新区，在促进港澳长期繁荣稳定、推动珠三角转型发展以及构

---

① 《重庆两江新区成立两周年大事记》，2012 年 6 月 12 日，http：//cq. people. com. cn/news/2012612/20126121947409436644. htm。

② 《两江新区启动 2012 重大基础设施建设三大"百日会战"》，两江新区网，2012 年 2 月 16 日，http：//www. liangjiang. gov. cn/ljxw/class_ 1_ 3/2012216/2012216153244. htm。

建我国开放经济新格局的事业中发挥更大作用。

2009 年前海规划建设启动，3 年中基本完成 49 项详细规划和专项规划，2013 年底前所有规划高质量地完成。前海着力打造为全球财富管理中心、要素交易平台集聚中心、供应链管理中心三大中心。[①]

（四）海峡两岸交流合作试验区

2012 年 1 月 29 日，厦门市召开全面实施《厦门市深化两岸交流合作综合配套改革试验总体方案》动员大会。2 月 14 日，中共厦门市委十一届二次全会在厦门举行，对全面实施综合配套改革、加快推进厦门科学发展新跨越做出全面部署。2 月 20 日，副市长黄强召开分管部门贯彻落实《厦门市深化两岸交流合作综合配套改革试验总体方案》部署推进会，对下一步落实综合配套改革任务进行再动员、再部署。3 月 5 日，厦门市再次出台方案深化两岸合作配套改革，构建"四最"，即"两岸经贸合作最紧密区域、两岸文化交流最活跃平台、两岸直接往来最便捷通道、两岸同胞融合最温馨家园"。3 月 9 日，厦门市召开《厦门市深化两岸交流合作综合配套改革试验总体方案》学习辅导报告会，就实施综合配套改革工作的背景、方案报批过程、主要内容及亮点等进行详细阐述。

（五）金融综合改革试验区

广东省在 2012 年 6 月 26 日召开全省金融工作会议，通过并下发《关于全面推进金融强省建设若干问题的决定（征求意见稿）》。在该决定中提出，将深圳前海、珠海横琴和广州南沙三个地区打造成为"全国金融改革创新与开放发展的重要引擎"。

广东提出要通过 10 年持续不断的努力，将广东最终建设成为国内领先的金融强省，而且在国际上有着较强的影响力和竞争力。广东还提出到 2015 年使金融业增加值占国内生产总值的比重达到 8% 以上，金融业增加值占第三产业增加值的比重达到 15% 以上。

---

① 深圳市前海深港现代服务业合作区管理局网站，http://www.szqh.gov.cn/。

五 中国金融改革创新试验区的发展展望

中国金融改革创新试验区是随着改革开放和金融改革而产生的。它的形式从经济特区到金融贸易区和金融商贸开发区，再到综合改革配套试验区、金融综合改革试验区和区域金融合作区，最后到自由贸易试验区。在数十年的发展历程中，中国金融改革创新试验区不断与时俱进，开拓新内容、新形式，在措施的执行上也不遗余力。因此，中国金融改革创新试验区的顺利发展，为中国金融中心城市建设打好了基础，并构成其重要组成部分，成为中国金融中心城市建设的重要推手。

当然，中国金融改革创新试验区建设也不能和金融中心城市建设混为一谈，它们之间在发展定位和目标、建设手段、可能结果和地域范围等方面有很多重要区别。未来中国金融改革创新试验区的发展方向，将与中国金融改革、创新和对外开放的方向一致，其与中国金融中心城市建设的关系也会越来越紧密。

B.3

中国金融中心城市金融功能区建设评述

摘　要：

金融功能区是各类金融机构、各类要素市场、金融产品的聚集地，金融功能区内集聚了大量的银行、证券、保险、基金等金融机构以及与其相关的法律、会计、审计、投资顾问、信息咨询、专业培训等各类专业服务机构。通常情况下，是否拥有市场完善、功能齐备、机构众多、政策优惠的金融功能区是衡量金融中心城市发展水平的重要指标。建设好金融功能区不仅可以有效地整合金融资源，加快金融创新步伐，而且可以提升金融资源的配置效率。本报告首先介绍了金融功能区的基本概念，在此基础上对各金融中心城市金融功能区的发展现状进行了分析，最后总结了我国金融功能区发展存在的问题，并提出了加快发展的若干政策建议。

关键词：

金融中心城市　金融功能区

一　金融功能区概述

（一）金融功能区的基本内涵

所谓金融功能区，是指汇集了大量金融机构和现代服务企业，以金融产业（银行、证券、保险、基金等）为主，以其他相关现代服务产业（如法律、会计、审计、评估、投资顾问、信息咨询、专业培训等各种中介服务）为辅的区域，它能利用聚集起来的各种要素和条件，有效实现金融资源的高效率配

置，并能促进金融中心城市的经济增长，进而带动整个区域甚至一国的经济发展，从而形成该区域（或该国）的竞争优势。

金融功能区的影响和辐射范围主要取决于其自身实力，比如香港地区中环金融功能区的影响和辐射范围是亚太地区，甚至是全球；上海陆家嘴金融功能区的影响和辐射范围目前主要是中国，在某些方面可以辐射亚太地区。因此，金融功能区的发展演变路径是：区域性国内金融功能区—全国性金融功能区—区域性国际金融功能区—全球性金融功能区。但这只是一般规律，如果某金融中心城市所在国的政局不稳定，经济实力不强，金融管制较多，货币不能自由兑换，其金融功能区的发展也会困难重重。

（二）金融功能区的形成条件

金融功能区是商品货币经济高度发达的产物，它的形成必须满足以下条件。

1. 金融功能区伴随城市的发展而形成，是经济中心城市的最高形态

当商品生产和商品流通的发展以某一城市为中心以后，一方面从生产流通领域游离出大量的货币资金需要寻求投资的场所，另一方面生产和流通领域需要不断补充大量的货币资金进行运转。因此，只有一个城市的经济实力十分雄厚，且成为一定区域的经济中心之后，才可能产生、积聚和使用巨额资金，金融中心的形成才有了基础。但是，金融活动的复杂性和多样性以及金融力量对于经济发展的巨大作用，使得金融中心不可能像商业中心和贸易中心那样具有普遍性，即不是每一个经济中心都有金融中心的功能，只有少数经济中心会发展成金融中心。从这个意义上说，金融功能区是经济中心的最高形态。

2. 金融功能区依托广阔的经济腹地，形成发达的资金市场

城市经济本身尚不足以支撑金融中心的形成。因为资金作为一种资源，必须有十分稳定和可靠的供给地，才能集中起来形成巨大的资金运动，并在运动中形成调节的中心。同时，现代市场经济的发展使融资手段日益多样化，客观上要求建立完善的资金市场体系，并在区域内外形成发达的市场网络，使资金在更广泛的范围内进行流通，从而提高利用效率。

3. 金融功能区具有完善的基础设施，能创造良好的市场环境

资金运动必须有充分和迅捷的信息服务作为保障，因此要求城市提供完善的交通、通信等基础设施，创造良好的流通环境，吸引尽可能多的银行和金融机构在城市活动。否则，建立金融中心只能是城市一厢情愿的空想。

金融功能区形成发展的微观基础条件是各类金融机构的空间集聚，而能否吸引境内外各类机构集聚的关键在于是否有良好的金融环境，良好的金融环境既包括硬件方面，如优越的区位、完善的基础设施、雄厚的经济基础，也包括软件方面，包括政策环境和法律环境。

（三）金融功能区的重要特征

1. 完善的金融市场体系

金融功能区形成的重要标志是高度发达的金融市场体系的建立。资本市场、外汇货币市场、贵金属市场、金融衍生品市场等各类金融市场是金融功能区中必不可少的组成部分。各类市场得以长足发展，结构趋于合理，功能更加完善，提供的金融产品和金融服务日趋多元化、便利化，能满足经济发展的需要和人民群众不断增长的金融需求，是金融功能区发展和金融资源有效配置的必然要求。

2. 发达的金融工具体系

金融功能区是资金融通的有机系统，也是金融市场的集中地，又是信用活动的集中地，因此，金融功能区内必须拥有多样的产品形式和服务手段，包括存单、票据、股票、债券、保险、投资基金和衍生金融工具等多种类型。这些金融工具的使用和流通可以促进资金高效、快速地进行配置，也可以发挥出其风险控制能力，使得金融功能区运行的效率得以保障，又使金融功能区信息不对称导致的信用风险得以控制，保证了金融功能区的稳定。

3. 健全的金融机构体系

在金融功能区中，金融工具的发行以及金融业务的开展均离不开金融机构体系来推动。一般而言，金融功能区应聚集数量众多、功能齐全的金融机构，并形成包括银行（国有大型商业银行、政策性银行、股份制商业银行、城市商业银行）以及保险、证券、基金等非银行机构在内的多业务种类、多功能

交叉的完善金融体系，既可以实现金融机构功能上的互补，又能够扩大地区金融业的规模，实现规模经济效益。

（四）金融功能区的主要类型

1. 按照产生方式可分为自然形成、政府主导及混合发展

自然形成型来源于金融业自身的演变发展，是现实经济发展的结果。各类经济活动的发展对金融商品和服务产生了巨大需求，为满足这方面的需求，金融从业主体和市场应运而生，相关从业主体和市场在一定空间范围内聚合，进而形成金融功能区，即经济活动—金融产品服务需求—金融从业主体和市场——定空间聚合—金融功能区形成。通过需求反应机制可以很直观地了解这种形成方式的内在机理。此类金融功能区通常是在自由市场经济发展较早的国家，通过漫长的历史发展最终形成。

政府主导型，又称为供给引导型，这种类型的金融功能区的形成并不是现实经济需求达到一定程度进而带动金融业自发形成的，而是政府有意规划而为，利用特定区域优越的地理环境和相关产业基础，出台一系列相关优惠政策，甚至直接投资于有关部门和企业，使得特定区域的金融机构在短时期内迅速聚集，金融活动集中开展，短时期内形成金融功能区。这类金融功能区主要集中于通过政府推动行为发展金融业和经济的赶超型经济体。

混合发展型兼具上述两种类型的特点，此类金融功能区的形成发展既有客观经济发展的因素，也有政府人为推动的因素，在金融功能区的不同发展阶段，政府和市场因素交替起着主导作用，这类金融功能区比较成功的代表是新加坡。

2. 按照功能分为筹资型、投资型和政策型

筹资型金融功能区主要的功能定位在于通过广泛吸收外来资金，满足自身及周边区域经济发展和建设对资本的要求。这类金融功能区所在城市区域通常处于快速发展的阶段，自身资金缺口极大，但区域经济发展潜力巨大，对于外部资本具有一定的吸引力，也采取了各种措施，通过金融中心这一渠道吸收外部资本以加快本地经济发展，相应的，为本区域融资服务的筹资型金融中心便应运而生。这类金融功能区的代表案例是位于东南亚地区的新加坡和位于中美洲地区的巴拿马。

投资型金融功能区资本充足，不仅可以满足本地经济发展需要，还有过剩的资本对外进行投资。此类金融功能区的作用主要是吸收本地过剩的资金，汇集起来通过各类金融机构的投资运作，对世界各地资金需求者进行融资投资，进而实现本区域内的资本增值。这类金融功能区的代表是通过吸收周边石油输出国庞大的美元资本进行对外投资的中东地区金融中心巴林国。

政策型金融功能区的主要作用在于为金融监管当局对特定区域内的金融机构和金融活动进行政策监管提供服务。这类金融功能区通常是各级金融监管部门的办公所在地，同时设有金融信息、金融咨询数据的处理发布机构，金融风险管理部门等，这类金融功能区主要承担的是维护区域金融秩序和金融市场稳定的政策职能。

3. 按照辐射范围分为国际性和区域性

区域的范围是不确定的，是相对于全部（全球或全国）而言的，国际性区域金融功能区是指金融功能区内金融业务涉及的范围超出了一国的国界，但又局限于某些国家和地区，比如中国香港和新加坡。国内区域金融功能区是指该金融功能区的金融业务不仅未超越国界，而且国内金融业务也局限于特定地区，比如天津、广州、南京、西安等城市金融功能区。

（五）金融功能区的主要功能

金融功能区的功能有很多，主要包括融资功能、投资功能、交易功能、创新功能和综合服务功能。

1. 融资功能

金融功能区能将周边分散的金融机构、金融活动融入中心城市的金融网络，从而发挥出资金聚集和融通中心之功能。金融功能区通过中心城市的区位优势和发达高效的金融体系，将周边的资金聚集起来进行有效配置，成为资金融通的枢纽。上海陆家嘴金融功能区和深圳蔡屋围金融中心区能够成为全国性的金融功能区，上海证券交易所、深圳证券交易所起到了至关重要的作用。交易所为市场主体发行和交易证券提供的平台，成为重要的资金融通渠道。另外，金融功能区聚集的银行等金融机构通过吸收存款、出售大额存单等负债方

式可以聚集大量资金，满足企业和个人的流动性需求。

2. 投资功能

金融机构的重要职能是充当调节资金余缺的中介，使过剩的资金流向资金短缺的企业和个人，从而实现金融资源的有效配置。传统从事负债资产业务的银行通过发放贷款进行间接投资，证券公司（投资银行）通过证券交易所或OTC交易系统为投资者间接投资提供服务。金融功能区高效投资机制的建立和运行，可以减少投资活动的交易成本，降低投资风险，促进投资增长。

3. 交易功能

金融功能区的必备条件之一就是拥有发达的金融市场。金融市场包括股权市场、债权市场、货币市场、金融衍生品市场、贵金属市场、外汇市场等。金融功能区可以是拥有多种市场的综合性中心，也可以是只有单一市场的功能性中心。金融市场的基本功能就是为买卖双方提供交易的平台和机会，从而实现价格发现和优化资源配置。

4. 创新功能

金融功能区聚集众多金融机构，形成了充分竞争的有效市场，导致现在的金融企业利润迅速降低，主要体现在利差收窄、手续费降低等。若想在激烈的市场竞争中生存，就不可能离开金融创新。金融功能区机构集聚，人才荟萃，为金融创新提供了良好的氛围。科技进步、通信技术等基础设施的完善，使得大型交易网络系统得以运用，金融产品创新供给者可以直接或间接地将产品销售给用户，进而加快金融创新供求的结合。机构从金融创新中赢利，并开始形成示范效应，众多机构追随，由此创新产品和服务得以推广普及，并为新的创新奠定了基础。受金融管制放松的影响，金融衍生品发展迅猛，在有效风险管理的前提下，金融衍生品创新必将推进金融体系改革发展。

5. 综合服务功能

金融功能区聚集银行、券商、保险、信托、基金等各类金融机构，有助于为客户提供全面综合的金融服务，也有利于金融机构之间的业务合作和综合化经营。1999年美国《金融服务现代化法》出台后，美国半个多世纪的分业经营模式终成历史，但银行、券商、保险机构之间交叉持股和业务合作早已启动，与国际化经营模式接轨已是基本趋势，金融功能区通过自身的集聚效应推动国内金融业综合化经营，为消费者、企业、政府提供综合化的金融服务。

二 中国金融功能区发展现状评述

（一）金融中心城市建设金融功能区概况

城市功能区是能实现有关社会资源空间集聚从而有效发挥某种特定经济社会职能的重要空间载体，它集中地反映城市特性，成为现代城市发展的一种形态。典型分类是商业区、工业区及住宅区。金融功能区，顾名思义，是实现金融要素空间集聚、充分发挥金融功能的特定区域。金融功能区属于商务区，是具有一定经济功能的区域。

金融业发展离不开金融要素在特定空间的集聚。这一观点目前已经成为各金融城市中心建设的重要共识，国内金融中心城市金融功能区的建设取得了实质进展。在国内发展实践中，虽然称谓不同，但都是国内金融中心建设的重要组成部分。

研究表明，中国众多的金融中心城市提出了要建设自己的金融功能区及中央商务区。成规模的主要有北京金融街和 CBD、上海陆家嘴金融城及外滩金融集聚带、深圳福田中心区、广州天河 CBD、厦门滨北金融商务区、福州海峡金融街、杭州钱江新城、南京河西 CBD、南昌红谷滩 CBD、沈阳金融商贸开发区、哈尔滨群力金融商务区、西安浐灞金融商务区、乌鲁木齐高新区 CBD、郑州郑东新区 CBD 和成都天府新区金融城等（见表1）。在各金融中心城市的金融功能区，都聚集了相当数量的金融机构和企业总部，该金融功能区也因此成为当地金融业的核心区域，对当地经济发展起着巨大的促进作用。

（二）金融中心城市建设金融功能区层级比较

本报告之后的报告对全国30个金融中心城市32个金融功能区的基本情况加以汇总整理，并进行了比较研究。其列表比较的项目主要包括如下几个方面。

表1 中国金融中心城市重点金融功能区建设基本情况

功能区名称	城市类别	经济总量排名	区位属性	面积范围	业态属性	基础设施	城市环境	成熟程度
北京金融街	直辖市	2	市中心	中小	纯金融	完全建成	较好	高
北京CBD	直辖市	2	市中心	较大	商务金融	完全建成	一般	高
上海陆家嘴金融城	直辖市	1	市中心	中小	纯金融	完全建成	良好	高
上海外滩金融集聚带	直辖市	1	市中心	较大	商务金融	完全建成	较好	高
深圳福田中心区	副省级计划单列市	4	市中心	中小	商务金融	基本建成	良好	中高
广州天河CBD	副省级省会城市	3	市中心	较大	商务金融	基本建成	良好	中高
苏州金鸡湖金融商贸区	地级市	5	城市新区	较大	商务金融	基本建成	良好	中高
南京河西CBD	副省级省会城市	12	城市新区	大	商住混合	基本建成	良好	中高
天津于家堡金融区	直辖市	6	城市新区	大	商住混合	基本建成	一般	中
杭州钱江新城	副省级省会城市	10	城市新区	较大	商务金融	基本建成	较好	中高
重庆江北嘴CBD	直辖市	7	市中心	中小	商务金融	基本建成	较好	中高
大连星海湾金融商务区	副省级计划单列市	14	市中心	中小	商务金融	完全建成	良好	中高
厦门滨北金融商务区	副省级计划单列市	52	城市新区	中小	商住混合	基本建成	良好	中
宁波三江汇金融街	副省级计划单列市	17	市中心	中小	商务金融	基本建成	较好	高
西安浐灞金融商务区	副省级省会城市	29	城市新区	较大	商住混合	基本建成	较好	中
武汉光谷CBD	副省级省会城市	9	城市新区	较大	商住混合	基本建成	良好	中高
青岛金融街	副省级计划单列市	13	市中心	中小	商务金融	完全建成	良好	高
成都天府新区金融城	副省级省会城市	8	城市新区	较大	商务金融	基本建成	良好	中高
沈阳金融商贸开发区	副省级省会城市	15	市中心	中小	商务金融	完全建成	较好	高
济南金融商务中心区	副省级省会城市	23	市中心	中小	商务金融	完全建成	一般	高
昆明泛亚金融产业园	省会城市	43	城市新区	中小	商务金融	建设阶段	较好	低
合肥庐阳区金融集聚区	省会城市	31	城市新区	大	商住混合	建设阶段	较好	中
福州海峡金融街	省会城市	30	城市新区	中小	商务金融	基本建成	良好	中
长沙芙蓉CBD	省会城市	16	市中心	中小	商务金融	完全建成	较好	高
郑州郑东新区CBD	省会城市	19	城市新区	大	商务金融	基本建成	较好	中高
南昌红谷滩CBD	省会城市	45	城市新区	较大	商务金融	基本建成	良好	中高
长春东北中央商务区	副省级省会城市	27	市中心	较大	商住混合	完全建成	一般	中高
乌鲁木齐高新区CBD	省会城市	74	市中心	较大	商务金融	完全建成	较好	中高
哈尔滨群力金融商务区	副省级省会城市	26	城市新区	大	商住混合	建设阶段	较好	中
南宁五象新区	省会城市	60	城市新区	大	商住混合	建设阶段	一般	低
石家庄桥西金融聚集区	省会城市	28	市中心	较大	商务金融	完全建成	一般	中高
兰州新区	省会城市	94	城市新区	大	商务金融	建设阶段	一般	低

资料来源：根据各金融中心城市官方网站资料整理。

城市类别：主要针对金融功能区所在城市的行政级别。

经济总量：金融功能区所在金融中心城市与全国经济中心城市国内生产总值比较。

区位属性：金融功能区所在区域与城市总体格局的关系，分为市中心和城市新区。

面积范围：按照金融功能区规划面积分为大型（10平方公里以上）、较大型（3~5平方公里）和中小型（3平方公里以下）。

业态属性：按照金融功能区规划范围内的建筑功能和产业结构划分为完全以金融机构办公为主的纯金融区、金融机构和其他企业行业混居的商务功能区、商务楼宇与一般住宅混合的商住混合区。

基础设施：金融功能区所在区域基础设施建设的完成情况。

城市环境：金融功能区所在区域的市容市貌和居住生活环境。

成熟程度：金融功能区建设开发的完善程度，包括机构入驻情况、商业人气、生活配套服务提供情况等。

1. 城市类别分析

按照城市的行政级别，可以分为直辖市、副省级省会城市、副省级计划单列市、一般省会城市和一般地级城市。目前，国内开展金融功能区建设的30个城市中，属于直辖市的有4个，属于副省级省会城市的有10个，属于非副省级省会城市的有10个，属于副省级计划单列市的有5个，还有1个地级市（见图1）。

从金融功能区所在城市来看，国内4个直辖市和15个副省级城市都拥有金融功能区，全国28个省（自治区）的省会（首府）中，也有20个拥有金融功能区。从中可以看出，金融功能区的分布与全国主要金融机构的总部、一级分支机构的布局高度吻合，与中国区域行政中心的地理格局基本一致，这反映出金融业长期以来高度受行政管制的影响，金融机构选址一般会邻近区域监管机构集中的行政中心，非行政中心城市若想吸引金融机构入驻形成金融功能区，必须要有优越的政策条件、区位优势和雄厚的经济实力，5个副省级计划单列市和地级市苏州就是这一类城市的代表。

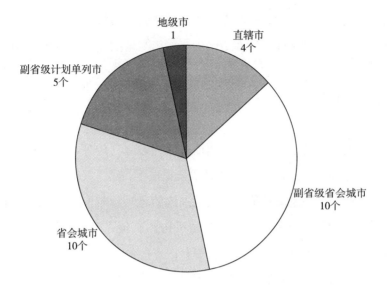

图1 金融功能区所在城市类别分布

2. 经济总量分析

根据金融功能区所在的 30 个金融中心城市 2013 年经济总量的排名情况，国民生产总值位于全国前 10 名的城市有 10 个，位于第 11～20 名的城市有 7 个，位于第 21～40 名的城市有 7 个，第 41 名及以后的城市有 6 个（见图 2）。

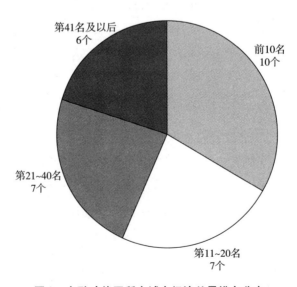

图2 金融功能区所在城市经济总量排名分布

从金融功能区所在城市经济总量排名分布来看，全国国内生产总值前十强的城市全部拥有金融功能区，前20名的城市中只有3个城市没有金融功能区，30个拥有金融功能区的城市中大部分（24个）位于全国经济总量排名的前40名。金融功能区的建设发展离不开所在城市雄厚经济实力的支撑，反过来，一个城市经济规模的扩张也必然带来对金融功能区建设的强烈需求。与此同时，经济总量排在40名以外的城市，主要是西部省会城市和沿海口岸城市，依托其特殊的区域行政中心地位和区位政策优势，金融功能区建设对于城市总体经济规模的依赖程度相对较低。

3. 区位属性分析

通常而言，金融功能区在一个城市的空间布局中，不是分布于城市中心区就是分布于城市新建拓展区。国内主要的32个金融功能区中，位于城市中心区的有16个，位于城市新区的有16个，各自占据半壁江山（见图3）。

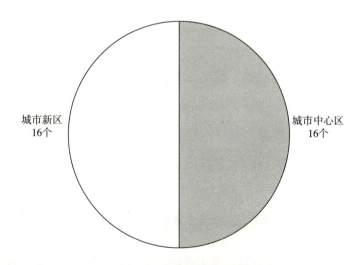

城市新区
16个

城市中心区
16个

图3　金融功能区区位属性分布

从金融功能区基本情况来看，一般而言，建设较早的金融功能区，一般分布于城市主城区中心地带，而近些年新开始建设的金融功能区，往往规划于城市新区范围内，金融功能区建设与城市新区建设一同开展。两种分布格局各有利弊，分布于市中心的金融功能区周边生活配套较为成熟，交通基础设施完善，有利于工作生活，但环境状况较差，交通拥堵严重，建筑物密集老旧；而

将金融功能区布局于规划建设的城市新区，可以做到高水平超前规划建设，空间宽广，绿化率较高，土地成本较低，可以实现低密度花园式开发，但缺点是周边环境不成熟、配套不完善、交通不方便。因此，很多中心城市往往在市区和新区同时布局多个金融功能区，以充分利用市区和新区的基础条件，实现分工配合的协调发展。

4. 面积范围分析

根据各金融功能区官方部门的规划信息，32 个金融功能区中规划面积在10 平方公里以上的大型功能区有 7 个，面积在 3~5 平方公里的较大型功能区有 12 个，面积在 3 平方公里以下的中小型功能区有 13 个（见图 4）。

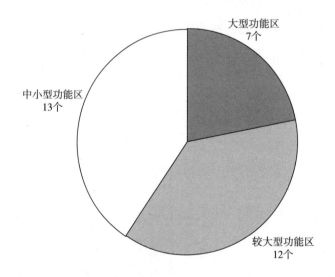

图 4　金融功能区面积范围区间分布

金融功能区是金融中心城市不可或缺的组成部分，各个城市在城市总体规划中都将金融功能区的规划作为重点，各金融功能区规划面积的设定考虑了各城市总体规划布局、城市各区域建设现状和城市金融功能区的现实需求。通常情况下，中小型金融功能区一般位于城市中心地带，开发建设较早，形成了沿街分布的街区格局；但受城市空间布局制约，市区周边拆迁成本高昂，金融功能区面积很难扩大。大型和较大型的金融功能区一般位于城市新区，由于城市周边大片潜在建设用地可以集中连片征用开发，其规划面积一般较大，形成了网状园区乃至新城格局。

5. 业态属性分析

按照各个金融功能区区域内产业布局、建筑功能和机构类别分析，在国内
32 个主要金融功能区中，纯金融区有 2 个，商务金融区有 21 个，商住混合金
融区有 9 个（见图 5）。

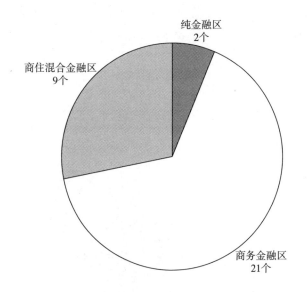

纯金融区
2个

商住混合金融区
9个

商务金融区
21个

图 5　金融功能区业态类别状况分布

32 个金融功能区虽然都强调金融功能，但完全以发展金融业为主要功能
的金融功能区，只有北京金融街和上海陆家嘴金融城。目前，随着经济的快速
发展，整个金融行业也获得很大发展，但在多数金融中心城市，金融功能区的
金融机构数量和要素市场建设并未同步发展，即使是在一线、二线城市，金融
机构的数量相对于城市法人主体的数量也可以说不尽如人意。相应的从业人员
占城市就业总人数的比重和金融机构办公面积占办公物业总面积的比重也不突
出，金融机构特别是前台服务机构网点分布分散。因此，除北京、上海和深圳
等城市内外资金融机构总部云集外，其他城市的金融功能区很难集聚足够数量
的金融机构。

还有一些金融中心城市的金融功能区位于城市新区，其开发策略往往采用
商住混合的规划布局，通过开发商务金融楼宇解决就业问题，避免产业发展不

足导致的"鬼城"问题;同时通过规划居住社区提升城市新区的人气和生活配套环境。同时,利用住宅类房地产开发"以住养商",弥补低价出让商务金融用地造成的土地损失。

6. 基础设施分析

根据区域基础设施建设情况,在国内主要的32个金融功能区中,基础设施完全建成的有12个,基础设施基本建成的有15个,基础设施处于建设阶段的有5个(见图6)。

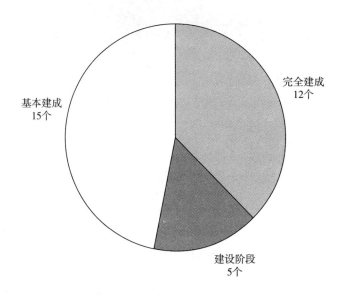

图6　金融功能区基础设施状况分布

金融功能区的基础设施建设情况与功能区所在城市的区位和建设开发时间有着密切关联。一般情况下,城市中心区域的金融功能区,除了地铁之外的各项基础设施建设已经基本完成,只需要提升基础设施的质量和档次;而位于规划新区中的金融功能区,大多处于基础设施快速开发建设阶段,基础设施条件不完备,道路桥梁、水电气管网等需要新建。在过去的实践中,各地政府为促进经济增长,都在加大城市建设的投入力度,而金融功能区又多半是各金融中心城市的重点工程,目前32个金融功能区中大部分的基础设施已经建成或者基本建成,只有5个中西部金融中心城市的金融功能区受制于经济实力等因素,基础设施还处于建设阶段。

7. 生态环境分析

根据街景地图给人的直观感受来看，国内32个主要金融功能区中，环境状况一般的有7个，环境状况较好的有13个，环境状况良好的有12个（见图7）。

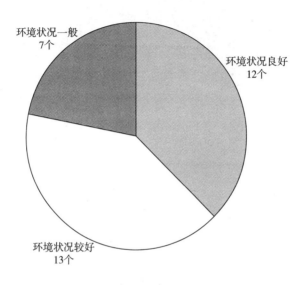

图7　金融功能区环境状况分布

金融功能区的城市面貌和生态环境虽然与金融业的业务需求没有直接关系，但生态环境事关金融业及其他行业从业者的工作质量，因此也是金融功能区软实力和竞争力的重要体现。从各城市金融功能区的环境状况来看，它与所在城市整体居住环境和生态环境密切相关，而与城市总体经济实力和金融业发展状况没有必然关联性。就金融功能区的生态环境而言，沿海城市要好于内陆城市，南方城市要好于北方城市，大中城市要好于特大城市，城市新区要好于城市中心区。

8. 成熟程度分析

根据各金融功能区区域内产业结构、机构入驻和配套设施的成熟程度来看，在国内32个主要金融功能区中，成熟程度高的有9个，成熟程度中高的有14个，成熟程度中的有6个，成熟程度低的有3个（见图8）。

从金融功能区成熟程度分布情况来看，金融功能区的成熟程度既是金融功能区建设开发的结果，也是金融机构发展的重要条件。金融机构对于区域的商

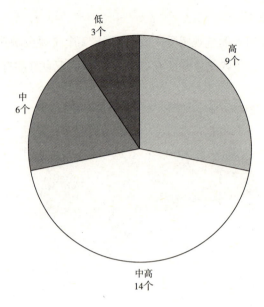

图 8 金融功能区成熟程度分布

务、交通、生活等配套条件要求极为苛刻，相应的金融功能区成熟程度就成为机构选址的重要依据。随着时间的推移，金融功能区的成熟程度也在不断提升，进而吸引更多的机构入驻，更好地发挥金融集聚效应。从表 1 的功能区成熟程度看，位于城市中心区域的金融功能区一般成熟程度较高，而城市新区的金融功能区成熟程度普遍较低。

三 金融中心城市金融功能区发展评述

（一）北京金融功能区

1. 北京金融功能区发展基本概况

北京的金融业与 GDP 保持同步增长，金融业增加值 2013 年前三季度达到 2015.9 亿元，年均增长 11.1%。行业总资产超过 60 万亿元，位居全国第一。金融业增加值占国内生产总值的比重呈稳定上升状态，北京经济的金融化程度得到明显提高，经济发展受金融业影响的程度不断加深。同时，北京的金融业对区域和全国的辐射能力也在不断增强，其中尤以金融街和 CBD 备受关注，国内外金融机构在这两地大量聚集，金融街和 CBD 已经成为首都重要的金融功能区。2008 年，北京提出"一主一副三新四后台"共九大金融功能区的总体布局。其中，"三新"被定位为新兴金融功能区，其中东二环交通商务区是新兴产业金融功能区，丰台区丽泽商务区是新兴金融功能区，海淀中关村西区是科技金融功能区（见图 9）。

图 9　北京金融功能区空间分布

在金融机构分布与实力方面，北京除证券类机构的实力指标低于同期全国性金融中心的平均水平外，其他各方面都十分强势，尤其是银行类、保险类机构的实力遥遥领先（见图10）。在银行类和保险类机构的实力方面，北京具有作为四大国有商业银行及三大国有保险公司总部所在地的优势，截至2012年，北京市法人银行机构资产规模达到53.1万亿元，远高于上海的7.4万亿元和深圳的3.7万亿元。本地法人保险公司资产规模也遥遥领先。在证券类机构的实力方面，北京的基金公司无论在数量上还是在资产规模上都远低于上海和深圳，因而整体实力相对落后。在机构国际化程度方面，北京在吸引国际保险机构入驻方面优势特别突出，银行业和证券业机构的国际化程度与全国性金融中心平均水平大致持平，但也远高于其他区域金融中心城市，说明三大全国性金融中心已经成为外资金融机构进入中国的首选之地。

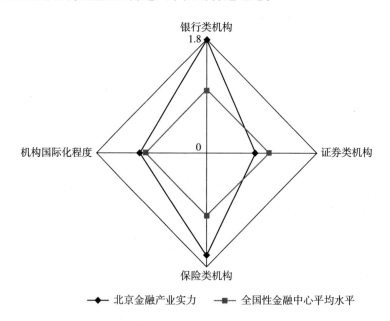

图10　北京金融产业实力与全国性金融中心平均水平比较

（1）带动首都金融业和首都经济健康发展

"十一五"期间，金融业对北京市经济增长的贡献率达14%。截至2013年上半年，金融行业实现税收3039亿元，占北京市税收总额的47%。2013年北京市社会融资规模达到11744.9万亿元，5年翻了两番，并且直接融资开始占据主导地位。北京市 A 股上市企业达 217 家，位居全国城市第一。"一卡通、一费通、一网通"等便民支付工程成效明显。北京市政府对金融产业结构调整和经济发展转型的支持力度持续加大。

金融街作为北京市第一个成规模整体连片规划建设的金融业专属功能区，对于北京市金融业的发展起到不可估量的促进作用。金融街经过 20 多年的发展，金融核心区基本建成。金融街计划用五六年时间，实现建成面积增长 3 倍的目标。2012 年底，西城区所属金融业资产规模占北京市的 80%，占全国的 50%。2014 年金融街继续做大做强以金融行业为主导的现代服务业，同时争取把更多的大型银行总行及营运部门留在金融街，吸引场外交易市场落户，继续引进央企总部等。此外，金融街还出台更优惠的政策以吸引高端金融人才，进而巩固金融街在全国的地位。

（2）政府积极推动首都金融功能区规划布局

北京市结合自身特点和功能定位，按照有序分工、合理布局的原则，对城市不同的功能区块分别划定相应的城市功能，并赋予一定的优惠政策。其中以金融业发展为特点的功能区有若干个，而每一个功能区又分别规划了不同的细分功能，不同功能区的功能定位和特色发展方向各有侧重，总体上形成既多元竞争又协同互补的差异化发展格局。

西城区采取置换与扩张并举的措施，拓展金融街的面积。2012 年金融街核心区新开工面积为 100 万平方米，置换面积 20 万平方米，办公面积新增 50 万~60 万平方米，可以为北京金融产业发展提供空间。规划"十三五"期间，金融街扩大了 6~8 平方公里，总面积达 10 平方公里，再新增建筑面积 400 万~500 万平方米，塑造北京金融的品牌。在开发建设过程中仍需积极引导，避免不同金融功能区同业恶性竞争现象的发生。

（3）升级完善基础设施和配套服务设施

北京市长期以来十分关注城市基础设施建设，对于金融功能区所在区域的基础设施建设投入力度十分巨大，通过高水平的基础设施和相关配套服务设施，提升区域总体环境水平，满足国内金融机构的需求。

截至 2013 年，金融后台服务区和新兴金融功能区又成为首都金融产业创新发展的新引擎。朝阳金盏金融后台服务区部分地块一级开发已获批立项，道

路、供电、通信等基础设施建设正在加快推进。海淀稻香湖金融后台服务区大部分地块已完成一级开发,路网建设也已基本完成,市政配套管线基本到位。通州新城金融后台服务区土地一级开发工作已全面启动,路网和市政管线设计完成并获批复。西城德胜金融后台服务区已吸引各类金融机构陆续入驻,园区内金融配套服务、金融科技研发、金融技术支持等领域的高新技术企业和科技中介机构的集聚效应日渐显现。丰台丽泽金融商务区成立了开发建设指挥部,综合协调规划、土地一级开发、建设和产业发展等工作。中关村西区高新技术企业和金融机构的相对集中将助推中关村西区实现产业升级。

2. 首都重点金融功能区发展评述

(1)北京金融街

1993 年 10 月,国务院批复《北京城市总体规划》。规划提出在西二环复兴门至阜成门一线建设国家金融管理中心,集中安置国家级银行总行和其他非银行机构总部,金融街应运而生。区域北起阜成门内大街,南至复兴门内大街,东临太平桥大街,西抵西二环路,规划用地面积为 103 公顷,其中建设用地 44 公顷,道路用地 32 公顷,区域绿化率超过 30%。金融街总体规划建筑面积为 402 万平方米,其中写字楼面积占 74%,公寓占 3%,酒店占 4%,绿地等其他配套设施占 19%。作为北京市第一个整体开发的大规模金融功能区,金融街聚集了中国人民银行、中国证监会、中国银监会、中国保监会等国家金融监管部门及国内外众多大型金融机构和央企总部,是北京市资金、技术、知识密集度最高、税收收入增长最快的地区之一,也是全国每平方公里内最聚集高端产业、最创造价值的区域。此外,金融街的国际化程度也不断提升,高盛高华证券有限责任公司、瑞士证券有限责任公司、摩根大通银行(中国)有限责任公司等各家国际知名金融机构相继落户金融街。

近年来,首都金融产业保持了较快增长,金融环境不断优化,金融业集聚效应初步显现,已初步形成了与首都地位相称、与首都经济社会发展水平相适应的现代金融业发展格局。截至 2013 年末,金融街金融资产总规模达到 65 万亿元,占北京市金融资产总规模的 82%,占全国的近 50%。全国所有政策性金融机构、1/3 的全国性商业银行总部、60% 的保险集团总部位于金融街地区(见表 2)。2012 年金融街实现金融业增加值 1071.4 亿元,占北京市金融业增加值的 41.3%；截至 2013 年 6 月底，金融街已会聚各类金融机构近 1300 家，其中法人机构 500 余家；金融从业人员人数达 17.5 万人，占北京市金融业从业人员的 56%。平均每个从业者管理的资产规模超过 3.6 亿元。

表2　截至 2013 年北京金融街功能区入驻金融机构

金融机构类型	金融机构名称
金融监管机构	中国人民银行、中国银行业监督管理委员会、中国证券监督管理委员会、中国保险监督管理委员会
银行总部	四大国有商业银行、三家政策性银行和邮储银行、华夏银行等股份制商业银行
证券公司	以财政部下属的银河证券公司、民营券商民族证券公司为代表的一批证券公司
证券和国债登记公司	中国证券登记结算有限责任公司、中央国债登记结算有限责任公司
基金管理公司	银河基金公司及国内各大基金公司的分部
保险公司	人保集团下属公司、中国保险集团下属公司和中国人寿集团下属公司，中国出口信用保险公司和中国再保险公司等政策性保险公司
金融行业协会	银行、证券和保险等各金融子行业的全国性协会
外资金融机构	大摩、高盛、美林和瑞银等国际知名金融集团的中国区域总部或者代表处，美国国际集团等境外保险公司中国代表处，各大外资银行北京办事处或者营业机构，高盛高华等合资券商，境外金融专业咨询服务机构驻华代表处或者业务部门等

资料来源：根据北京金融工作局网站公开资料整理。

通常情况下，金融功能区是一个城市最高端产业的集聚区，区内总体产业层次较高，相关低附加值的行业和企业除了必要的服务机构外较少分布于此。但由于历史遗留问题，北京金融街范围内还存在大批低层次、低产出的非金融企业。这些企业的存在严重影响了金融街功能区整体产业环境的产业生态，对区域内金融机构的正常经营产生了干扰和影响。针对这种情况，区域周边行政管理部门采取了各种手段加快区域内与金融主营业务无关的企业和事业单位、社会团体的外迁，为金融街发展提供空间。

（2）北京 CBD

北京 CBD 西起东大桥路，东至西大望路，南起通惠河，北至朝阳路，区域面积为 3.99 平方公里。这里是三星、摩托罗拉、德意志银行、惠普等多家世界 500 强企业的中国总部所在地，又是中央电视台、北京电视台、凤凰卫

视、《人民日报》等各大传媒机构所在地，还是国内众多金融保险、地产、网络等行业的企业总部所在地，代表着时尚与前沿。同时，CBD 也是中小创业企业成长的摇篮，区域内拥有大批微型信贷服务机构，成为金融工具的会集之处。

截至 2013 年，北京 CBD 的入驻企业超过 19000 家，其中规模以上企业为 8900 家，年均增长 27%；注册资本额过亿元的企业有 184 家，高端产业集聚效应越发明显。目前已形成以国际金融机构为龙头、高端商务业为主导、国际传媒业聚集发展的产业格局。

北京 CBD 最明显的特征是国际化。北京 CBD 管委会公布的数据显示，北京 CBD 是北京市外资金融机构数量最多、种类最全的区域。这里集中了北京市 169 家国际传媒机构的 90%，110 家国际组织、国际商会的 80%，50 家跨国公司地区总部的 80%，160 家世界 500 强企业的 70%，252 家国际金融机构的 70%，17 家五星级酒店的 30%。对外交流频繁，多元文化不断交融，CBD 区域内登记外籍人口将近 4.4 万人，约占全市的 50%。北京市约 50% 的国际性会议、90% 的国际商务展览在 CBD 举办。2013 年就有包括中信集团财务公司、国民银行（中国）有限公司在内的共 28 家金融机构落户 CBD，其中法人机构有 12 家，外资金融机构有 6 家，注册资金共计 60 亿元。

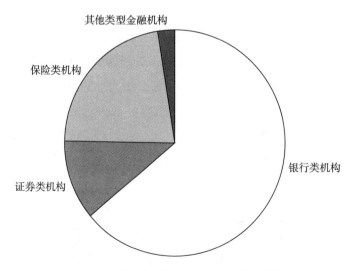

图 11　入驻北京 CBD 的金融机构构成情况

北京 CBD 目前已成为吸引外资和金融机构的窗口，但应该看到，入驻北京 CBD 的金融机构在机构规模及效益上仍有待提高。CBD 的入驻机构规模普遍较小，以分行、营业部和办事处为主，而且金融业务量小，无法发挥金融市场的主导作用。区域内金融业经济效益虽然不断提高，但总量上尚无法达到作为具有国际影响力金融中心的水平。

表 3 列示了北京重点金融功能区的基本发展情况。

表 3　北京重点金融功能区基本发展情况

指标	北京金融街	北京 CBD
主要经济指标	2012 年金融街实现金融业增加值 1071.4 亿元。占北京市金融业增加值的 41.3%，截至 2013 年 6 月底，金融街金融从业人员人数为 17.5 万人，占北京市金融业从业人员的 56%。金融机构资产规模达到 63.2 万亿元，平均每个从业者管理的资产规模超过 3.6 亿元	北京 CBD 地区的 89 座商务楼宇中，入驻企业年税收过亿元的楼宇近一半，国贸中心更是以 30 亿元/年居首。北京 CBD 也因此成为对北京市地方经济贡献最大的地区之一
产业结构特征	以金融机构总部、央企总部和配套服务机构为主，商贸物流、科技制造、房地产、文化教育等一些与金融关联度较低的企业还大量存在	高端产业集聚效应越发明显，已形成以国际金融机构为龙头、高端商务业为主导、国际传媒业集聚发展的产业格局
要素市场建设	北京金融资产交易所、北京林权交易所、北京技术产权交易所、北京碳排放交易所、全国中小企业股份转让系统（三板市场）	无
入驻机构数量	金融街已汇集各类金融机构近 1300 家，其中法人机构 500 余家	2013 年上半年，包括国民银行（中国）有限公司、中信集团财务公司在内的 28 家金融机构落户 CBD，注册资金近 60 亿元，国际金融集聚效应凸显。28 家金融机构中，法人机构 12 家，外资金融机构 6 家
基础设施建设	交通基础设施基本建成，地铁 1 号线、2 号线和 4 号线建成，规划中有地铁 3 号线和 16 号线	交通基础设施基本建成，地铁 1 号线、6 号线和 10 号线建成，规划中有地铁 7 号线和 14 号线
区域范围与建设面积	北起阜成门内大街，南至复兴门内大街，东临太平桥大街，西抵西二环路，规划用地面积为 103 公顷。这其中建设用地 44 公顷，道路用地 32 公顷，区域绿化率超过 30%。金融街总体规划建筑面积为 402 万平方米，其中写字楼面积占 74%，公寓占 3%，酒店占 4%，绿地等其他配套占 19%	西起东大桥路，东至西大望路，南起通惠河，北至朝阳路，区域面积为 3.99 平方公里

资料来源：根据北京金融工作局网站公开资料整理。

（二）上海金融功能区

1. 上海金融功能区发展基本概况

经过数十年的发展，金融业已经成为上海市的支柱产业，2009 年，国务院通过《关于推进上海加快发展现代服务业和先进制造业 建设国际金融中心和国际航运中心的意见》，明确了国家加快上海国际金融中心建设的决心。国际金融中心的建立，不仅会大大促进所在城市及周围地区金融、经济的快速发展，而且会为资本流动和投融资提供充裕的市场与空间。国内外金融机构在陆家嘴和外滩大量聚集，使陆家嘴金融城和外滩成为上海最重要的两大金融功能区。

2. 上海重点金融功能区发展评述

（1）陆家嘴金融城

1990 年国务院批准的陆家嘴金融贸易区，是全国 185 个国家级开发区中唯一一个带有"金融贸易区"名称的开发区，规划面积为 31.78 平方公里，包含上海市浦东内环线部分。而陆家嘴中心区又称小陆家嘴，总面积为 1.7 平方公里。金融、保险和证券为陆家嘴金融贸易区的规划主导产业。该区域经过 20 多年的开发建设，形成了以金融业为核心的现代服务业产业体系，金融机构特别是涉外金融机构集聚度高，是国内金融投资机构分布密集、要素市场类型完备、资本集散功能强大的区域经济增长极。2009 年 3 月 25 日，国务院常务会议通过《关于推进上海加快发展现代服务业和先进制造业 建设国际金融中心和国际航运中心的意见》，陆家嘴被确认为上海打造国际金融中心的核心区域。

根据统计资料，截至 2012 年，陆家嘴中心区域内有 626 家中外资金融机构。其中有 198 家银行，包括分行级以上中资银行 29 家，外资银行法人行 18 家（占全国半数以上，全国共有 32 家），外资银行分行 60 家；有 261 家证券类机构，包括证券公司 8 家，基金公司 31 家（接近全国一半，全国共有 61 家），期货公司 19 家，外资证券基金代表处 50 家；还有 167 家保险类机构以及 50 多家跨国公司国内大型企业总部，如银行系基金公司、汽车金融公司、货币经纪公司等近些年来涌现的新型金融业态也都相继落户陆家嘴金融贸易区。根据陆家嘴有关负责人介绍，到"十二五"末期，以陆家嘴金融贸易区为龙头的浦东新区的金融机构总数将从"十一五"时期的 649 家增长至 900家，金融业增加值占上海市的比重将由 42.7% 提升至 50% 以上。

金融业规模方面，区域金融机构加速集聚，金融核心功能区雏形初现。功能区已初步形成以证券、期货、钻石交易为龙头的国家级金融要素市场，由银行、证券公司、保险公司、财务公司、基金公司、金融租赁公司等构成的金融机构体系，现已成为上海市建设国际金融中心的重要一环。为优化金融业法制环境，2007 年上海金融仲裁院正式落户陆家嘴金融贸易区。该机构的出现，为解决金融业务纠纷、防范金融市场风险提供了一个更加高效的平台，也是上海市向国际金融中心迈进的重要一步。设在功能区的陆家嘴人民法庭还设置了快通道，建立了速裁机制，以简易程序审理简单案件，为区域提供高效公平的法制环境。

2013 年，上海市金融业增加值增速达到 14.7%，增加值超过 1247 亿元，这也使得上海在金融业增加值指标上首次超过北京位居全国第一。陆家嘴金融城凸显集聚效应，国内金融监管机构"一行三会"——中国人民银行上海总部及银监会、证监会、保监会的上海市分局都已落户浦东，并分布在功能区及周边最近的花木地区。可以看到，陆家嘴金融城的集聚效应正不断扩散，这也标志着浦东在加强机构体系建设方面，取得新的重要进展，在向建设国际金融中心核心载体方面又迈进一大步。

在中心区 1.7 平方公里的范围内，特征鲜明的城市地理布局已形成。在世纪大道以北，集聚的是中资银行、保险类金融机构，入驻金融机构的特征是"中资 + 传统"；在世纪大道以南，集聚的是外资金融机构以及新兴资产管理机构，特征是"外资 + 新兴"。相对应的，花木行政文化区集聚了中央金融监管部门驻沪机构，张江银行卡产业园作为金融机构后台部门集聚地，已引入项目 17 个；位于外高桥地区的数据备份中心集聚区引进了 7 家金融机构数据中心及备份中心。以汽车金融、融资租赁、货币经纪为代表的各类新型金融机构不断涌现，以安佰深、贝恩资本为代表的知名股权投资基金均落户于此，新华社金融信息公司上海总部、CFA（特许金融分析师）协会、SWIFT（环球银行金融电信协会）上海办公室在浦东成立。区域内外资银行的发展势头也很迅猛。

银行业保持稳定增长。截至 2012 年底，入驻陆家嘴地区的中外资金融机构共有 662 家。2012 年新增外资金融机构 32 家，吸引投资额 1.25 亿美元；其中外资银行法人行达到 18 个。基金总公司新增 1 家，总数达到 31 家。金融业增加值达到 895.64 亿元。

投资业务扩展迅速。截至 2012 年，整个陆家嘴金融贸易区税收收入达到 477.70 亿元，贸易区财政收入达到 134.98 亿元，固定资产投资总额为 193.91 亿元，其中房地产投资额为 125.22 亿元，办公楼及商业用房投资额达 75.38 亿元。外商投资项目达到 266 个，总额为 21.33 亿元。

证券市场实现高速增长。截至 2012 年，上海证券交易所新增上市公司 26 个，总数达到 954 个，集资总额高达 2890.31 亿元。截至 2013 年，上海证券交易所交易总额突破 600 万亿元人民币大关，位居国际排名前列，在世界市场上的影响力不断提升。近年来，上海作为全球金融要素市场类型最齐全的城市之一，金融市场规模快速扩大，区域金融机构体系不断健全，金融业创新能力日益提高，区域国际竞争力不断提升。

要素市场更加完备。全国 4 家期货交易所中的两家落户在陆家嘴。2012 年，上海产权市场国企股权转让、民间资本均出现明显增长。在上海国企改革改制及兼并重组带来的企业国有产权转让需求刺激下，上海联合产权交易所内国企产权交易活跃，成交量明显增长。2013 年，要素市场集中了证券、期货、金融期货、石油、钻石、人才、产权、房地产等要素市场十多个。落户区域的外资银行资产规模和贷款额，占全国总量的一半。

（2）外滩金融集聚带

外滩金融集聚带北起苏州河南岸，南至陆家浜路—外马路、东临黄浦江，西到河南南路—人民路—中华路—桑园街围合，区域滨江岸线长约 4.8 公里，总占地面积为 2.6 平方公里。外滩历来是对外贸易、埠际贸易、批发贸易等商贸活动集中之地，是上海城市近代化的起点，也是中国现代金融的发源地，曾经被誉为"远东华尔街"，具有悠久的金融发展历史和深厚的金融文化底蕴，区域内中外资金融机构已有较大的集聚规模。这里的汇率利率、银根松紧、汇价涨落对全国都有辐射影响，成为全国和远东的金融中心。

在功能定位上，"外滩金融集聚带"将与陆家嘴金融城实现错位互补、协同发展，区域总体上以金融业为主体，集聚发展与金融业相配套的现代服务业，为陆家嘴的金融要素市场发展、重要金融机构和外资机构总部集聚提供服务，区域内重点吸引券商、基金公司、投行、资产管理公司等金融机构以及律师事务所、会计师事务所等中介机构，并发展成为国内外具有重要影响力的资本运作资产管理中心和金融服务中心。

历史资料显示，截至 2013 年，外滩有如下商务办公资源：规划保留的老大楼 115 万平方米；1949 年之后建成并规划保留的办公楼 98 万平方米；规划可开发用地合计约 100 公顷；可开发的建筑面积 335 万平方米；规划新增商业办公用地合计约 56 公顷；新增商业办公建筑总面积 227 万平方米（商业用途 81 万平方米，办公写字楼 146 万平方米）。到 2020 年，集聚带规划总建筑面积约为 627 万平方米；规划商业办公建筑总面积为 440 万平方米，其中商业用途 160 万平方米，办公写字楼 280 万平方米。外滩地区还将大力推进商务楼宇开发建设，积极盘活老旧楼宇资源，着力优化区域周边环境，改善配套服务，搭建全方位区域商务服务平台，积极吸引更多国内外金融机构集聚。

第一，外滩金融集聚带将成为上海商务区的核心。凭借所处区位、产业规模、能级和强大的辐射力，再加上陆家嘴金融城，"一城一带"有望成为各级商务区的核心，引领城市商务空间发展。

第二，外滩金融集聚带是上海"十"字形发展战略的轴心。"十"字形是指延安路—世纪大道发展轴与沿黄浦江发展轴在苏州河河口地区相交。

第三，外滩金融集聚带是上海沿江发展战略的中心。黄浦江沿线正在成为上海新一轮发展的重点地区，外滩—陆家嘴作为沿江核心地区，对两岸地区的功能转换和空间重塑起到了强大的辐射带动作用。

第四，外滩金融集聚带是黄浦区调结构促转型、空间结构调整的重心。外滩金融集聚带应着力于以下方面：推动区域、产业和消费结构调整，培育新的经济增长极；改造空间结构与完善城市建设，优化公共服务与社会管理，提升集聚、辐射、服务功能；推动资源整合与集约利用，提升经济社会发展内生活力，走内涵式、创新型科学发展之路。

第五，外滩金融集聚带与陆家嘴金融城错位互补、协同发展，共同建设

"三大中心"：资产管理中心——体现面向全国的资产管理服务功能和面向全球的资产管理研发功能；资本运营中心——体现支持亚太地区各类企业实现资本收益最大化、实现国际战略扩张的资本支撑功能；金融服务中心——体现支撑资产管理等各种金融业务的金融中介服务功能、后台服务功能及面向世界的高端金融服务外包功能。

表4总结了上海重点金融功能区的基本情况。

表4　上海重点金融功能区基本情况

指标	陆家嘴金融城	外滩金融集聚带
主要经济指标	2012年整个陆家嘴金融贸易区税收收入达到477.70亿元，财政收入达到134.98亿元，固定资产投资总额为193.91亿元（其中房地产投资额为125.22亿元），办公楼及商业用房投资额达75.38亿元。外商投资项目达到266个，总额为21.33亿元	2011年，外滩金融业年产值近200亿元
产业结构特征	陆家嘴已经初步形成了以证券、期货、钻石为龙头的国家级要素市场和以银行、保险公司、证券公司、财务公司、基金公司和金融租赁公司等为主的金融机构体系，已经成为上海建设国际金融中心的核心组成部分。中国人民银行上海总部、上海银监局等金融监管机构纷纷落户陆家嘴	外滩金融集聚带重点吸引券商、基金公司、投资银行、资产管理公司、融资服务公司等金融机构及会计师事务所、律师事务所等中介机构，发展成为国内外有重要影响的资产管理、资本运作中心和金融服务中心
要素市场建设	上海证券交易所、上海期货交易所、中国期货交易所、上海国际航运交易所、陆家嘴金融资产交易所	无
入驻机构数量	截至2012年底，入驻陆家嘴地区的中外金融机构共有662家。其中，2012年新增外资金融机构32家，吸引投资额1.25亿美元。外资银行法人行达到18家；基金公司新增1家，总数达到31家。金融业增加值达到895.64亿元	截至2011年，外滩全国性金融机构近80家
基础设施建设	交通基础设施基本建成，地铁4号线、6号线和9号线建成，上海磁悬浮铁路连接机场	交通基础设施基本建成，地铁1号线、2号线、8号线和10号线建成，规划中有地铁14号线

指标	陆家嘴金融城	外滩金融集聚带
区域范围和建成面积	"十二五"期间，陆家嘴金融城实施"扩城"战略，计划建设商办楼宇45幢、地上建筑面积350万平方米。截至2012年4月底，陆家嘴金融贸易区商办楼宇数达到207幢，建筑面积约为1015万平方米	外滩金融集聚带范围北起苏州河南岸，南至陆家浜路—外马路，东临黄浦江，西到河南南路—人民路—中华路—桑园街，滨江岸线长约4.8公里，总用地面积为2.6平方公里。外滩现有商办资源：规划保留老大楼115万平方米；1949年之后建成并规划保留的办公楼98万平方米；规划可开发用地合计约100公顷；可开发建筑面积335万平方米；规划新增商业办公用地合计约56公顷；新增商业办公建筑总面积为227万平方米（商业用途81万平方米，办公写字楼146万平方米）；至2020年，集聚带规划总建筑面积约为627万平方米；规划商业办公建筑总面积为440万平方米，其中商业用途160万平方米，办公写字楼280万平方米

资料来源：根据上海金融工作局网站公开资料整理。

（三）深圳金融功能区

1. 深圳金融功能区基本概况

在建设区域性金融中心的过程中，深圳市委、市政府提出了"两圈一线"金融业发展战略，其中"两圈"是指罗湖蔡屋围和福田金融中心区，"一线"是指深南路，并计划沿深南大道形成罗湖、福田、南山三大金融功能区域。统计数据显示，2012年，深圳市金融业和现代服务业税收增长较快，全年金融业贡献税收454亿元，同比增长11.9%；信息传输、计算机服务和软件业贡献税收约114亿元，同比增长17.5%；商务服务业贡献税收179亿元，同比增长19.9%。

深圳金融业发展"十二五"规划提出，到2015年，全市金融业增加值达2250亿元，比2010年增加76%，金融业增加值占国内生产总值的比重达15%左右；金融业行业资产总规模达7.5万亿元，比2010年增加76%；金融机构实现税前利润1500亿元，比2010年增加85%；金融业行业纳税总额达900亿元，比2010年增加62%；金融行业不良资产比率控制在3%以下；全市金融

机构总部及一级分支机构数量达到 300 家，其中具有法人资格的机构达到 100 家。

深圳市拥有全球重要的资本市场，深圳证券交易所是中国两个股票交易市场之一。与上海证券交易所主要服务大型国有企业不同，深圳证券交易所主要是为中国日益蓬勃发展的私营企业特别是中小高新技术企业提供服务。30 多年来中国经济市场化改革的深入推进，创造了数以万计的、具备核心竞争力的私营企业，而这些企业对资本市场的需求成为推动深交所发展的强大动力。2009 年 10 月深圳证券交易所创业板开通，并逐步成为全球少数融资交易活跃的成功市场。深交所在 2009 年、2010 年连续两年成为全球交易所 IPO 公司数排名的冠军，已经和港交所、NASDAQ、纽交所等交易所一道成为全球最重要的资本募集市场。截至 2013 年，深圳证券交易所有上市公司 1536 家，上市公司总股本达 8070.35 亿股，总市值达 87911.92 亿元。

近年来，深圳市金融生态和金融环境持续改善，对于金融业发展需要的基础设施加大建设力度。罗湖区蔡屋围金融中心区和福田区金融中心区进入快速开发阶段，龙岗区平湖金融后台服务基地、南山区科技金融创新服务基地均完成了一期工作，并开始进行对外招商，南山区前海新区的金融商务区开始进行规划建设。目前，金融中心区的改造拆迁工作已完成，通过改造使蔡屋围能够会聚市区政府、金融监管机构和市场机制作用三股力量，成为在国内外有较高知名度的金融品牌，从而吸引更多内地、香港和国际金融机构落户，最终成为深圳的金融服务中心、资金集散中心、金融信息中心和香港国际金融业的对接基地。

2. 深圳重点金融功能区发展评述

深圳中心区位于福田区及深圳市的核心地带，由滨河大道、红荔路、彩田路、新洲路四条城市主干道围合而成，占地面积为 607 公顷，规划总建筑面积为 750 万平方米，由中央商务区（CBD）、行政中心、文化中心和开放式城市公园组成，是集行政、金融、商务、文化、信息、会展、旅游于一体的现代化国际性城市中心区。

深圳中央商务区位于深圳中心区的南片区。办公、商务功能高度集聚，有 300 多万平方米的商业办公规划面积，集中了数十座高档商务楼宇。区域交通便捷，客流量大，地铁 1 号线、4 号线在中心区地下交会，其中 4 号线通过皇岗口岸与香港地铁对接，加上即将建设的国内首座大型火车站，使该区域成为深圳交通核心区域。区域内会展、传媒、物流、信息、咨询、广告、酒店、金融等商务配套服务业发达，市内国际性企业区域总部最集中，是外资进入中国的最佳选择区域之一。深圳 CBD 的招商重点是世界 500 强企业、跨国公司的地区总部、全球分销中心和采购中心、国内知名企业集团总部以及金融、科技、文化、信息与星级酒店等高端行业，推进金融中心、购物中心和高级商务酒店等配套项目建设，提供最佳的交流与工作平台。

目前，深圳 CBD 集聚着经深圳市认定的第一批 180 家总部企业的一半以上，入驻世界 500 强企业 77 家，共投资法人企业 127 个，分别占全市的 46% 和 28%；深圳 CBD 还聚集了全市 80% 的创投机构、300 多家备案的私募基金公司，管理着全国 30% 以上的资本；全国最大的创投机构——深圳创投集团在 CBD 已设立 15 个政府引导基金，基金总额为 18.2 亿元。不仅如此，许多期货经纪公司、证券咨询机构也都设在这里。

深圳 CBD 现代服务业已颇具规模，2012 年，现代服务业实现增加值 1639.55 亿元，占福田区 GDP 的比重达 69.1%。金融业已成为福田经济发展的第一支柱，增加值占全市金融业的五成，成为深圳发展服务经济的引擎。福田集聚了全市一半以上的金融总部企业，以福田为基地辐射全国并发展壮大；深圳证券交易所营运中心正式投入使用，平安金融中心等十几个金融类固定资产项目推进顺利，有望大大提升福田区金融的集聚效应。2013 年上半年，福田地区总产值为 1163.58 亿元，增长速度达到 9%；税收总额为 376 亿元，同比增长 7.5%，继续居全市各区之首。面对前海开发区的崛起，福田总部经济依然保持稳中有升的竞争态势。除平安集团、华安财险、国信证券、招商证券、第一创业证券等深圳当地金融机构外，太平保险集团、中保集团、太平人寿、民安保险、鼎和财险等外来机构，也纷纷在福田落户。金融业已是深圳市增长最快的产业之一。

除深圳 CBD 之外，罗湖区蔡屋围金融中心区也是深圳自然形成的金融功能区，目前集中了全市 74% 的银行机构、80% 的保险机构、40% 的证券机构和 50% 的其他金融机构，集中了全市 60% 的金融资产、90% 的外资银行，另外，驻深圳的中国人民银行、保监会以及深圳证券交易所也设在罗湖。蔡屋围

区域已成为深圳重要的金融机构集聚中心、金融服务中心、资金集散中心、金融信息中心和金融监管中心。

表5列示了深圳重点金融功能区的基本情况。

表5 深圳重点金融功能区基本情况

指标	具体内容
主要经济指标	福田区2011年GDP达2098.63亿元,同比增长8.5%;现代服务业实现增加值1398.06亿元,增长9.4%,占地区生产总值的66.6%。其中,金融业实现增加值769.47亿元,增长8.3%,占地区生产总值的占36.7%。环CBD高端产业带建设加快推进,实现增加值920亿元,占GDP的比重达43.8%
产业结构特征	区内会展、传媒、物流、信息、咨询、广告、酒店、金融等商务配套服务业发达
要素市场建设	深圳证券交易所
入驻机构数量	福田集聚着经深圳市认定的第一批180家总部企业的一半以上,入驻世界500强企业77家,共投资法人企业127个,分别占全市的46%和28%;聚集了全市80%的创投机构、300多家备案的私募基金公司,管理着全国30%以上的资本
基础设施建设	交通基础设施完备
区域建成面积	深圳中心区位于福田区及深圳市的核心地带,由滨河大道、红荔路、彩田路、新洲路四条城市主干道围合而成,占地面积为607公顷,规划总建筑面积为750万平方米,由中央商务区(CBD)、行政中心、文化中心和开放式城市公园组成

资料来源:根据深圳金融办网站公开资料整理。

(四)广州金融功能区

1. 广州金融功能区发展基本概述

广州天河CBD金融功能区既拥有完善的硬件设施、丰富的发展载体,还拥有众多优秀的顶级企业,是全市高端服务业和总部经济集聚发展的首选区域,日益成为国家中心城市的经济之柱、金融之心、总部之核、外资之选、商贸之都、文化之汇、城市之厅和辐射之源。

截至2012年,天河地区生产总值为2394.81亿元,同比增长11.1%,其中天河CBD实现生产总值1701.06亿元,同比增长12.0%,连续6年位居全市各区之首。经济保持平稳较快发展,产业结构进一步调整优化。2012年,实现现代服务业增加值1575.66亿元,同比增长11.3%,占GDP的比重达65.8%,占第三产业增加值的比重为76.2%。四大战略性主导产业实现增加值 1304.92 亿元，同比增长 11.5%，占第三产业增加值的比重达 63.1%。其中，金融服务业增加值为 342.75 亿元，同比增长 9.3%，占第三产业增加值的比重为 16.6%；新一代信息技术业增加值为 411.18 亿元，增长 9.0%，比重达 19.9%；现代商贸业增加值为 281.27 亿元，增长 16.4%，比重达 13.6%；专业服务业增加值为 269.72 亿元，增长 13.1%，比重达 13.0%。

2012 年，广州天河 CBD 三次产业结构为 0.1:13.6:86.3，其中，第一产业增加值为 2.47 亿元，同比增长 0.5%；第二产业增加值为 324.69 亿元，同比增长 10.9%；第三产业增加值为 2067.65 亿元，同比增长 11.1%，增速分别比第一产业和第二产业增速高出 10.6 个和 0.2 个百分点。已累计安排重大产业项目 89 个，投资总额 5005 亿元，经济发展后劲进一步增强。现代化枢纽性的陆海空立体交通体系基本形成，信息基础设施达到国际先进水平，完善的城市基础设施为区域金融中心发展提供了良好的物质条件。区域教育文化中心的地位不断巩固，发达的教育科研体系为区域金融中心的发展提供了良好的教育资讯和人力资源环境。预计到 2015 年，广州天河 CBD 内建成商务楼宇面积将达 1500 万平方米，商业综合体建筑面积将达 250 万平方米，五星级酒店数量超过 15 家，区域国内生产总值和商品零售总额将分别突破 2000 亿元和 1 万亿元。

2. 广州重点金融功能区发展评述

广州天河 CBD 是继北京朝阳 CBD、上海陆家嘴 CBD 之后第三个经国务院批准的中央商务区，由天河北、珠江新城、员村地区三大板块组成，包括林和、天河南、冼村、猎德和员村 5 条行政街辖范围，总面积为 17.72 平方公里。目前，天河 CBD 已进入成熟期。天河 CBD 在全市 2‰的土地面积上创造全市近 1/8 的生产总值。天河 CBD 以珠江新城为核心，涵盖天河北及员村延伸区。

（1）交通地理区位优越

根据广州市的城市总体规划，广州沿珠江方向发展形成东西向的发展带，其中天河区正处于这个发展带的西部，区域位置绝佳；而广州市沿城市中轴线进行南北向发展，天河区恰好位于城市中轴线发展带的中心位置。东西向的发展带和南北向的城市中轴线共同形成了天河区独有的优越区位条件。

（2）高端产业加快集聚

天河区是广州新的城市核心区，政府对区内金融服务业、信息服务业、现

代商贸服务业、科技服务业、文化创意产业、专业服务业六大高端服务业进行重点扶持。2012年至今，天河CBD新增企业数量2000多家，投资总额超过700亿元，新增税收达30亿元，全市新引入的8家金融机构也都落户于此。最近一次集体入驻的百家企业，包括国家开发银行广东省分行、安永、仲量联行等一批国内外知名企业总部，涉及投资总额达550亿元，高端产业向区域集聚的效应不断显现，尤其是金融服务业和金融机构最明显。目前，天河区内金融机构主要聚集于珠江新城分区和天河体育中心分区，它们是全市总体规划中明确的城市新中心区，集聚金融机构128家，约占全市金融机构总量的70%。

（3）金融创新活力增强

2012年，广州金融创新服务区继续推进投融资平台建设，为企业提供投融资对接服务，完善全区投融资服务体系，全区全年实现全社会固定资产投资总额755.38亿元，增长12.1%。其中，房地产开发投资完成371.02亿元，增长27.1%；其他固定资产投资完成384.36亿元，增长0.7%。重点项目建设加快推进，市级以上重点项目完成投资94.66亿元，增长30.6%。通过打造科技金融创新平台，广州金融创新服务区吸引了一批质量较好的金融项目及科技项目进驻，包括戈壁凯得基金及其基金管理公司、广东富成创业投资有限公司、广州科华创业投资有限公司、广东中新创投担保有限公司、广州恒通创业投资管理有限公司、广州基石创业投资合伙企业等多家机构，还引进了辉远电子、庞源租赁、呼吸疾病国家重点实验室、斯弗电子等一批优秀项目。

（4）投资开发力度增强

广州市委、市政府高度重视天河智慧城和天河CBD建设，将其列入全市重大战略性发展平台，近期更是决定在员村地区高标准地建设世界一流水准的广州国际金融城，推动天河CBD跃上新的发展层级。在2011年11月举行的广州赴港澳招商会上，天河区宣布，现有的700万平方米写字楼已基本饱和，未来5年内，除了珠江新城CBD将陆续推出300万平方米的甲级写字楼及商铺外，被誉为广州第二个CBD的员村延伸区也将在5年内推出26个地块，面向企业总部、金融机构及商业地产开发。

表6列示了广州重点金融功能区的基本情况。

表6 广州重点金融功能区基本情况

指标	具体内容
主要经济指标	2012年,天河CBD实现生产总值1701.06亿元,同比增长12.0%
产业结构特征	主要以银行保险类金融机构为主
要素市场建设	广东贵金属交易中心、广州矿业权交易中心、泛亚有色金属交易中心
入驻机构数量	截至2012年,这里集聚了金融机构128家,约占整个广州市金融机构总量的70%
基础设施建设	天河区交通基础设施十分完善,道路交通网络四通八达,其中主干道里程超过400多公里,区内分布有广州东站、天河客运站、东圃客运站和天河大厦客运站等交通枢纽站场,广园东快速路、中山大道、黄埔大道等贯穿东西,东环高速、华南快速干线、广州大道等连通南北
区域范围与建成面积	广州天河CBD由天河北、珠江新城、员村地区三大板块组成,包括林和、天河南、冼村、猎德和员村5条行政街辖范围,总面积为17.72平方公里。预计到2015年,广州天河CBD区内建成商务楼宇面积将达1500万平方米,商业综合体建筑面积将达250万平方米

资料来源：根据广州金融办网站公开资料整理。

（五）苏州金融功能区

1. 苏州金融功能区发展基本概况

根据《苏州城市发展总体规划修编纲要》确立的苏州中心城市由"苏州主城"和"苏州新城"组成"双城"结构、东部新城是首要发展方向的规划定位，确定苏州CBD位于苏州工业园区环金鸡湖区域，占地约6.8平方公里，规划建筑面积为1370万平方米左右，其中80米以上的高层和超高层建筑有140多幢。目前，苏州CBD区域已建项目有70个，占地面积约240.09公顷，建筑面积为405.2万平方米。近几年来，苏州CBD区域内金融、总部经济、商贸、专业服务四大产业呈现快速发展势头。截至2012年，苏州市90%的银行分行设在环金鸡湖金融商贸区内，共有36家，各类金融和准金融机构超过400家，已形成功能完备的现代金融体系，金融产业发展初具规模。

目前金融功能区作为苏州的金融高地，在创新金融服务方面不断尝试，给苏州不断提供各种样本。仅从招商角度而言，在引入招行小企业信贷中心后，园区CBD招商中心在加大力度引进中新联担保、江苏泰利担保、新加坡淡马锡富登担保、东海期货、新纪元期货、国联期货、平安财富中心等公司，丰富全区企业投融资体系的同时，又在吸引极地晨光、融源创投、德睿亨风创投、乾元龙仁、钟鼎创投和汇川创投等私募股权投资机构入驻新区，进一步促进园

区成为创投机构的集聚中心。

2. 苏州重点金融功能区发展评述

苏州CBD正力争成为国际一流的长三角商务中心，成为金融后台服务外包的全球中心，成为长三角总部经济的集聚地，成为苏州市最重要的金融和商务中心。截至2013年，金鸡湖金融商贸区已经集聚金融类机构419家，包括1家信贷专营机构总部、1家银行总部、36家银行城市分行、2家保险公司省分公司、19家保险公司区域总部等金融机构。园区总体上已成为江苏省内金融机构种类最为齐全、数量最多、分布最为密集的地区之一。此外，还引进了皇冠假日、凯宾斯基、洲际、四季等星级酒店，久光百货、印象城、沃尔玛、家乐福等商业旗帜项目以及大和、九龙仓、新鸿基、星狮等著名国际房产楼宇品牌，环金鸡湖区域已成为苏州新的商业文化中心。

苏州CBD金融功能区着力引进创新型金融机构以及各类机构总部。如保监会苏州监管分局的成功落户，是具有代表意义的"重要一笔"。通过前期积极准备和争取，相关各项配套措施完善和实施，保监会苏州监管分局正式入驻金融商贸区国检大厦。作为全国保监系统第一家地级市监管分局，其落户不仅象征着苏州保险行业在金融创新方面走在了全国前列，还为园区集聚保险机构起到巨大的推动作用。

表7列示了苏州重点金融功能区的基本情况。

表7　苏州重点金融功能区基本情况

指标	具体内容
主要经济指标	截至2012年,金鸡湖金融商贸区实现公共财政预算收入100.5亿元,同比增长17.7%,其中税收占比90.3%。金融机构存款余额为1413.79亿元,较年初增长14.2%
产业结构特征	苏州CBD区域金融、商贸、总部经济、专业服务四大产业呈现快速发展势头
要素市场建设	苏州大宗商品电子交易中心
入驻机构数量	截至2012年,金鸡湖金融商贸区已经集聚金融类机构419家,包括1家信贷专营机构总部、1家银行总部、36家银行城市分行、2家保险公司省分公司、19家保险公司区域总部等众多金融机构
基础设施建设	交通基础设施建设完备,已建成苏州地铁1号线,在建3号线
区域建成面积	占地约6.8平方公里,规划建筑面积为1370万平方米左右,其中80米以上的超高层建筑将近百余幢

资料来源：根据苏州金融办网站公开资料整理。

（六）南京金融功能区

1. 南京金融功能区发展基本概况

2013 年，南京市地区生产总值同比增长 11%，地区经济总量在 2012 年 7200 亿元的基础上越过 8000 亿元大关，创 8012 亿元新高。分行业来看，第一产业增速为 3.4%，第二产业增速为 11.1%，第三产业增速为 11.3%。2013 年全市金融业实现增加值 846 亿元，同比增长 15.6%，金融业增长对全市服务业增加值和地区生产总值的拉动作用分别为 2.9 个和 1.5 个百分点。2013 年全市金融业规模扩张速度加快，金融业增加值占全市地区生产总值的比重达 1/10 强，首次超过商贸批发零售行业的增加值规模，成为第三产业各部门中增加值比重最高的部分。金融业已经成为地区服务业快速发展的领头羊。

河西 CBD 是南京重点打造的金融和总部集聚区，已聚集各类企业 1400 多家，其中包括金融类企业 100 余家、总部及地区总部类企业 60 多家、各类信息及高科技企业 60 多家。区域内从业人员总数超过 1 万人，其中高层次创新创业人才 50 余人。这些高品质企业和高素质人才的集聚已成为推动 CBD 快速发展的强大动力。河西 CBD 一期的南京证券、紫金农商行、紫金财险、江苏省金融租赁、江苏省信用再担保、中国工商银行江苏分行、中石化华东局财务公司等项目将会陆续开工。二期总投资 200 多亿元，开工建筑面积达 350 多万平方米。

2. 南京重点金融功能区发展评述

南京河西 CBD 位于南京市建邺区中心区域，东迄秦淮河，西至扬子江，总占地面积为 24 平方公里，核心区为 2 平方公里。河西 CBD 是以金融和总部经济为核心，集信息软件、高端商务、旅游会展、文体休闲以及相关配套产业体系于一体的江苏省首批现代服务业集聚区，同时，也是江苏省和南京市打造的泛长三角北翼区域金融中心。

河西 CBD 自 2006 年第一家省级金融机构入驻以来，已初步形成了一个机构集聚、业态丰富、服务齐全、创新发展的金融总部集聚区。截至 2012 年，金融功能区集聚了 12 家银行、26 家保险机构、7 家证券类机构、13 家担保公

司、2家小额贷款公司、22家投资公司，金融业发展进入黄金期。

河西CBD核心区总投资300多亿元，总建筑面积约650万平方米，分两期建设。一期占地100公顷，金奥大厦、新地中心、雨润广场以及市行政审批中心等十余个项目及对应建筑已基本建成并交付使用，总建筑面积为241万平方米。二期开发的主要目标为打造金融总部集中区，目前南京世茂中心、香港新鸿基地产、奥美传媒等多个项目已全面开工，主要有江苏省信用联社、交通银行江苏省分行、国泰君安证券公司、华泰证券、招商银行南京分行和南京金融大厦等金融机构总部大楼，这些楼宇可供使用面积超过150万平方米。

（1）总部经济核心区

以河西中央公园为中心，以南京世界贸易中心、香港新鸿基、新地中心、金奥、苏宁博爱、新华丽华以及规划的四幢金融大厦为总部经济核心载体，依托金融、物流、创意产业以及中小企业创业、法人、地区总部等各类特色楼宇，积极培育税收亿元楼宇，目前已吸引华泰证券、韩国LIG财产保险公司、中国石油天然气运输公司江苏分公司、中钢集团天澄华环保科技华东分公司等全国法人总部或地区性总部企业30余家。

（2）金融城

随着江苏省3个金融监管局的确定入驻，河西CBD正围绕"江苏金融集聚区"和国家级"保险创新试验区"的目标，大力吸引银行、保险、证券等金融机构前来设立法人总部或区域总部，建设信息数据中心、后援服务中心、运行结算中心等，目前已引进江苏唯一外资银行法人总部菲律宾首都银行、江苏唯一内资保险法人总部南京紫金控股、江苏唯一外资保险法人总部韩国LIG财产保险、深圳创新投、南京协立创业投资有限公司等金融类企业55家。

（3）会展城

以南京国际博览中心为轴心，依托周边建筑及展馆等载体集聚高端会展及关联产业总部，实施会展与商贸、旅游产业的联动与协调发展，打造江苏省会展业的核心区和江苏省现代化发展成果的集中展示区，引进的会展服务类企业有南京大秦会展、南京博拓会展服务、南京飞尔会展服务、德马会展服务、南京汇展展览服务等 10 余家，2010 年以来南京国际博览中心先后举办了第五届中国会展经济国际合作论坛、第二届中国国际服务外包合作大会、2009 南京河西新城国际商务周、台湾名品展销会等重要展会。

（4）文体城

围绕奥体中心等文体旅游载体和新华报业等传媒企业，重点发展文化创意、新闻传媒、体育健身、娱乐休闲、餐饮住宿等具有较高档次的现代服务业，打造辐射南京都市圈的文体休闲旅游集散地。目前已引进南京润泽文化传媒、南京新与力文化传媒、建亚文化传媒、南京恒烁文化传媒等文化传媒企业20 余家。

除此之外，河西 CBD 已有社区商业企业 35 家，仁恒辉盛阁国际公寓酒店、烟波渔港、富贵俏江南、家乐福超市、购物中心、联强国贸国际大酒店、红星美凯龙等一批品牌商业企业先后进驻开业，有力促进了 CBD 的商贸业繁荣。

表 8 列示了南京重点金融功能区的基本情况。

表 8　南京重点金融功能区基本情况

指标	具体内容
主要经济指标	2013 年全市金融业实现增加值 846 亿元,同比增长 15.6%,金融业增长对全市服务业增加值和地区生产总值的拉动作用分别为 2.9 个和 1.5 个百分点
产业结构特征	河西 CBD 是以金融和总部经济为核心,信息软件、高端商务、旅游会展、文体休闲以及相关配套产业体系为一体的江苏省首批现代服务业聚集区
要素市场建设	无
入驻机构数量	至 2012 年底河西 CBD 集聚了银行 12 家、保险机构 26 家、证券类机构 7 家、担保公司 13 家、小额贷款公司 2 家、投资公司 22 家。金融业发展进入黄金期
基础设施建设	交通基础设施基本建成,地铁 1 号线、6 号线和 10 号线建成,规划中地铁 7 号线和 14 号线
区域范围与建成面积	南京河西 CBD 位于南京市建邺区中心区域,东迄秦淮河,西至扬子江,总占地面积 24 平方公里,核心区为 2 平方公里

资料来源：根据南京金融办网站公开资料整理。

（七）天津金融功能区

1. 天津金融功能区发展基本概况

天津市金融功能区坐落于滨海新区。滨海新区面积达 2270 平方公里，横跨天津东部海岸，岸线总长 153 公里，常住人口有 248 万人。新区地处京津唐城市带和环渤海经济区的交会处，向西距北京 120 公里，坐拥广阔内陆腹地，是东部最近内陆的欧亚大陆桥起点之一；天津港作为世界第五大吞吐量的综合性海港，连接全球几百个港口，是内陆省份和中亚国家重要的出海口；天津塘沽机场作为北方最大的货运机场，连接国内外 30 多个空港；市内拥有蛛网般密集的立体交通网络和现代化通信网络，天津现已成为重要的枢纽城市。

国务院部署了滨海新区开发开放战略，并明确了相关功能定位：依托京津冀城市群，服务环渤海经济带，辐射三北地区，面向东北亚，努力建成北方地区对外开放门户、高端制造业和研发产业基地、华北地区国际物流中心和国际航运中心，逐步成为经济发达、社会和谐、环境良好的宜居型生态新城区。作为中国北方沿海区域金融中心，天津的金融产业实力要明显强于北部沿海区域的平均水平（见图 12），天津的金融机构在实力方面具有明显优势。截至 2012 年，滨海新区各种类型的金融机构有 503 个，新兴金融业机构在其中占比较高；融资租赁公司有 209 家，经营性租赁和融资租赁的业务规模约占全国的 1/4；区域内注册的私募股权投资公司及其管理公司超过 2000 家，总注册资本规模达到 4000 亿元；在天津股权交易所上市的企业数量达到 128 家，总市值达到 190 亿元；天津另一家股权交易所也有几百家企业挂牌；在天津金融资产交易所挂牌交易标的总额为 7700 亿元，2012 年实现成交额 568 亿元，挂牌项目交易成功率超过 60%。

按照国务院对天津的"金融企业、金融业务、金融市场和金融开放等方面的重大改革，安排在天津滨海新区先行先试"的指示精神，滨海新区作为天津金融改革创新基地，积极推动于家堡金融区招商引资。园区通过参加国内外的各类展会，在国内外进行路演推介，园区的媒体曝光率和受关注度不断提高。Tishman、Rochfeller、升龙等世界各地的优秀房地产企业和金融机构先后考察过园区，并表示投资意向。园区一期起步区的 9 个金融商务楼宇项目都早已明确投资主体，渤海银行、农村商业银行、天津股权交易所、矿业权交易所、升龙集团、成城集团、建发集团、天津金融股权交易所、宝龙集团等分别与园区投资公司签署协议。园区起步区其余23个项目中的13个项目也已确定投资主体，园区正在与各投资主体关于项目规划设计、功能业态、项目合作和开发协议等内容进行深入沟通谈判。截至2013年，园区内共有106家机构完成注册登记，共投入注册资本总额500亿元，行业涉及保险经纪、基金管理、信托资管、交易服务等多个领域，"中国金融改革创新实验平台"的政策优势已初步显现。

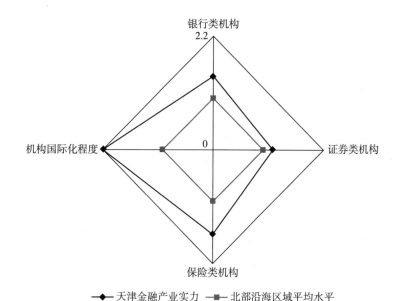

图12　天津金融产业实力与北部沿海金融中心平均水平比较

2. 天津重点金融功能区发展评述

于家堡金融区作为集中展示天津市国际大都会形象的标志区，其规划中突出滨海人文生态的特点，形成集金融商务、商业办公、酒店公寓、文化娱乐、观光旅游等功能于一体的国际化金融商务中心，利用京津城际铁路途经于家堡金融区的契机，打造与天津中心城区、北京市互动协调发展的格局。园区距北京170公里，距天津机场35公里，距天津市区45公里，紧靠天津港，区内路网密集。

园区规划理念先行，在借鉴世界各金融功能区经验的基础上，通过全球招标，筛选了一批国际知名机构进行统一的规划设计。日本日建公司进行地下空间及管网概念设计，美国易道公司进行园区景观概念规划设计，美国 SOM 公司进行城市天际线设计，香港 MVA 公司负责园区交通规划和步行交通体系研究。园区还聘请国际级规划设计大师组建单体建筑方案设计团队，实现金融区古典与现代建筑形态的协调统一；聘请中国建筑设计院和天津华汇建筑设计公司等国内一流设计单位进行施工图纸设计，在国内外众多顶级规划团队的全力协作下，世界一流金融园区版图轮廓已经初现。

第一，于家堡金融区是全球已有的最大规模的金融功能区，占地面积为 3.86 平方公里，共分为 120 个地块，对应 120 个项目。规划建筑面积总计 950 万平方米，其中，写字楼 500 万平方米，商业商住 200 万平方米，学校、医院等公共设施 250 万平方米。

第二，园区结合国内外金融功能区设计运营的经验，根据立体架构、复合功能的特点，设计了其他功能区没有的立体结构地下空间，地下 3 层的所有空间都与周边建筑连接，实现了地铁、地下商业街和地下停车场全线贯通。单体建筑的群落将统一实现裙房设计，地下一层、地下二层和地上一层、二层联合构成主题商业区域，功能包括现代金融、传统金融、市场会展、教育培训等。未来将打造成 24 小时营业的国际金融区，为高端商务人士提供生活配套设施与服务。

第三，园区力图打造为人文和谐、生态低碳的宜居城市，在园区 3.86 平方公里的占地面积中，有 1 平方公里被规划为绿化带，主要有沿河景观带、城市道路景观带、中央大道景观带以及多处面积超过 2 万平方米的公园。园区周边规划设计了若干块生活区，在这些生活区里，金融高管和从业人员将享有良好的生活配套设施。

第四，园区将按照现代金融、传统金融、商务会展、教育培训、商业商住五大业态进行规划建设，配设经典酒肆、特色食府、名牌商铺、胜览夜火、全景神游五大部分，形成 24 小时人气鼎盛的亲和商业步行街。

第五，园区发展是与创新型金融机构结合在一起的，也与整个滨海新区的金融服务功能结合在一起。园区在吸引传统金融机构的同时，也会下大力气引进新兴金融机构，如融资租赁公司、金融控股公司、跨国金融服务公司，以提升滨海新区金融配套服务水平。

表9列示了天津重点金融功能区的基本情况。

表9 天津重点金融功能区基本情况

指标	具体内容
主要经济指标	融资租赁公司有209家,经营性租赁和融资租赁的业务规模约占全国的1/4;区域内注册的私募股权投资公司及其管理公司超过2000家,总注册资本规模达到4000亿元;在天津股权交易所上市的企业数量达到128家,总市值达到190亿元
产业结构特征	以融资租赁、私募股权投资和资产交易机构为主
要素市场建设	天津矿业权交易所、天津股权交易所、天津金融资产交易所
入驻机构数量	截至2013年,园区内共有106家机构完成注册登记,共投入注册资本总额500亿元,行业涉及保险经纪、基金管理、信托资管、交易服务等多个领域
基础设施建设	基础设施完备,天津市多条地铁、城际轨道、高速公路等构成滨海新区完整的交通网,滨海新区同时是天津国际机场和特大型港口所在地
区域建成面积	全球已有的最大规模的金融功能区,占地面积为3.86平方公里,共分为120个地块,对应120个项目。规划建筑面积总计950万平方米,其中,写字楼500万平方米,商业商住200万平方米,学校、医院等公共设施250万平方米

资料来源：根据天津金融办网站公开资料整理。

（八）杭州金融功能区

1. 杭州金融功能区发展基本概况

杭州作为长三角地区的重要城市，具有邻近中国经济中心城市上海市的绝佳地理条件，可以充分利用上海市丰富资源的外溢效应。作为国内经济实力最强的省会城市之一，杭州市拥有省内其他城市无可比拟的优越条件和综合实力，同时杭州市作为历史文化名城，拥有丰厚的文化资源。浙江省按照自身的区域经济规划定位，将发展重心向杭州市倾斜，促进了杭州市长三角区域中心城市和金融中心的建设。

浙江省雄厚的经济实力，特别是庞大的民间资金，为杭州市金融业发展提供了可靠的实体经济保障和金融业存款来源。因此，杭州不仅可以大力吸引浙

江省的金融资源，还可以吸引全国的金融资源。2013 年，全市实现第三产业增加值 4416.12 亿元，增长 9.0%，同比回落 1.1 个百分点，占全市 GDP 的 52.9%。全市文化创意、旅游休闲、金融服务、电子商务、信息软件、先进装备制造业、物联网、生物医药、节能环保、新能源十大产业实现增加值 3010.39 亿元，比上年增长 13.6%，占全市生产总值的 42.9%。

进入 21 世纪，杭州经济社会各项指标均居全国前列，这为钱江新城的建设提供了前所未有的机遇。钱江新城承担的最重要的一项城市功能，就是打造现代服务业主平台，为杭州产业升级提供新平台。钱江新城在提升规划与建设的国际化水平的同时，改善投资环境，大力引进境内外集团和机构，积极探索各种形式的招商引资，推进社会投资项目进程，打造有人气、聚商气的城市环境。

在金融功能区规划建设方面，杭州市委、市政府出台了各种政策，促进了区域良好投资环境的形成。目前，杭州市通过实行购房入户和放松购房限制等一系列便利措施来提升钱江新城的对外吸引力。浙江省是民营企业大省，与其他地区的商务区比起来，钱江新城更具有优势，目前已入驻钱江新城的企业总部超过 30 家。与此同时，积极发展证券、银行、保险、基金等金融行业服务中心，吸引国际国内金融机构入驻。在新城建设中，充分借鉴参考了国内外同类城市开发建设金融功能区和中央商务区的成功经验，着重规划了区域地下空间的开发利用，在区域总体规划建设方面力求达到国际先进水平。在新城经营管理方面，加强国际交流与合作。

2. 杭州重点金融功能区发展评述

钱江新城位于杭州老城区东南面，距西湖 4.5 公里，距杭州火车站 2 公里，距萧山国际机场 15 公里，一期规划 15.8 平方公里，二期扩容区块为 5.16 平方公里。其中核心区规划范围为 4.02 平方公里，总开发量为 820 万平方米。规划居住人口 4.4 万人，提供就业岗位 22.5 万个。核心区定位为杭州市同时具备行政管理、商务金融、社会服务、旅游休闲和居住功能的综合性区域城市功能新区和城市新中心区。

统计资料显示，2012 年，钱江新城全区实现生产总值 388 亿元，按可比价格计算，比上年增长 10.6%。其中，第一产业增加值为 1 亿元，同比下降 22.7%；第二产业增加值为 126 亿元，同比增长 4.4%；第三产业增加值为

261 亿元,同比增长 13.7%。三次产业结构由上年的 0.2∶33.2∶66.6 调整为
0.2∶32.4∶67.4。目前,入驻钱江新城的各类金融机构 103 家,其中,担保公
司 35 家,投资公司 37 家,小额贷款公司 5 家,典当公司 8 家,省股权交易中
心、市产权交易中心、保险代理公司等其他公司共 18 家。

2012 年,钱江新城金融业产值占生产总值的 13%,达到 50.41 亿元。2013
年 1~10 月,全区金融业实现增加值 39.9 亿元,占全区 GDP 的比重为 13.3%,
同比增长 12.6%,高于地区生产总值年均增速 5.1 个百分点。2012 年,钱江新
城完成固定资产投资 448.7 亿元,增长 29.8%(工业投资 4.8 亿元,增长 12.9%),
其中,省市在钱江新城实施的重大项目投资额为 87.8 亿元,同比增长 33.3%,区
一级实施项目投资额 59.5 亿元,增长 20.1%,房地产开发投资 301.4 亿元,增长
30.9%。

表 10　杭州重点金融功能区基本情况

指标	具体内容
主要经济指标	2012 年钱江新城全区实现生产总值 387.8 亿元,按可比价格计算,比上年增长 10.6%,其中,第一产业增加值为 0.7 亿元,同比下降 22.7%;第二产业增加值为 125.9 亿元,同比增长 4.4%;第三产业增加值为 261.2 亿元,同比增长 13.7%
产业结构特征	2012 年三次产业结构由上年的 0.2∶33.2∶66.6 调整为 0.2∶32.4∶67.4。第三产业涉及行政、商务、金融贸易、信息会展、文化旅游等
要素市场建设	浙江省股权交易中心、杭州市产权交易中心
入驻机构数量	入驻江干区的各类金融机构有 103 家,其中担保公司 35 家,投资公司 37 家,小额贷款公司 5 家,典当公司 8 家,省股权交易中心、市产权交易中心、保险代理公司等其他公司 18 家
基础设施建设	交通基础设施基本建成,地铁 1 号线贯通,多座钱江大桥连通市内交通,邻近杭州萧山机场
区域建成面积	一期规划为 15.8 平方公里,二期扩容区块为 5.16 平方公里。其中核心区规划范围为 4.02 平方公里,总开发量为 820 万平方米

资料来源:根据杭州金融办网站公开资料整理。

(九)重庆金融功能区

1. 重庆金融功能区发展基本概况

重庆市是我国主要的区域中心城市之一,也是中西部地区唯一的直辖

市。国内像重庆这样虽地处内陆腹地，却坐拥得天独厚地理位置的内陆特大城市只有一个，重庆现已成为西部地区拥有水路、铁路、航空、公路等全方位综合交通网络的唯一的特大城市。广阔的内陆辐射区域使重庆不用担心建立离岸金融中心的需求问题，也决定了重庆在中长期都将是我国西部地区经济增长的"发动机"。

2012 年重庆市社会融资规模达到 5031 亿元。其中，银行贷款净增 2713 亿元，贷款余额增长 16%。银行间债务融资额为 283 亿元，是上年同期的 94%。银行委托贷款、承兑汇票、信托贷款等融资规模达到 1210 亿元，小贷公司贷款新增 190 亿元。2013 年重庆市银行业总资产规模达到 3.1 万亿元，各项存贷款余额同比增长分别为 19% 和 17%，增速分别比全国高 5 个和 3 个百分点。银行存贷比继续保持 70% 的高位，高于全国平均水平 5 个百分点。2013 年重庆市融资渠道进一步拓展，地区多层次资本市场体系建设进程加快，本地上市公司在 A 股市场实现融资 37 亿元。区内上市公司增至 37 家，总市值为 2185 亿元，上市公司经营业绩保持平稳。2012 年全市保险业经营效益持续改善，取得保费收入 331 亿元，比上年增长 6.2%。产险公司获得承保利润 7 亿元，寿险公司短期险业务承保利润达 12000 万元。

两江新区成为继上海浦东新区、天津滨海新区之后的中国第三个副省级新区，拥有国务院赋予的三大优惠政策，即比照浦东新区和滨海新区的开发开放政策、西部大开发优惠政策、统筹城乡综合配套改革先行先试政策。两江新区作为内陆副省级新区，拥有国内内陆首个保税港区。保税港区是国内自由贸易区建设的先行试验区，与其他省市建设离岸金融中心相比拥有无可比拟的政策优势。

2010 年 7 月，重庆被中国人民银行正式批准成为跨境人民币结算第二批试点城市之一。市内银行和金融机构通过开展跨境贸易人民币结算业务，可以拓展其提供人民币的服务范围，促进金融产品和服务方式创新，开拓更广阔的市场发展空间，增加离岸金融中心的砝码。

2. 重庆重点金融功能区发展评述

重庆江北嘴中央商务区由解放碑、江北城、弹子石共同构成，定位为西南地区区域性国际商务中心。其区域规划定位为重庆市区的商务中心区，兼具商业、办公和居住等多种功能，将建设大量办公写字楼等金融商务设施和重庆科技馆、重庆大剧院等市政文化娱乐设施，是未来城市发展的核心区域。江北嘴开发公司意在通过自主招商，吸引更多主体参与，加快区域建设速度。公司开发的房地产项目，一部分出卖，一部分则作为持有型物业用于物业租赁。江北嘴开发公司未来考虑借鉴上海陆家嘴模式，利用金融城等优质资产进行上市融资。

根据发展规划方案，国务院最新文件提出要在重庆建立金融市场，包括场外证券交易市场（OTC市场）、期货交易所、全国性电子票据交易中心，这些都在江北嘴布局。同时，商务区以集聚金融机构为基础，以建设金融市场为核心，大力发展银行、保险、证券、期货、信托、基金、金融租赁等金融产业。功能区的远景目标是，集中全市绝大部分国家级、地区级金融机构总部和配套关联机构，发展大型金融机构的后台呼叫中心、产品研发中心、结算融资中心、信息处理中心、票据交换中心、培训中心等后援机构，基本确立长江上游国内外金融机构主要集聚地的地位。2015年后，江北嘴将建成长江上游地区金融资源分配、金融产品定价交易、金融行业对外展示、金融机构竞争协作、金融信息交流、金融人才会集的核心区，以及金融产品创新、金融生态优化的先行区。预计到2020年，重庆80%的金融机构将在江北嘴布局，区域集聚30%的金融机构及贷款余额，金融业增加值达到750亿元。

江北嘴CBD用地规模约为2.26平方公里，总开发规模约为653万平方米（其中地下空间面积约为110万平方米）。办公写字楼部分为262万平方米，占总开发规模（不含地下空间面积，下同）的48%；酒店部分为31万平方米，占总开发规模的6%；文化娱乐部分为20平方米，占总开发规模的4%；商业配套部分为50平方米，占总开发规模的9%；居住部分为179万平方米，占总开发规模的33%，建成后可提供5万居住人口使用，区域可提供15万人就业。作为重庆标志性建筑之一的开敞式中央公园也已正式开放，江北嘴周边各条主干道分布于其间。

重庆重点金融功能区基本情况见表11。

表 11 重庆重点金融功能区基本情况

指标	具体内容
主要经济指标	2012 年重庆市社会融资规模达到 5031 亿元。其中,银行贷款净增 2713 亿元,贷款余额增长 16%。银行间债务融资额为 283 亿元,是上年同期的 94%。银行委托贷款、承兑汇票、信托贷款等融资规模达到 1210 亿元,小贷公司贷款新增 190 亿元。2013 年重庆市银行业总资产规模达到 3.1 万亿元,各项存贷款余额同比增长分别为 19% 和 17%,增速分别比全国高 5 个和 3 个百分点
产业结构特征	以集聚金融机构为基础,以建设金融市场为核心,大力发展银行、保险、证券、期货、信托、基金、金融租赁等金融产业
要素市场建设	重庆联合产权交易所
入驻机构数量	区内上市公司增至 37 家,总市值为 2185 亿元
基础设施建设	交通基础设施建设完备,重庆轨道交通 6 号线正在建设中
区域建成面积	江北嘴 CBD 用地规模约为 2.26 平方公里,总开发规模约为 653 万平方米(其中地下空间面积约为 110 万平方米)。办公写字楼部分为 262 万平方米,占总开发规模(不含地下空间面积,下同)的 48%;酒店部分为 31 万平方米,占总开发规模的 6%;文化娱乐部分为 20 平方米,占总开发规模的 4%;商业配套部分为 50 平方米,占总开发规模的 9%;居住部分为 179 万平方米,占总开发规模的 33%

资料来源:根据重庆金融办网站公开资料整理。

(十)大连金融功能区

1. 大连金融功能区发展基本概况

大连金融业发展迅猛,已成为东北地区外资金融机构最集中的城市。现已有 19 家外资银行机构在市内开设分行或办事处,本地金融机构已与世界各地机构建立结算网络,大连已成为东北地区最大的跨国结算中心。大连商品交易所是全球第二、亚洲最大的大豆期货交易市场,是国内三大期货交易所之一。

截至 2013 年,全市共有分行(分公司)以上金融机构 253 家,金融营业网点 3200 余个,金融总资产近 2.1 万亿元,从业人员 8 万人;各项存款余额为 12356 亿元(居民储蓄存款余额为 4615 亿元),各项贷款余额为 10325 亿元;保险业实现保费收入 131 亿元,理赔支出 63 亿元;全市证券交易额达 7320 亿元,各项金融发展指标均居东北大城市之首。大连金融机构数量最多、机构种类最全、对外开放度最高,在东北地区主要城市中始终保持领先优势。截至 2012 年末,全市共有银行机构 61 家、证券机构 59 家、保险机构 45 家、期货机构 77 家、外资金融机构 41 家。另外，还有 18 家金融机构的总部设在大连。

改革开放 30 多年来，大连市金融业伴随着全市经济社会的不断发展逐步完善和壮大，开创了机构体系完善、市场发展多元、金融环境优化、创新能力跃升的新局面。目前，金融业已成为大连现代服务业的骨干行业，在全市各项事业发展中发挥着核心作用。在此背景下，星海湾金融城、人民路金融商务区、高新园区金融后台服务基地等金融功能区已形成资源集聚效应，大东沟金融后台服务基地、小窑湾金融商务区项目全面启动，全市金融商务区整体布局与规划建设呈现协同推进的良好态势。

2. 大连重点金融功能区发展评述

（1）人民路金融商务区

人民路作为历史形成的金融集聚区，两侧从港湾广场到中山广场地段，集中了包括银行、证券、信托、保险等众多金融机构，是全市金融发展的中心枢纽。区域利用港口地区改造的便利条件，使得建筑用地范围向外不断扩展，为金融机构的入驻留出足够的空间。依托区域作为航运中心和地区金融中心的特点，重点引进与海洋航运有关的金融机构和全国性金融机构的区域总部，与周边航运产业、外贸产业配套，形成具有特殊业务导向的金融产业群。产业选择方面着重考虑外资银行、私募投资公司、外贸融资服务企业、企业集团财务公司等，以提升区域的金融业综合竞争力和国际化水平。

人民路商务区是省级金融服务区，2011 年共有 21 家金融及融资服务类机构入驻，目前已汇集 176 家金融及融资服务类机构，东港新区作为其功能拓展区正在加快建设，已有日本欧力士金融总部、德意志银行亚洲区总部、中国建设银行、民生银行、吉林银行、鞍钢金融大厦 6 个重点金融项目落户，金融服务的空间和功能进一步拓展。

（2）星海湾金融商务区

星海湾金融商务区是全市金融业未来发展的全新舞台，以大连商品交易所为龙头的一期工程国际金融中心，加快发展期货市场，汇集大批期货业务主体机构入驻。金融中心二期工程以发展总部经济为特色，加快信托大厦、证券大厦和保险大厦等楼宇建设，使之成为各类金融机构区域性和功能性总

部集聚地。三期工程重点吸引国内外各类金融咨询机构、律师事务所、会计师事务所和 IMF、国际清算银行等跨国机构办事部门，同时提供交通通信、酒店住宿、餐饮购物、娱乐休闲、旅游会议等全方位配套服务设施，着力提升区域整体商务居住环境品质，营造商业氛围，建成立足全市、依托东北亚、服务周边省市、面向世界的广受欢迎和认可的一流的国际化现代金融商务区。

星海湾金融商务区一期工程竣工并投入使用，A 座期货大厦以大连商品交易所为核心，已汇集近 90 家期货公司总部和营业部，成为全球 21 家主要衍生品交易所中交易信息系统技术水平最为领先的交易中心；B 座诺德大厦重点发展汇集全国煤炭贸易活动的煤炭商品市场，初步建立了高度数字化、国际化并实时同步的煤炭交易网络平台。截至 2011 年底，星海湾金融商务区已集聚各类金融机构 200 余家，形成了 500 亿元的资金汇集能力，以要素市场和总部经济为特色、与人民路商务区错位发展的格局已初步形成，成为西部城区现代服务业发展的核心区域。

大连重点金融功能区基本情况见表 12。

表 12　大连重点金融功能区基本情况

指标	具体内容
主要经济指标	截至 2013 年,全市各项存款余额为 12356 亿元(居民储蓄存款余额为 4615 亿元),各项贷款余额为 10325 亿元;保险业实现保费收入 131 亿元,理赔支出 63 亿元;全市证券交易额达 7320 亿元,各项金融发展指标均居东北大城市之首
产业结构特征	一期工程国际金融中心,加快发展期货市场,汇集大批期货业务主体机构入驻。金融中心二期工程以发展总部经济为特色,加快信托大厦、证券大厦和保险大厦等楼宇建设,使之成为各类金融机构区域性和功能性总部集聚地。三期工程重点吸引国内外各类金融咨询机构、律师事务所、会计师事务所和 IMF、国际清算银行等跨国机构办事部门,同时提供交通通信、酒店住宿、餐饮购物、娱乐休闲、旅游会议等全方位配套服务设施
要素市场建设	大连商品交易所、大连产权交易所、大连金融资产交易所
入驻机构数量	截至 2013 年,全市共有分行(分公司)以上金融机构 253 家,金融营业网点 3200 余个
基础设施建设	交通基础设施处于建设之中,大连地铁 1 号线正在建设中
区域建成面积	星海湾金融商务区北起高尔基路,南与国家级风景旅游区重合,东起太原街、莲花山一带,西至星海公园,占地面积为 3 平方公里,海岸线长约 5 公里

资料来源：根据大连金融办网站公开资料整理。

（十一）厦门金融功能区

1. 厦门金融功能区发展基本概况

厦门市作为福建省和海峡西岸经济区重要的金融中心城市，金融业发展势头良好。2013 年全市地区生产总值完成 3064 亿元，比上年增长 9.8%，增速连续两年保持在 9% 以上。该市确立提升现代服务业目标，积极壮大发展支柱产业，以计算机软件业、商务服务业、金融业、航空业、专业技术服务业为代表的高端现代服务业快速增长。国家开发银行、中国进出口银行在厦门设立分行。2013 年全市完成金融业年度增加值 169 亿元，比上年增长 9.6%；内外资金融机构各项本外币存款余额为 4957 亿元，比上年增长 11.6%；各项本外币贷款余额为 4341 亿元，比上年增长 19.9%。

厦门金融机构业态类型不断增加，各类机构的数量都有不同程度的增长，总体金融业务规模大幅度扩张，基本形成以银行、证券、保险等传统金融机构为主体，其他各类金融机构竞相发展的总体产业格局。截至 2013 年，厦门银行业总资产达 9949 亿元，接近万亿元大关，同比增长 17.6%；总负债为 9607 亿元，同比增长 17.9%；各项本外币存款余额为 6381 亿元，同比增长 16.6%（其中居民储蓄存款余额为 1950 亿元，同比增长 12%）；各项本外币贷款余额为 5844 亿元，同比增长 14.4%，高出地区生产总值增幅 4.9 个百分点；存贷比为 91.6%。截至 2013 年，厦门共有保险经营主体 37 家，其中财险类 20 家，寿险类 17 家。全市累计实现保费收入 66.64 亿元，同比增长 19.94%。全市保险公司赔款支付累计 20.88 亿元，同比增长 27.62%。全市保险公司总资产达 236.26 亿元，同比增长 11.51%。截至 2013 年，厦门辖区上市公司数量达 28 家，其中主板公司 14 家、中小板公司 8 家、创业板公司 6 家。总市值达 1157.76 亿元，累计融资额达 14.63 亿元。

2. 厦门重点金融功能区发展评述

厦门的重点金融功能区是滨北金融商务区，其设计范围包括湖滨北路、湖滨中路、仙岳路及湖滨东路四条城市干道围合成的地块，设计范围总用地面积约 78 公顷，核心重点地区地块范围为外贸仓库片区，总面积约 20.1 公顷。当前的滨北金融商务区是厦门岛中心地区主要的东西向城市主干道，具有重要的

交通功能和城市空间景观作用。在湖滨北路则集中了厦门市政府、税务局以及兴业银行、中国银行厦门分行、厦门国际银行、新加坡大华银行等政府机构和金融机构，具备行政金融区的良好基础。同时，与其配套的高档酒店如马哥孛罗、索菲特等，高档餐饮场所如舒友海鲜大酒楼、潮福城，以及特色酒吧及情调咖啡馆也多云集于此。厦门的体育中心、文化艺术中心、博物馆等就在附近。滨北是厦门岛内最具贵族气质的区域之一，依山傍水，近观湖景，远眺西海域，又有狐尾山做靠背，景观优势极佳。

滨北金融商务区高楼大厦集中，鳞次栉比，已建有大华银行、中银大厦、税保大厦、中闽大厦等众多高档写字楼，这种优越的地理自然环境在全国屈指可数。所以，滨北的行政金融商务区是厦门其他地方所不能替代的。

厦门重点金融功能区基本情况见表13。

表13　厦门重点金融功能区基本情况

指标	具体内容
主要经济指标	2013年全市完成金融业年度增加值169亿元，比上年增长9.6%；内外资金融机构各项本外币存款余额为4957亿元，比上年增长11.6%；各项本外币贷款余额为4341亿元，比上年增长19.9%
产业结构特征	各项金融业态齐全，以人民币跨境交易试点为特色
要素市场建设	无
入驻机构数量	截至2013年，全市共有各类银行业金融机构主体37家；法人主体证券公司1家、各类证券营业部48家；法人主体期货公司2家、各类期货营业部19家；法人主体保险公司36家、各类专业保险中介机构33家；担保公司39家、备案创投公司17家、融资租赁公司9家、典当行39家
基础设施建设	滨北金融商务区是厦门岛中心地区主要的东西向城市主干道，具有重要的交通功能，交通网络四通八达
区域建成面积	滨北金融商务区的设计范围包括湖滨北路、湖滨中路、仙岳路及湖滨东路四条城市干道围合成的地块，设计范围总用地面积约78公顷，核心重点地区地块范围为外贸仓库片区，总面积约20.1公顷

资料来源：根据厦门金融办网站公开资料整理。

（十二）宁波金融功能区

1. 宁波金融功能区发展基本概况

宁波市是长三角地区重要的区域中心城市，当地金融业依托区域雄厚

的经济实力处于长三角地区领先位置。2012 年，全市金融业税收收入达
111.37 亿元，同比增长 44.3%。其中，地方性金融业税收收入达 79.3 亿
元，同比增长 44.9%，占地方财政收入的 10.9%；全市金融业增加值达
502.4 亿元，同比增长 12.6%，高于服务业增速 1.7 个百分点，占全市
GDP 的比重为 7.8%，占服务业的比重为 18.3%。金融业已经成为宁波现
代服务业的支柱产业。特别是宁波拥有优良的金融生态环境，在中国社会
科学院金融研究所发布的《中国城市金融生态环境评价》中，宁波市一直
列前三位，同时进入全国信贷资产质量 8 个 AAA 级城市行列，企业诚信排
在全国第一位。

宁波主要以国际贸易物流和国际航运金融服务为发展方向建设国际金融
服务中心。国际物流与国际航运依托高度繁荣的国际贸易和绝佳的港口枢纽
条件，在当地外向型经济中发挥着越来越重要的作用，是区域经济新的增长
点，即将成为与进出口贸易并驾齐驱的外向经济三驾马车。宁波国际金融服
务中心从服务经济发展角度出发，以国际贸易物流和国际航运金融服务为发
展方向。

宁波地方金融主管部门对本市金融业长远发展做出了具体规划，特别
提出构建以银行业、保险业、证券业和其他金融服务业为主导的金融产业
体系，并具体规划了多个城市金融功能区和功能组团，提出利用区域外贸
口岸保税区的特殊地理优势，利用航运产业发达的区域经济优越条件，发
展离岸金融和行业金融等创新型金融业态。规划还提出区域金融业发展要
与产业升级和经济结构调整相结合，要体现扶持小微企业发展的
特色。

2. 宁波重点金融功能区发展评述

改革开放以来，宁波相继被国家列为金融体制改革试点城市、金融电
子化试点城市和金融对外开放城市，金融业得到了前所未有的发展。截至
2013 年，全市共有各类金融机构 206 家、小额贷款公司 41 家、股权投资机
构 270 余家、金融中介服务机构 1100 余家。2012 年，全市先后改制重组了
通商银行、东海银行、昆仑信托、镇海农村商业银行 4 家地方法人金融机
构，使宁波地方法人城市商业银行数量达到 3 家，居计划单列市首位。东

部新城国际金融服务中心已初具规模，一期已吸引国家开发银行、华夏银行等25家金融机构入驻，二期将在2014年底建成，初步构建全省第一个形成规模的金融集聚区。

市内现有多个金融功能区处于开发建设之中，区域金融功能区日渐成形，其中最主要的就是三江口地区的三江汇金融街。该功能区南临百丈东路，北至中山东路，东临建成的住宅小区和十九中学，西以奉化江和江东北路为界。区域酒店用地在内规划总面积约为22公顷，其中可开发建设地块面积为11.6公顷。办公部分占65%，商业零售部分占16%，服务式公寓部分占15%，市民文化建筑部分占4%。

经过五年多的开发建设，功能区空间形态已基本形成，金融街开发条件也日趋成熟。根据城市规划部门对金融街的最新规划，金融街功能定位与所在区域总体功能布局相吻合，将打造以金融保险、商务零售为主体功能，汇集酒店餐饮、文化娱乐、商务居住等配套功能的金融商务活动集聚区。

宁波重点金融功能区基本情况见表14。

表14　宁波重点金融功能区基本情况

指标	具体内容
主要经济指标	2012年全市金融业增加值达502.4亿元，同比增长12.6%，占全市GDP的比重为7.8%，占服务业的比重为18.3%
产业结构特征	以金融保险、商务零售为主体功能，汇集酒店餐饮、文化娱乐、商务居住等配套功能的金融商务活动集聚区
要素市场建设	宁波航运交易所
入驻机构数量	一期已吸引国家开发银行、华夏银行等25家金融机构入驻，二期将在2014年底建成，初步构建全省第一个形成规模的金融集聚区
基础设施建设	交通基础设施建设完备，已建成宁波地铁1号线
区域建成面积	区域酒店用地在内规划总面积约为22公顷，其中可开发建设地块面积为11.6公顷。办公部分占65%，商业零售部分占16%，服务式公寓部分占15%，市民文化建筑部分占4%

资料来源：根据宁波金融办网站公开资料整理。

（十三）西安金融功能区

1. 西安金融功能区发展基本概况

西安是我国较早提出建设区域金融中心的城市，15 年来，西安区域金融中心建设得到了快速发展。截至 2013 年，西安拥有各类金融机构近 180 家，其中银行类机构 44 家、证券类机构 78 家、保险类机构 48 家；融资性担保公司 68 家、小额贷款公司 25 家；中介、典当、股权投资等各类机构近千家，拥有各类交易场所 14 家。在第四期"CDI 中国金融中心指数"中，西安"金融产业绩效"在全国 31 个中心城市中排在第 13 位，在西部地区排在第 2 位。在北京金融博览会上，西安被评为中国西部最佳金融生态城市。截至 2012 年，西安金融业增加值达 311.61 亿元，占 GDP 和第三产业增加值的比重分别为 7.1% 和 13.7%。金融机构本外币存款余额、贷款余额分别达到 12285.96 亿元和 8808.04 亿元；共有境内上市公司 29 家，总市值达 1768.95 亿元；实现保费收入 176.78 亿元。

2010 年 1 月，西安市政府常务会研究决定，将西安浐灞金融商务区正式命名为西安金融商务区。西安金融商务区整体占地面积为 7000 余亩，坐落于风景优美、生态环境良好的浐灞生态区核心区，与西安世界园艺博览会址隔灞河相望，交通位置十分优越。目前，西安市正紧抓"关中 - 天水经济区"和西安国际化大都市建设机遇，努力把西安建设成为服务区域合作与发展，突出能源、科技、文化特色的区域金融中心。按照《西安区域性金融中心发展规划（2013~2020 年）》，到 2020 年，西安金融业增加值力争超过 1000 亿元，年均增长率超过 15%，占 GDP 的比重达到 10% 以上，金融业发展成为重要的支柱产业，把西安浐灞金融商务区建设成为重要的金融功能区，初步确立区域性金融中心地位。

2. 西安重点金融功能区发展评述

2008 年，省、市两级政府及有关主管部门提出"加快西安浐灞金融商务区开发建设，打造西部重要金融中心"的整体目标。按照陕西省政府"高起点规划、高起点建设金融商务区"的总体要求，西安市制定了《西安金融商务区发展规划纲要（2009~2020 年）》，经市政府常务会议通过。该纲要提出

金融商务区的发展战略为：按照"政府推动、市场运作"的模式，利用一切资源，在 10～15 年内，分起步阶段、拓展阶段和深化阶段三个阶段渐次展开，将浐灞金融商务区建设成为一个金融机构业态齐全、机构数量众多、配套服务机构和设施完善、金融业务辐射力较强、对区域地方经济促进作用较大的重要金融商务功能区。

金融商务区总体布局为一核、两带、三片区。

（1）一核：金融商务核心区，重点发展银行、证券、保险等金融机构总部及大型企业、泛金融机构总部。

（2）两带：灞柳西路灞河景观展示带和桃花潭浐河景观展示带，为浐灞金融商务区再添一抹绿。

（3）三片区：北片区——构成区域配套服务平台，形成区域政务中心、文化中心和投资服务中心；东片区——构成金融配套服务平台，重点建设商业、娱乐、休闲、金融博览、公寓和住宅等配套设施；西片区——构成金融后台服务平台，重点建设金融外包服务中心和金融培训服务基地。

目前，功能区已累计完成区内基础设施建设投资 49 亿元，入区项目建设也取得重大进展。区内现已建成道路、给水、电信、雨污水、天然气管道及电力管沟等设施折算计 120 公里；区内水系景观已完成建设；区内商业休闲配套项目——城市广场已竣工；区内重要环境工程的浐河桃花潭公园项目已开始建设。区内已有的香江国际项目、中登国际项目、苏陕国际金融中心项目、管委会自有商务中心二期项目累计为即将入区机构提供近 45 万平方米的写字楼办公面积以及配套星级酒店。

西安重点金融功能区基本情况见表 15。

（十四）武汉金融功能区

1. 武汉金融功能区发展基本概况

2012 年 7 月，自国务院决定支持武汉加快金融改革创新以来，武汉市金融业得到长足发展，在中部地区的地位不断上升，对经济增长的贡献率不断提高，区域金融中心的地位日益凸显。总体来说，武汉在中部地区金融中心中的实力是最强的，与中部其他金融中心相比，武汉的优势是全方位的，在各方面

表15　西安重点金融功能区基本情况

指标	具体内容
主要经济指标	截至2012年,西安金融业增加值达311.61亿元,占GDP和第三产业增加值的比重分别为7.1%和13.7%。金融机构本外币存款余额、贷款余额分别达到12285.96亿元和8808.04亿元;共有境内上市公司29家,总市值达1768.95亿元;实现保费收入176.78亿元
产业结构特征	重点发展银行、证券、保险等金融机构总部及大型企业、泛金融机构总部
要素市场建设	国家粮食交易中心
入驻机构数量	截至2013年,西安拥有各类金融机构近180家,其中银行类机构44家、证券类机构78家、保险类机构48家;融资性担保公司68家、小额贷款公司25家;中介、典当、股权投资等各类机构近千家,拥有各类交易场所14家
基础设施建设	交通基础设施处于建设之中,西安地铁1号线、6号线正在建设中
区域建成面积	西安金融商务区整体占地面积为7000余亩,坐落于风景优美、生态环境良好的浐灞生态区核心区

资料来源：根据西安金融办网站公开资料整理。

都名列前茅。2013年,武汉金融机构本外币存款余额达14900亿元,贷款余额突破12800亿元,社会融资总量达到3560亿元。全年金融业增加值占地区生产总值的比重突破7%。截至2012年,武汉市完成金融业增加值530亿元,占全省的65.5%。金融机构各项存款余额占全省的45.93%,其中当年新增额占11.24%,提高了5.37个百分点;各项贷款余额占60.42%。保费收入占全省的33.2%,提高了0.2个百分点。股票交易额占所有证券交易额的比重达85.43%。武汉金融机构数量、规模和机构国际化程度,均领先于中部区域平均水平。

截至2012年末,全市共有各类金融机构398家,其中银行业法人机构29家、证券期货业法人单位139家、保险业法人单位63家。在武汉设立总部的金融机构有15家,已经或正在筹建金融后台服务中心的机构有27家。辖区上市公司总数为58家,其中在境外上市的有13家,在境内上市的有45家。在证券机构中,有2个证券公司总部、3个期货公司总部。保险机构有1个总部。光大银行、交通银行等十几家金融机构在武汉设立信用卡中心、灾备中心、客服中心等后台服务部门。全市已基本形成银行、保险、信托、证券、租赁、基金、期货等多业并举、内外机构并存、功能结构完备、运行稳健有序的

多元化金融产业格局。

在加速成为中部地区区域金融中心的过程中，武汉重点金融功能区建设也同步推进。目前，包括汉口银行、湖北银行、武汉农村商业银行、合众人寿保险、长江证券、天风证券在内的 3 家商业银行、2 家证券公司和 1 家保险公司的总部都设在武汉金融功能区周边。武汉还是中国人民银行在中部地区的跨省级分行——武汉分行所在地，负责管辖鄂、湘、赣三省业务。

2. 武汉重点金融功能区发展评述

武汉 CBD 规划用地 7.41 平方公里，总建筑面积约 1400 万方，将构筑以金融、保险、贸易、信息、咨询等为主的"立足华中、服务全国、面向世界"的华中地区现代化商务中心，形成包括各类业态功能的以金融机构、企业管理总部和职能机构为主，配套有会计、法律、咨询、信息、策划、广告等中介机构，汇集零售、酒店、会展、居住等功能区域的综合性都会区。发展定位为：武汉 CBD 将形成金融资本交易、国际商务贸易、创业创新服务、环球商业体验、国际时尚生活五大产业功能区。

除武汉 CBD 外，武汉光谷也是重要的金融功能区。截至 2013 年，光谷功能区已有 21 家银行开设分支机构，区内银行网点数量达到 106 家；区内有 150 多家股权投资管理机构，新设立的有 100 家，投资公司注册资本总额增长到 156 亿元；区内现有上市公司 32 家，累计利用资本市场融资 423 亿元，10 家企业在扩大试点后的"新三板"完成挂牌；区内企业贷款总额达 813 亿元，创新性贷款融资占比达 48%，以光谷联合产权交易所为代表的区内交易所累计交易额超过千亿元。

武汉重点金融功能区基本情况见表 16。

（十五）青岛金融功能区

1. 青岛金融功能区发展基本概况

青岛作为东部沿海地区的重要金融城市，2013 年全市金融业继续实现健康可持续发展，金融业增速在各行业中继续名列前茅，全市金融业增加值、本外币贷款规模和存款规模等主要数字指标首次位居全省第一。2013 年实现

表16　武汉重点金融功能区基本情况

指标	具体内容
主要经济指标	截至2012年,武汉市完成金融业增加值530亿元,金融业已经成为武汉经济社会发展的支柱产业
产业结构特征	形成以银行、证券、保险等金融机构、企业总部和职能机构为主,配套有会计、法律、咨询、信息、策划、广告等中介机构,汇集零售、酒店、会展、居住等功能区域的综合性都会区
要素市场建设	光谷联合产权交易所
入驻机构数量	截至2012年末,全市共有各类金融机构398家,其中银行业法人机构29家、证券期货业法人单位139家、保险业法人单位63家。在武汉设立总部的金融机构有15家,已经或正在筹建金融后台服务中心的机构有27家
基础设施建设	交通基础设施建设完备,已建成武汉地铁1号线、2号线
区域建成面积	武汉CBD规划用地7.41平方公里,总建筑面积约1400万方

资料来源：根据武汉金融办网站公开资料整理。

金融业增加值468亿元，比上年增长16%，高于同期国民经济增速6.1个百分点。国内生产总值中金融业增加值占比达到5.9%，比上年提高0.5个百分点。服务业增加值中金融业占比超过11%，金融业比服务业同期增速高1个百分点。

截至2013年末，全市银行类金融机构各项存款余额达11419亿元，比上年增长1552亿元，增速为15.7%；各项贷款余额达9643亿元，比上年增长989亿元，增速为11.4%。当年全市金融业增加值和本外币存贷款规模首次全面超过省会济南，主要金融数量指标均已稳居全省第一位。

青岛的金融功能区位于市南区，近年来，市南区将金融业作为发展区域特色经济的重要支柱产业，确立了"金融先行"的发展战略。突出"金融机构集中、市场发达、信息灵敏、设施先进、服务高效、资本集聚"的区域性金融中心六大基本特征，着力于金融机构、资金规模、创新产品的不断扩张，以及金融环境、融资平台、发展机制的逐步建设。

市南区作为青岛市对外开放的窗口，目前已引入了136家市级以上总部企业，约占全市总部企业总数的50%，其中47家世界500强企业在市南区设立了办事机构，税收过亿元的楼宇达14座。2012年，全区总部企业全口径税收达到44.5亿元，约占全区税收的1/2。以市南区为主体的青岛市总部经济连

续五年在全国排名前9位。在此背景下，一大批有影响力的外资金融企业也纷纷在市南区安营扎寨。

2. 青岛重点金融功能区发展评述

"青岛金融街"位于市南区的香港中路，西起海天大酒店，东到丽晶大酒店，长约4公里，辐射延安三路、山东路、南京路、福州路等周边区域。2006年被青岛市政府命名为"青岛金融街"。该区域作为青岛市的政治、文化、科技、金融、商务中心，拥有众多高档写字楼、酒店、商场以及酒吧、咖啡吧等休闲场所，是青岛市人流、信息流、资金流最为密集的区域。一流的硬件设施和良好的商务环境吸引了中国银行山东省分行、中国农业银行、中国工商银行、中信银行、汇丰银行等金融机构及营业网点"扎堆"聚集，形成了国际金融中心、汇融广场、光大国际金融中心等10多座5A级写字楼。同时，中国人民银行、银监局、保监局、证监局等金融管理机构也集中在这个区域，更加凸显其区位优势。

市南区立足自身实际，积极推动服务业发展，构筑完善的服务产业体系，着力培育高端服务业，大力发展现代服务业，全面提升传统服务业。2013年，全区经济总量为96亿元，同比增长30%；完成固定资产投资212亿元，同比增长15%；实现财政一般预算收入21亿元，同比增长25%；内联、外引分别完成106.46亿元和1.69亿美元，同比增长21.6%和29.2%；外贸进出口完成3166万美元，同比增长44%。

统计资料显示，截至2012年，市南区共拥有金融机构131家，占全市金融机构总数的92%以上，银行营业网点达到290处，汇集了全市60%的金融从业人员，汇丰银行、渣打银行等11家外资银行以及11家外资保险机构也汇集于此。目前，市南区已成为全省金融机构数量最多、业态最丰富的城区。下一步发展的重点是吸引外资银行入驻，以提高金融国际化水平。

青岛重点金融功能区基本情况见表17。

（十六）成都金融功能区

1. 成都金融功能区发展基本概况

截至2013年，成都辖内金融机构人民币、外汇各项存款均实现同比增长。

表 17   青岛重点金融功能区基本情况

指标	具体内容
主要经济指标	2013 年实现金融业增加值 468 亿元,比上年增长 16%,高于同期国民经济增速 6.1 个百分点。国内生产总值中金融业增加值占比达到 5.9%,比上年提高 0.5 个百分点。截至 2013 年末,全市银行类金融机构各项存款余额达 11419 亿元,比上年增长 1552 亿元,增速为 15.7%;各项贷款余额达 9643 亿元,比上年增长 989 亿元,增速为 11.4%
产业结构特征	以外资总部为主,金融业态丰富,商业娱乐业发达
要素市场建设	国家专利技术青岛交易展示中心
入驻机构数量	截至 2012 年,市南区共拥有金融机构 131 家,占全市金融机构总数的 92% 以上,银行营业网点达到 290 处
基础设施建设	交通基础设施处于建设之中,青岛地铁 2 号线、3 号线正在建设中
区域建成面积	"青岛金融街"位于市南区的香港中路,西起海天大酒店,东到丽晶大酒店,长约 4 公里,辐射延安三路、山东路、南京路、福州路等周边区域

资料来源:根据青岛金融办网站公开资料整理。

其中,人民币各项存款余额为 23662.21 亿元,比年初增加 3289.66 亿元;外汇各项存款余额为 66.54 亿美元,比年初增加 7.54 亿美元。成都金融业实现增加值 741 亿元,占服务业和地区生产总值的比重相继超过 18% 和 9%,对区域经济增长的贡献比重超过 15%,金融业已经成为全市经济的支柱产业。

2: 成都重点金融功能区发展评述

作为全市 13 个市级战略功能区之一,成都金融总部商务区(成都金融城)是未来整个西部地区金融机构集聚发展的核心承载区。功能区规划面积约为 5 平方公里,坐落于成都市天府大道科技商务中轴两侧,北起石胜路繁雄大道,南至外环路北干道 500 米绿带边线孵化园,西连成仁路,东临益州大道,横跨高新区、锦江区两个行政区。截至 2012 年末,功能区已入驻银行、保险、创投、交易所等各类金融机构区域性总部 110 余家,入驻机构数量同比增长 37%,注册资本总额达 170 亿元。

园区产业定位将包括传统金融业——银行业、证券业和保险业,新兴金融业——电子金融、融资担保、投资基金和中间业务,以及其他专业服务业、商业服务业和生活配套服务业,最终形成面向西部地区的金融机构总部集聚区,监管机构、省市各级行业协会、中介经纪机构、信用信息公司集聚区,辐射周边区域的要素汇集区,为周边地区提供优质公共服务的中心区,整合区域要素

市场的重要平台，实现区域内金融产学研各方对接的平台和媒介以及区域改革创新发展的试验区。

根据有关部门测算，预计到 2030 年，功能区内各项主导产业的增加值总计将超过 6000 亿元，占当年地区国民生产总值的 12%；各类关联配套产业增加值将超过 2400 亿元，占当年地区国民生产总值的 5%；带动周边区域实现产值 2000 亿元，区域整体成为全市资本等要素资源最为集中的经济核心功能区。

成都市金融城作为区域重要的金融功能区，将按照国际先进水平进行超前规划，除了规划有金融功能区外，还规划了居住社区、商业街区、社区生活服务设施、区域文化休闲娱乐设施以及面向高端商务人群的会议、住宿、社交、展览、展示等综合性商务服务功能区。通过不同功能板块的对接融合，将整个社区打造为产业特色鲜明、配套设施完善、开发建设有序的全新城市功能区。

金融城将进行三期开发建设。一期项目核心发展区天府国际金融中心已建成投用，现已有中国银监会四川银监局、中国保监会四川保监局等金融监管机构，安邦保险、中国人寿、民生银行等全国性金融机构及市土地矿权交易中心、北京产权交易所西南中心等各类要素交易市场入驻。天府国际金融中心二期将紧密围绕现有条件进行开发，主要吸引包括新华社、中国华电、四川电力、中国网通、成都银行等国内知名企业区域性总部落户。项目三期也已进入建筑施工阶段，规划用地面积为 3.9 平方公里，三期建设除了包括上述有关的金融商务设施外，主要集中建设配套的商业居住服务等项目。

成都重点金融功能区基本情况见表 18。

（十七）沈阳金融功能区

1. 沈阳金融功能区发展基本概况

近年来，沈阳以金融产业为中心的区域金融中心建设取得巨大进展。截至 2013 年末，全市共有各类金融机构、投融资机构 286 家；辽宁省唯一的区域性股权交易中心在沈阳成立并运营；联合产权交易所已成为全东北地区最大的产权交易市场。2013 年全市实现金融业增加值 395.5 亿元，同比增长 17.2%；全市年度社会融资额达 2000 亿元。

表18　成都重点金融功能区基本情况

指标	具体内容
主要经济指标	截至2013年,成都辖内金融机构人民币、外汇各项存款均实现同比增长。其中,人民币各项存款余额为23662.21亿元,比年初增加3289.66亿元;外汇各项存款余额为66.54亿美元,比年初增加7.54亿美元
产业结构特征	园区产业定位将包括传统金融业——银行业、证券业和保险业,新兴金融业——电子金融、融资担保、投资基金和中间业务,以及其他专业服务业、商业服务业和生活配套服务业
要素市场建设	四川联合产权交易中心
入驻机构数量	截至2012年末,位于成都高新区的成都金融总部商务区已入驻银行、保险、创投、交易所等各类金融机构区域性总部110余家
基础设施建设	交通基础设施建设完备,已建成成都地铁1号线
区域建成面积	区域规划总面积约为5平方公里

资料来源:根据成都金融办网站公开资料整理。

2010年4月,国务院批复设立沈阳经济区为国家新型工业化综合配套改革试验区,批复方案中明确提出,"以沈阳金融商贸开发区为主体,开展国家优化金融生态综合试验,加快建设区域性金融中心,带动整个东北地区金融生态环境优化"。这一方案标志着沈阳建设东北区域金融中心和国家级金融生态综合试验区正式升格为国家战略。2011年9月,国务院正式批复该方案,进一步明确了今后沈阳建设东北区域金融中心和国家级金融生态综合试验区的方向,意味着区域金融功能区的改革发展进入了新阶段。

2. 沈阳重点金融功能区发展评述

沈阳金融商贸开发区始建于1991年,区域占地面积约为3平方公里,位于沈阳市区中心,与上海陆家嘴金融贸易区同时作为全国仅有的两个以金融贸易为主导产业并写入区域官方名称的主要开发区。开发区在2002年升格为省级开发区,长达20多年的开发建设,在国家振兴东北老工业基地的重要战略促进带动下,特别是最近几年,沈阳经济区被国家有关部门批准为国家规划中的战略经济区,优越的外部环境使得开发区正在向东北地区重要的金融产业集聚区不断迈进。

沈阳金融商贸开发区确立了打造区域综合型金融中心的整体目标,并将目标具体划分为五大功能板块,即区域投融资功能板块、金融交易功能板块、金

融风险管理功能板块、金融创新研发功能板块和金融信息交流功能板块。争取在 2020 年成为东北亚地区核心的国际金融中心，并重点发展包括货币信贷市场、股权债权资本市场、各类保险产品市场、以产业发展为导向的基金市场和创新型金融衍生品市场五大市场。

规划体系进一步完善。为满足沈阳市建设东北区域金融中心和国家级金融生态综合试验区的需要，开发区以商务楼宇为建设载体，坚持以高起点规划为引领，以高标准推进区域开发建设。区域作为金融中心的形象越发清晰。截至2011 年底，区域已经开发建设 40 余座总办公面积为 250 多万平方米的楼宇。100 余座规划建设中的高水准国际化写字楼，可提供办公面积总计 950 多万平方米，区域内写字楼分布密度在东北地区名列前茅。

生态绿化进一步完善。开发区目前共建设草坪绿地 6 万平方米，其中，按照 2000 年沈阳市政府"拆违建绿"的要求，在闲置及动迁土地上建设草坪绿地 4 万平方米，包括种植大型水腊 0.25 万平方米，开发区的绿化工作已经走在了沈阳市的前列。根据开发区的总体规划要求，开发区还将建设一座大型广场及林荫大道，其中林荫大道面积约为 3 万平方米，东西向长 45 米，南北向宽 24 米，是开发区区域的绿色养生空间。开发区已在全国范围内进行设计招标，北京中外园林建设总公司、中国建筑装饰公司、北京城市之光园林建设总公司、大连虎滩乐园等全国著名的园林设计单位已提交了设计方案，按高标准建设的林荫大道建成以后，必将成为沈阳市一道亮丽的流动风景线。

区域金融产业加快集聚。开发区发展金融产业的定位十分明确，通过各项优惠措施，利用自身优越的区位综合条件，不断吸引各类金融机构进驻。截至2013 年底，123 家金融机构已经先后落户。其中包含内外资银行 39 家，内外资保险公司 44 家，证券公司、期货公司和基金公司 36 家。开发区又集聚包括担保保理公司、经营性租赁公司、信用担保公司、小贷公司、典当公司、拍卖公司、保险经纪代理公估公司、私募股权投资基金等各类金融机构 72 家，包括世界四大知名会计师事务所之一的毕马威华振事务所在内的各类机构 220 余家，中石油集团东北大区公司等区域总部 120 余家，投资担保、投资咨询、投资顾问公司及投资管理等专业金融服务机构 185 家，区域总体形成以专业金融机构为主体、各类金融服务机构和配套专业服务机构为补充的多元化产业格局与生态体系。

预计到 2015 年，驻区金融机构总数将突破 170 家，外资银行突破 25 家。各类金融要素市场突破 5 家，金融业增加值占开发区地区生产总值的比重达到 50% 以上，金融业相关机构从业人员达到 5 万人，金融业为区财政贡献税收达 12 亿元。到 2015 年，财政一般预算收入将实现 29.5 亿元，年均增长 13%；地区生产总值实现 138 亿元，年均增长 12%；固定资产投资实现 64 亿元，年均增长 10%；社会消费品零售额实现 142 亿元，年均增长 13%；现代服务业增加值占区域生产总值的比重超过 70%，现代服务业作为开发区第一大支柱产业的地位得到确立。区域内单位面积金融机构网点数、单位土地面积投资强度、单位面积财税贡献率和从业人员密度列东北地区首位，使开发区成为金融产业汇集、中介服务齐全、商贸流通繁荣、辐射带动能力强、基础设施条件优越、人才丰富、信息充裕、金融生态优化的有重要影响力的"金融城"，成为东北老工业基地全面振兴的示范区、先导区和标志区。

沈阳重点金融功能区基本情况见表 19。

表 19 沈阳重点金融功能区基本情况

指标	具体内容
主要经济指标	2013 年全市实现金融业增加值 395.5 亿元,同比增长 17.2%;全市年度社会融资额达 2000 亿元
产业结构特征	形成以专业金融机构为主体、各类金融服务机构和配套专业服务机构为补充的多元化产业格局与生态体系
要素市场建设	辽宁贵金属交易中心
入驻机构数量	截至 2013 年底,123 家金融机构已经先后落户。其中包含内外资银行 39 家,内外资保险公司 44 家,证券公司、期货公司和基金公司 36 家
基础设施建设	交通基础设施条件完备,沈阳地铁 1 号线和 2 号线汇集
区域建成面积	沈阳金融商贸开发区始建于 1991 年,区域占地面积约为 3 平方公里。截至 2011 年底,区域已经开发建设 40 余座总办公面积为 250 多万平方米的楼宇。100 余座商务楼宇正在规划和建设中,规划建筑面积总计 950 多万平方米

资料来源：根据沈阳金融办网站公开资料整理。

（十八）济南金融功能区

1. 济南金融功能区发展基本概况

经过近几年的快速发展，济南金融功能区在入驻金融机构数量、配套设施

建设、扩大各类市场规模、产品开发创新和专业人才培养引进等方面均取得较大成就。国家"一行三局"的派驻机构先后在济南设立，作为区域金融管理中心的地位已经确立。基本形成了以国家金融监管部门、信贷类大型机构总部为主导，资本市场、商品市场、货币市场以及服务市场等竞相发展的格局。各类金融市场主体在一定数量规模的基础上相继成立行业协会及其他类型的自律组织。山东省内的国内大型金融机构地区业务总部和拓展基地基本选择设立在济南。

目前，济南以城市中央商务区为核心，以城市东部新区为补充，以西客站服务外包后台机构集聚区、高新区资本市场发展示范区、章丘市农村现代金融制度改革示范区为特色的金融功能区，已形成"一主一辅三区"金融业发展格局。截至 2012 年，全市共有金融机构及网点 232 家。其中，银行 32 家，包括国有大型银行 4 家、股份制银行 13 家、城市商业银行 8 家、外资银行 2 家、其他银行 5 家，还有资产管理公司 3 家、信托投资公司 2 家、财务公司 1 家、农村信用合作联社 6 家、保险公司 60 家、证券公司 29 家（营业部 44 家）、期货经营机构 14 家，另有 6 家小额贷款公司、19 家典当行，金融从业人员达 6 万余人。与"十五"期末相比，金融机构数量显著增加，种类更加丰富，金融组织体系更趋健全。2012 年，济南金融业继续保持良好的发展态势。截至 2012 年末，全年实现金融业增加值 411.3 亿元，可比增长 22.6%，占全市 GDP 的比重为 8.5%。全市金融业实现税收收入 78.6 亿元，同比增长 27.3%，占全市税收收入的 11.08%。其对全市税收的贡献度仅次于制造业（34.22%）和房地产业（13.29%），排第三位。

2. 济南重点金融功能区发展评述

济南金融商务中心区坐落于市中区北部，东至顺河街，西至纬二路，以经三路、经六路、经九路为发展轴线，区域规划用地 1.7 平方公里，规划建筑总面积 468 万平方米。所在区域交通便利，通信设施齐备，历史底蕴深厚，商业文化悠久，多年来已形成山东最大的金融业集聚区。

集超大型商业、顶级写字楼、超五星酒店等于一体的万达广场于 2011 年底基本建成。2013 年，300 米超高层项目绿地普利中心建设成为高端商务办公物业新典范；到 2015 年，作为全市标志性商务办公、金融商贸、休闲购物中心的超高层新地标项目华润万象城也将初步建成。各大项目建成后，区域将新增 200 万平方米以上金融商务楼宇面积。

现阶段魏家庄片区金融商务功能区抓住城市区域更新改造的重要契机，以吸引金融机构入驻为区域规划发展的主攻方向和突破口，以区域路网结构为轴线布局发展格局，打造区域金融中心功能区。其主要特点表现在：区域经济规模庞大，实力雄厚；区域治安社会环境稳定良好，区域市场秩序规范；区域内金融机构数量众多，金融资源充足，发展态势良好；区域金融监管部门提供宽松优越的监管服务环境；区位条件优越，周边交通便利；等等。

规划方案基本完成。地方政府部门对商务区进行了高起点规划设计，确立了"两纵三横"的总体布局，明确了三个定位：区域定位方面，努力形成立足本市、服务省内乃至环渤海地区的金融区域总部、监管中心；功能定位方面，努力打造以金融监管功能为核心，兼具公共服务、商务居住等各类配套功能的金融商务集聚区；形象定位方面，努力建设环渤海及黄河中下游地区的金融生态环境示范区。根据全市的规划定位，区域已被列为重点扶持发展的十大现代产业集聚区之首。

金融机构进一步集聚。区域开始建设开发以来，引力效应明显，金融机构加速集聚，先后引入了青岛银行济南分行、汇丰银行济南分行等多家银行机构，安联人寿山东分公司等 20 余家保险机构，6 家期货公司、典当行等其他机构。据最新统计，市中区内共管辖各类金融机构及其营业网点 180 家，有齐鲁银行、齐鲁证券和鲁证期货 3 家机构的全国总部；各大银行山东省分行等 15 家区域银行总部，机构数量占全市总数的 58%；25 家区域保险公司总部，机构数量占全市总数的 44%。

济南重点金融功能区基本情况见表 20。

（十九）昆明金融功能区

1. 昆明金融功能区发展基本概况

2011 年 1 月，昆明市政府出台了《关于促进昆明金融产业聚集发展的实施意见》，明确提出建立昆明泛亚金融产业中心园区的战略思路，同时论证阐述了泛亚金融产业中心园区的发展定位。

表 20　济南重点金融功能区基本情况

指标	具体内容
主要经济指标	2012 年,济南金融业继续保持良好的发展态势。截至 2012 年末,全年实现金融业增加值 411.3 亿元,可比增长 22.6%,占全市 GDP 的比重为 8.5%。全市金融业实现税收收入 78.6 亿元,同比增长 27.3%,占全市税收收入的 11.08%。其对全市税收的贡献度仅次于制造业(34.22%)和房地产业(13.29%),排第三位
产业结构特征	各类金融机构齐全
要素市场建设	山东产权交易中心
入驻机构数量	市中区内共管辖各类金融机构及其营业网点 180 家,有齐鲁银行、齐鲁证券和鲁证期货 3 家机构的全国总部;各大银行山东省分行等 15 家区域银行总部,机构数量占全市总数的 58%;25 家区域保险公司总部,机构数量占全市总数的 44%
基础设施建设	区域内交通基础设施体系完善,以道路交通为主
区域建成面积	济南金融商务中心区坐落于市中区北部,东至顺河街,西至纬二路,以经三路、经六路、经九路为发展轴线,区域规划用地 1.7 平方公里,规划建筑总面积 468 万平方米

资料来源：根据济南金融办网站公开资料整理。

昆明建设区域性金融中心具有良好的基础。截至 2012 年,全市共有银行业金融机构 40 家,其中包括 5 家国有商业银行、3 家政策性银行、1 家邮政储蓄银行、10 家股份制商业银行、3 家城市商业银行、16 家农村金融合作机构和 2 家外资银行。全市银行业金融机构营业网点数量超过 1000 个,占全省的比重为 23%;银行业全部从业人员超过 2.2 万人,占全省的比重为 35%;全市银行业总资产达 9190.32 亿元,占全省银行业总资产的比重为 14.19%;全年银行业金融机构实现利润 131 亿元,占全省的比重为 60%。

建设区域性金融中心,不仅可以吸引国内外金融机构来昆明开设网点,还可以吸引周边地区和国家特别是越南、缅甸、老挝的金融机构来昆明设立分支机构。昆明建立健全各类要素市场,不仅能为省内、国内外大宗商品交易提供基础平台,还将加快完善构建股权投资的政策支持体系,发挥政府引导基金作用,不断争取设立外资股权投资基金试点城市,打造南亚、东南亚的跨国股权投资中心。

2010 年,中国人民银行同意在昆明市设立跨境人民币区域性金融服务中心。当年 7 月,跨境贸易人民币结算云南试点开始启动,昆明跨境人民币区域性金融服务中心正式揭牌。昆明市政府将围绕把昆明泛亚金融产业中心园区建设成为中国面向南亚和东南亚的泛亚金融服务中心、昆明国际化程度最高的城市现代服务中心以及集金融机构总部办公、前台运营、中介服务于一体的金融产业聚集发展中心的目标任务，抢抓机遇，做大做强金融总量，创造规模经济效益，推动总部型机构聚集，倾力打造昆明金融产业园区，大力促进金融产业聚集发展，加快建设面向西南开放的区域化国际城市。

2. 昆明重点金融功能区发展评述

昆明泛亚金融产业中心园区坐落于主城区南市区，属于西山区管辖范围，毗邻广福路、前兴路、十里长街及二环、三环路，园区控制性详细规划面积约为278.8公顷（4182亩），绿地率为20%，毛容积率为1.71。园区布局为"一轴二片"，以日新路为轴，日新路以北为金融主园片区、以南为配套设施片区。根据园区控制性详细规划分布图则所示范围，园区共划分为66个地块，总用地面积为3179.85亩（未包含道路规划面积）。

区域金融中心的建设和发展是一个区域快速发展和崛起不可或缺的组成部分，因此充分利用昆明市作为跨境人民币结算和区域边境贸易中心城市的便利区位条件，将昆明市打造为西南地区重要的金融中心城市是区域和城市发展的必然选择。2011年1月，昆明市政府出台了区域金融产业集聚的相关政策，对园区的前期概念进行了规划设计，从经济层面和规划层面确定了泛亚金融产业中心园区的定位。在经济层面，成为中国面向南亚、东南亚的泛亚金融服务中心；在规划层面，成为昆明国际化程度最高的城市现代服务中心。

昆明市政府为泛亚金融服务中心发展制定了"三步走"战略：第一步，2010～2012年，把昆明建成西南地区地方性涉外金融服务中心；第二步，2012～2013年，把昆明建成面向大湄公河地区各国及整个东盟国家离岸人民币交易中心；第三步，到2025年，把昆明建成面向整个亚太地区的泛亚金融中心城市。

园区将通过金融要素与区位条件的协调、匹配、叠加和融合，促使金融产业集中聚合，引导经济结构调整，促进区域经济发展质量和水平提升，充分发挥辐射周边地区和带动相关产业的积极作用，为昆明区域性国际城市建设创造更加有利的条件。园区规划建用地面积为4182亩，未来将建设成集金融机构总部、金融前台、相关中介服务于一体，配套市政、教育、医疗、商住、文

化、绿化等功能设施的综合功能区。

昆明重点金融功能区基本情况见表21。

表21　昆明重点金融功能区基本情况

指标	具体内容
主要经济指标	截至2012年,全市银行业总资产达9190.32亿元,占全省银行业总资产的比重为14.19%;全年银行业金融机构实现利润131亿元,占全省的比重为60%
产业结构特征	集金融机构总部、金融前台、相关中介服务于一体,配套市政、教育、医疗、商住、文化、绿化等功能设施的综合功能区
要素市场建设	泛亚有色金属交易中心
入驻机构数量	2013年,昆明市共引进28家金融机构来昆明设立机构或分支机构。28家金融机构中包括20家基金管理公司、5家村镇银行、1家保险公司、1家金融仓储公司和1家金融租赁公司
基础设施建设	交通基础设施处于建设中,已建成昆明地铁1号线
区域建成面积	园区控制性详细规划面积约为278.8公顷(4182亩),绿地率为20%,毛容积率为1.71

资料来源：根据昆明金融办网站公开资料整理。

（二十）合肥金融功能区

1. 合肥金融功能区发展基本概况

合肥是安徽省的中心城市，是安徽实施向东发展战略、承接长三角产业转移的桥头堡。2010年皖江城市带被国务院规划为承接产业转移示范区。示范区规划中提出"一轴双核两翼"构建产业空间格局的构想，其中合肥成为示范区的核心。合肥区域交通发达，通信便利。已经建成多条高铁，合肥经高铁到南京只要45分钟，到上海和武汉也分别只要两小时。民航方面，合肥正在规划建设的新桥机场，建成后将达到国际4E级标准。

"十二五"期间，合肥市大规模开展城市建设，经济实力不断增强，主要经济指标均居全省首位，城市首位度大幅提升。统计资料显示，截至2013年末，合肥市规模以上工业企业达到2330户，较2012年末新增243户；全年完成总产值7612.12亿元，实现增加值1907.4亿元，增加值比上年增长14.4%，分别高于全国、全省4.7个和0.7个百分点。其中，合肥新兴产业、高新技术产业带动力明显增强。2013年，战略性新兴产业、高新技术产业、六大主导产业产值分别占规模以上工业产值的 26.4%、50.2% 和 62.1%，转型发展成效显著。数据显示，2013 年，合肥新开工项目达 4241 个，完成投资 2281.03 亿元，增长 12.4%。其中，亿元以上新开工项目为 947 个，增加 95 个。目前，合肥人均 GDP 首次突破 6 万元，达到 6.15 万元（近 1 万美元），相当于全省平均水平的 2 倍。城镇居民人均可支配收入突破 28000 元，农村居民人均纯收入超过 1 万元。

2012 年，合肥金融业增加值已突破 200 亿元，占全省金融业增加值的比重达 36%，为全省 16 个市之首，增速也位列中部省会第一。全市现已初步形成门类齐全、功能完备的金融产业体系，拥有银行、保险、信托、证券、担保贷款公司、企业集团财务公司等各类金融部门。

合肥市专门规划了具备金融机构后台服务功能，业态类型为集金融机构运营维护中心、呼叫客服中心、信用卡数据处理、信息灾备、数据网络交换中心、管理系统服务等多样化金融后台业务于一体的大型功能园区，该园区位于城市周边的滨湖金融城。

2. 合肥重点金融功能区发展评述

合肥金融功能区位于庐阳区，金融功能区以北一环商业办公新街区为核心，以长江中路为高端商务轴，庐阳区作为核心城区，是全市重点打造的金融中心。近年来，当地有关部门不断加快金融功能区建设的步伐，优惠的政策环境和良好的市场机制吸引了各类金融机构纷纷入驻，仅仅 12 平方公里的核心区域内，已集聚各类金融投资机构 600 多家、各类区域性总部 57 个，初步形成了银行、证券、信托、保险、租赁、基金、资产管理、财务顾问等完整的金融产业链。

合肥把庐阳区金融集聚区定位为中心城区的核心金融功能区，并进行相应规划，未来近 20 平方公里的中心城区内，将是区域中央商务区建设的核心区域。区域大力引进境内外金融机构，着力做强地方金融机构，大力推进合肥经济圈信贷融通一体化、资金清算一体化、票据市场一体化、金融信息共享一体化，着力建设设施先进、信息灵敏、融资功能和辐射能力较强的国际金融后台服务中心——滨湖金融城。预计到 2015 年，基本完成滨湖金融城建设，实现合肥区域性金融中心总体战略布局。

国际金融后台服务基地位于滨湖新区云谷路与徽州大道交口的区域，项目占地面积为2.1平方公里，邻近高档行政办公区域，背靠环城景观带，现已有多家金融机构入驻。中国工商银行总行五大后台服务中心、中国建设银行总行后台服务中心、上海浦发银行异地灾备中心及客服中心、中国人民银行合肥中心支行办公项目等已正式签约入驻。另外，其他多家金融机构入驻新区也在积极洽谈中。

合肥重点金融功能区基本情况见表22。

表22　合肥重点金融功能区基本情况

指标	具体内容
主要经济指标	2012年，合肥金融业增加值已突破200亿元，占全省金融业增加值的比重达36%，为全省16个市之首，增速也位列中部省会第一
产业结构特征	已初步形成了银行、证券、信托、保险、租赁、基金、资产管理、财务顾问等完整的金融产业链
要素市场建设	无
入驻机构数量	已集聚各类金融投资机构600多家、各类区域性总部57个
基础设施建设	交通基础设施处于建设之中，轻轨线路正在规划中
区域建成面积	核心区域规划面积约为12平方公里

资料来源：根据合肥金融办网站公开资料整理。

（二十一）福州金融功能区

1. 福州金融功能区发展基本概况

福州金融功能区建设一直是城市发展的重点领域，其中最主要的金融功能区是海峡金融街。海峡金融街位于闽江北岸鳌峰片区，是东部新城的核心地段，规划面积为63.51公里，基于高起点、高水平、高品位的原则，规划中的海峡金融街产业以金融为主，配以酒店等综合化商业服务配套建筑群，将海西第一街定位为"海峡西岸中心城市未来的金融中心"，是国家重点扶持的区域。借助政府的扶持与周详规划，作为海西第一街的金融街，逐渐显现出核心区域的爆发力，这从其在地块拍卖会上不断刷新的楼面价中便可以看出，各金融大企相继入驻，金融街的变化日新月异。

海峡两岸金融服务中心的发展规划提出差异化定位，以小微企业融资为特色，利用两岸合作的背景，抓住 MOU、ECFA 等两岸经贸合作协议签署的契机，按照 ECFA 框架进行先行先试，尝试与台湾金融业接轨，致力于打造两岸金融平台，使金融中心成为立足海西、对接台湾、辐射全国的海峡两岸合作窗口。

银行业发展目标。利用银行机构作为国民经济蓄水池的作用，为其他各行各业的发展提供源源不断的资金支持，同时银行机构要不断拓展资金来源，力争到 2015 年全行业存贷款规模分别达到 1.5 万亿元和 1.2 万亿元以上。

证券业发展目标。到 2015 年，福州新开设法人证券公司 1 家；支持兴业证券、广发华福证券、东兴证券福建分公司、国泰君安证券福建分公司做强做大，力争区内证券营业部和期货营业部的数量五年增加 40 家以上，总数突破 130 家。

保险业发展目标。"十二五"期间，全市保费收入实现年均增长 16% ~ 19%。到 2015 年，全市保费收入确保比 2010 年翻一番，超过 220 亿元，力争突破 250 亿元；保险深度超过 3.8%，保险密度达到 3100 元/人。保险业务发展质量和服务水平不断提高。

中介体系发展目标。到 2015 年，建成机构种类齐全、业务多元、监管有力的金融中介体系。金融会计、法律、评估、证券投资顾问咨询等高效发达，金融中介外包、风险投资中介、信用调查征集、资信评级等新兴金融中介业务加快发展。

2. 福州重点金融功能区发展评述

福州海峡金融街汇集了升龙汇金中心等多座高端写字楼，组成了商务建筑群落，它们是海峡金融街与城市衔接的商务门户，不仅能全面提升区域的城市形象，为福州创造一个新兴的高端商务中心，还能为该区域带来更多高端消费力人群，带来更丰富的行为方式，为区域注入持久的动力。金融街万达广场的落成开业标志着海峡金融街正式发力，汇集众多品牌、大型娱乐中心、时尚步行街、国际影城、购物商城、威斯汀六星级酒店等的高端配套齐全，海峡金融街全方位满足不同级别的商务接待与生活需求，兴业银行全国总部、招商银行、交通银行福建省分行、中国进出口银行、海峡银行、中国建设银行、农村商业银行等也都在海峡金融街建设总部大楼。

此外，海峡金融街还具有海、陆、空、铁等立体交通。海：离福州最大的海员码头马尾青州码头只有 30 分钟车程，为商务运输提供了便捷的海路支撑。陆：项目周边设有两座过江大桥（闽江大桥与鳌峰洲大桥）、15 条公交线路，可快速到达福州市各角落。空：30 分钟可轻松抵达福州长乐机场。铁：未来政府规划的地铁 4 号线将在本项目门前设置站点，开车到北面的福州站和南面的火车南站均只需 20 分钟的车程，而在火车站可乘坐高铁快速前往省内外重要城市。

（1）海峡金融街开发建设快速推进

目前，已有福建海峡银行、中国建设银行、招商银行、兴业银行、交通银行、福州农村商业银行等 10 余家金融机构有意落户金融街。其中交通银行、兴业银行、福建海峡银行等机构拟兴建总部大厦。2010 年，金融街完成 13 幅地块的成功出让。近年来，区域土地出让成交依旧活跃，大批百米左右的金融办公写字楼正在建设中，海峡金融街已初现雏形。

（2）初步形成金融机构集聚效应

2013 年，全市金融业完成增加值 334 亿元，占全市第三产业的比重为 15.6%，同比增长 15%。最近五年，金融业增加值年均增长 29.5%，全市金融业发展速度、效益同步提升，已成为地方经济增长的支柱行业。海峡金融街集聚了大批产业链最高端、最上游的金融机构，可以产生良好的集聚效应。

（3）金融街区域功能结构更加完善

根据规划方案，海峡金融街将允许银行、保险、信托、证券等行业入驻；在服务领域，将允许酒店、美容院、超市、餐饮企业、娱乐公司等进驻；在商业文化领域，将允许展览公司、新闻出版机构、文化艺术团体、大众传媒等进驻。

海峡金融街由国际一流的日建设计株式会社（日本）担纲，综合设计容积、建筑密度、绿地率、金融、商务、酒店、商场等功能分区，最终形成富有特色的城市空间。在条件允许的情况下，将建筑景观延伸至闽江边，充分发挥滨水的自然优势，营造与对岸东部新城协调共融、丰富多彩的滨水岸线空间，建成以金融业为主，酒店、高端服务业等综合现代服务区相配套的高档次、高品位的海西第一街。

福州重点金融功能区基本情况见表 23。

表 23　福州重点金融功能区基本情况

指标	具体内容
主要经济指标	2013 年,全市金融业完成增加值334 亿元,占全市第三产业的比重为15.6%,同比增长15%
产业结构特征	根据规划方案,海峡金融街将允许银行、保险、信托、证券等行业入驻;在服务领域,将允许酒店、美容院、超市、餐饮企业、娱乐公司等进驻;在商业文化领域,将允许展览公司、新闻出版机构、文化艺术团体、大众传媒等进驻
要素市场建设	福建省产权交易中心海西白银交易所
入驻机构数量	目前,已有包括福建海峡银行、中国建设银行、招商银行、兴业银行、交通银行、福州农村商业银行等 10 余家金融机构有意落户金融街
基础设施建设	海峡金融街具有海、陆、空、铁等立体交通,距离港口、机场和火车站的交通都很便捷
区域建成面积	海峡金融街位于闽江北岸鳌峰片区,是东部新城的核心地段,规划面积为 63.51 公里

资料来源：根据福州金融办网站公开资料整理。

（二十二）长沙金融功能区

1. 长沙金融功能区发展基本概况

近年来，长沙市金融主管部门按照市委、市政府提出的以建设区域性金融中心为目标，不断优化全市范围内金融产业结构，丰富金融机构类型，扩充金融机构数量，全市金融市场得到长足发展。金融业呈现机构数量不断增加，金融资产总额、从业人员数量持续增长的良好势头。2013 年，全市共有法人金融机构676 家，比上年增加 188 家，增长 38.5%；金融机构年末资产达 149.60 亿元，比上年增长 24.5%；金融机构年末从业人员达 5.75 万人，比上年增加 0.52 万人。金融业对经济增长的贡献度不断提升。2013 年，全市金融业实现增加值277.33 亿元，占 GDP 的比重为3.9%，比上年提升0.3 个百分点。长沙作为全省的政治、经济、文化中心，在经济发展和投资环境等方面具有较强的竞争优势，金融集聚效应明显。2013 年，全市金融机构本外币各项存款余额达 10148.76 亿元，比上年增长 15.3%，占全省的比重达 37.8%；新增存款 1345.90 亿元，占全省的比重达 36.1%。各项贷款余额达 9633.02 亿元，比上年增长 13.1%，占全省的比重达 53.1%；新增贷款 1070.23 亿元，占全省的比重达 43.7%。

为促进湖南省乃至整个中南地区实现持续、健康、跨越式发展，提升长沙

市作为湖南省及周边区域经济中心城市的地位和作用，长沙市重点打造区域金融中心城市。长沙芙蓉中央商务区（CBD）地处长沙城市的核心区域，于2006年8月经长沙市人民政府批准正式挂牌成立。它传承了自汉代以来厚重的文脉和商脉，有着独特的区位优势，核心区由芙蓉路、中山路和人民路等长沙城市中心主干道围成的主城区街区构成，其中核心部分占地约为2.7平方公里，并依托路网结构向外辐射至8平方公里的范围，一类、二类存量用地约为3000亩。长沙市政府将CBD的发展作为全市的一个重要增长极予以扶持，按照"规划主导、功能分离、项目驱动、品牌带动、集约提升"的思路，加快第三产业优化升级，强力推进CBD的建设，努力将CBD打造成为"品牌展示的窗口、总部聚集的载体、产业发展的高地、经济活力的标志、引领时尚的前沿、城市形象的名片"。

长沙芙蓉CBD的区域规划方案充分体现了湖南地域文化特色和长沙城市历史风貌，规划设定年限为2008～2030年。其中，2008～2010年为规划基础阶段，2011～2015年为全面建设阶段，2016～2020年为提质发展阶段，2021～2030年为远景发展阶段。其总体目标是以金融、商务为重点，同时带动信息、商贸、中介、咨询、旅游和高档房地产，成为我国中部地区主要的商务副中心、湖南省商务中心、区域性商贸中心、地区级生产服务中心。数据显示，美国花旗银行、韩国新韩银行、香港东亚银行、英国渣打银行等外资银行和广发银行、招商银行等内资银行已经陆续入驻长沙，截至2013年底，长沙市银行业金融机构已增至33家。在银行业金融机构资产规模方面，截至2013年底，已经达到1.2万亿元，占全省的比重将近50%。

2. 长沙重点金融功能区发展评述

长沙芙蓉CBD的建设规划依托长沙作为千年古城的总体城市格局，结合城市深厚的历史文化底蕴，制定先进的规划理念，合理搭配组合空间模块，区域规划总面积达上千万平方米，整体容积率为4，区内路网总长度约36公里，预留停车位4.5万个，规划道路总面积79.92公顷。规划绿地、广场等公共空间21.49公顷。功能配比将实现商务办公30%～40%、商业娱乐30%～40%、公共设施10%～15%、住宅25%～30%。

长沙芙蓉CBD的产业布局可以概括为"一核心、两主轴、四中心"。一核心，即芙蓉广场。两主轴，即以五一大道为东西主轴线、芙蓉路为南北主轴线组成"金十字架"。四中心，即以芙蓉广场为核心，以五一路和芙蓉路为主轴，重点发展银行、信托、证券、保险等主要金融企业总部营业部和相关从业机构集聚中心；以省级行政单位为核心，打造以总部经济、中介服务、商务服务为主的商务中心；以电子科技一条街为核心，发展以数字娱乐产业、信息通信产业、服务外包产业、互联网产业为主的信息中心；以五一广场为核心，以黄兴路为轴线，形成以现代商业、大型购物中心、名品卖场为主的商贸中心。

长沙芙蓉 CBD 交通规划提出四大举措，以满足未来可能增长的居住、出行需求。一是建设快速综合交通通道，构建快捷的区域及对外交通系统。抓住地铁 1 号线、2 号线贯穿 CBD 的契机，实现 CBD 与空港、高速铁路的无缝连接，实现全方位、多层次的立体连接。二是加强区内道路建设，构建"四横七纵"的主次干道网络，连通区内道路，完善道路格局规划体系。三是加强公交优先措施，打造"公交输配环"，完善城市公交网络系统，设立公交专用车道，体现公共交通的绿色环保属性。四是结合 CBD 核心区的公共开敞空间与轨道站设置，对黄兴路站、芙蓉路站、韶山路站附近的地下空间进行科学开发，建设连续的地下步行系统，使其与地面步行系统、二层步行系统有机衔接，与周边公共建筑直接连通，并向南、北跨过解放路和五一路，连接两侧的辅助功能区，构建"环境友好型"多层、立体的步行交通系统。

（1）商务楼宇群聚。功能区集中分布的各类高层商务写字楼有 140 多栋，楼宇总建筑面积为 359 万平方米，占全市的一半以上，现有企业 3550 家，绝大部分楼宇出租率超过 90%。税收贡献在 500 万元以上的楼宇有 40 多栋，税收贡献在 1000 万元以上的楼宇有 17 栋。

（2）高端服务业发达。现有中国人民银行长沙中心支行、湖南省银监局以及 13 家全国商业银行一级分行、90 多家支行、几百个银行网点和 40 多家各类保险公司、证券公司、期货公司设立在此。与之相配套，区内还有以律师、会计、策划、咨询等现代服务业为主的数千家公司和 23 家世界 500 强企业。

（3）经济贡献显著。功能区内每平方公里的固定资产投资完成额、地方年度财政收入、社会商品零售额三个主要统计指标数据分别是全市平均水平的 5 倍、12 倍和 23 倍。2012 年度从楼宇中产生的总税收达 50 余亿元，占全省

财政收入的比重为 1.5%；区内每平方公里产生税收 5 亿余元，是全省平均水平的 290 倍。

（4）投资强度极高。区域整体建筑容积率达到 6，个别建筑的项目单体容积率已经超过 10，所有项目中单体容积率最高的达到 18。区域规划总建筑面积将超过 1000 万平方米，是全市投资强度最高的功能区。

（5）经济环境优越。为了推动长沙芙蓉 CBD 的发展，芙蓉区委、区政府出台了支持楼宇建设、扶持入驻企业、奖励招商引资、优化经济环境等一系列配套政策和措施。每年度投入 CBD 建设和发展的资金占地方财政收入的 20%以上，扶持企业发展的资金近亿元。

长沙重点金融功能区基本情况见表 24。

表 24　长沙重点金融功能区基本情况

指标	具体内容
主要经济指标	2013 年，全市金融业实现增加值 277.33 亿元，占 GDP 的比重为 3.9%，比上年提升 0.3 个百分点；金融业增加值比上年增长 17.7%，增速提升 6.1 个百分点，高于 GDP 增速 5.7 个百分点，是全市国民经济行业中增速最快的行业；金融业对全市经济增长的贡献率和拉动点分别为 5.4%和 0.6 个百分点，分别比上年提升 2.1 个和 0.3 个百分点
产业结构特征	重点发展银行、信托、证券、保险等主要金融企业总部营业部和相关从业机构集聚中心；以省级行政单位为核心，打造以总部经济、中介服务、商务服务为主的商务中心
要素市场建设	无
入驻机构数量	2013 年，全市共有法人金融机构 676 家，比上年增加 188 家，增长 38.5%
基础设施建设	交通基础设施基本完备，已建成长沙地铁 2 号线，地铁 1 号线正在建设中
区域建成面积	区域规划总面积达上千万平方米，整体容积率为 4，区内路网总长度约 36 公里，预留停车位 4.5 万个，规划道路总面积为 79.92 公顷

资料来源：根据长沙金融办网站公开资料整理。

（二十三）郑州金融功能区

1. 郑州金融功能区发展基本概况

郑州市作为中原经济区和整个河南省的区域中心城市，总体金融业发展水平远远领先于省内及周边城市，目前应成为区域金融机构数量规模领先、群聚效应不断凸显、对周边辐射带动能力日益提升的重要金融中心。

截至 2012 年，郑州区域内汇集了银行业金融机构 23 家、非银行业机构 8 家、期货交易所 1 家、证券公司 1 家、证券营业部 61 家、期货公司 3 家、期货营业部 68 家、保险公司省级分公司 48 家、A 股上市公司 58 家、小额贷款公司 9 家、担保公司 489 家，郑州初步建成了网络庞大、功能领先、服务高效、运行有序的金融服务体系。郑州市已初步形成了银行、证券、保险、信托、期货各业并举，经营、监管和调控各类机构共存的金融体系。

截至 2013 年末，全市金融业累计实现增加值 487.41 亿元，同比增长 26.6%，较上年提高 14 个百分点，在全市各个统计行业中的增速表现尤为抢眼。统计显示，2013 年，郑州市金融业增加值增速高于全市 GDP 增速 17 个百分点，占 GDP 的比重达到 8%，比上年提高 1.7 个百分点。金融业在第三产业中的主导作用进一步增强，占第三产业增加值的比重达到 18.9%，较上年提高 3.1 个百分点。金融业规模效益进一步提升，完成税收 71.1 亿元，占总税收的比重为 13.1%，在全市 17 个行业中仅次于房地产业，居第二位。

（1）区位优势提供了便利的交通条件。郑州处在承东启西、连南通北的战略位置，东临发展水平最高的沿海发达地区，西接广阔的西部地区，是全国最重要的铁路枢纽和主要的区域性枢纽机场之一、全国九大主要公路枢纽之一、全国三大邮电枢纽和六大通信网络枢纽之一，在我国交通通信体系中占据中枢地位，是国家大通道的交会点，杰出的区位和交通优势，为资本等各类生产要素的流动、汇集和区域金融中心的形成提供了便利条件。

（2）巨大的经济潜力提供保障。河南经济总量居全国第五位、中西部地区第一位，人口规模在全国最大，全省经济已步入高速工业化新阶段。郑州正在打造全国性的物流中心，并已显现出现代化商贸城蓝图，大量的物流、人流、资金流、信息流在此融通，对周边区域的辐射带动作用不断增强。城市现有的金融体系也为区域性金融中心建设提供了良好的基础。

（3）郑州交易所的突出作用。郑州商品交易所在国际交易所中占据重要地位，成交量已经列世界前三位。国内方面，2011 年郑州商品交易所累计成交量为 406390664 手，累计成交额为 334185.15 亿元，分别占全国市场的 38.55% 和 24.30%，同比分别下降 18.04% 和增长 8.17%。河南省产权交易中心相比各地产权市场，具有较强的影响力。国内城市除上海、深圳、大连之

外，只有郑州具有证券期货交易中心，这也是建设世界金融中心不可或缺的条件。2013 年，郑州商品交易所交易总额达到 3780015913 万元，同比增长 8.82%；成交量高达 1050598046 手，同比增长 51.34%。

2. 郑州重点金融功能区发展评述

郑东新区 CBD 位于郑州市主城区东部，是郑州市委、市政府根据国务院批复的郑州城市总体规划，为扩大城市规模、实施拉大城市框架、加快区域城市化和现代化进程的投资开发战略而建设的新城区。

河南省及郑州市的城市建设主管部门根据国家对郑州市的总体战略定位及郑州市城市发展总体规划和基本情况，为了加快区域城市化进程、提升城市总体规模、拓展城市发展空间，在主城区东部规划了郑东新区。

郑东新区远期规划面积将超过 150 平方公里，绿化面积达到 800 余万平方米。区域交通条件优越，拥有多条高速公路，周边河流环绕、各类景观林立，整个区域进行了整体环境绿化建设，呈现优越的生态人居环境。

郑东新区现阶段已成为河南省地区金融总部集聚的中心区，金融商务功能区雏形初显。在软件方面，河南省政府制定出台了郑州市区域金融中心建设规划以及郑东新区金融业集聚发展规划。

郑州重点金融功能区基本情况见表 25。

表 25　郑州重点金融功能区基本情况

指标	具体内容
主要经济指标	截至 2013 年末,郑州市完成金融业增加值 487.41 亿元,同比增长 26.6%。金融业在第三产业中的主导作用进一步增强,占第三产业增加值的比重达到 18.9%,较上年提高 3.1 个百分点。金融业规模效益进一步提升,完成税收 71.1 亿元,占总税收的比重为 13.1%,在全市 17 个行业中仅次于房地产业,居第二位
产业结构特征	已初步形成了银行、证券、保险、信托、期货各业并举,经营、监管和调控各类机构共存的金融体系
要素市场建设	郑州期货交易所
入驻机构数量	截至 2012 年,郑州区域内汇集了银行业金融机构 23 家、非银行业机构 8 家、期货交易所 1 家、证券公司 1 家、证券营业部 61 家、期货公司 3 家、期货营业部 68 家、保险公司省级分公司 48 家、A 股上市公司 58 家、小额贷款公司 9 家、担保公司 489 家
基础设施建设	交通基础设施处于建设之中,已建成郑州地铁 1 号线
区域建成面积	郑东新区 CBD 远期规划总面积将超过 150 平方公里

资料来源：根据郑州金融办网站公开资料整理。

（二十四）南昌金融功能区

1. 南昌金融功能区发展基本概况

2013 年，南昌金融业呈现快速发展态势，金融机构本外币存款余额为 6639 亿元，比上年增长 14.2%。其中，居民储蓄存款为 2079 亿元，比上年增长 16%。金融机构各项贷款余额为 5632 亿元，比年初增长 16.3%。2013 年，全市共有保险公司 37 家，实现保费收入 73 亿元，比上年增长 13%；全年赔款及给付 23 亿元，比上年增长 18%。2013 年，全市拥有证券营业部 55 家，全年营业部累计股票开户数达 99.5 万户，比上年增长 2%；全年各类账户累计结算资金达 41.23 亿元，A 股交易额为 6751 亿元，B 股交易额为 29.87 亿元。

建设中的红谷滩新区地处赣江之滨南昌北部，由红谷滩、红角洲和凤凰洲三大部分组成，与南昌主城区隔江相望，区域总面积为 50 多平方公里，其中建设用地为 40 多平方公里，绿化面积为 144 万平方米，未来规划人口 40 余万人。红谷滩新区借鉴国内先进机构的规划优势，在全新的土地上描绘出 4.3 平方公里的红谷中央商务区和 6 平方公里的配套居住区，形成完善统一的集金融贸易、行政中心、信息服务、办公园区、旅游、文化娱乐、居住等多功能于一体的现代城市新中心。建设好红谷滩新区必须遵循现代城市建设的一般规律，既要高起点规划，树立"规划是财富、规划是生产力"的意识，又要高标准设计、高质量建设、高效益经营和高效率管理，实现效益的最大化，使其鲜明的个性走向全国、走向世界。

2. 南昌重点金融功能区发展评述

南昌金融功能区位于南昌红谷滩新区，红谷滩的开发建设坚持高起点规划、高标准建设、高水平管理的发展原则，其现代商务集群的 CBD 吸引了多家金融机构抢滩登陆。投资 1.5 亿元的中江国际大厦（位于会展路以北）已于 2011 年 12 月竣工，洪都农村商业银行暨江西省农村信用社数据中心大厦设计楼层 36 层，建筑高度达 197 米，成为红谷滩的一座标志性建筑。位于红谷滩新区中央商务区金融街的国家开发银行江西分行办公楼已成功封顶，该楼为地下 2 层、地上 19 层结构，楼高 99.1 米。赣商集团·九江银行联合大厦、浦

发银行大厦、城投金融大厦、南昌银行总部大厦均位于红谷滩中心区。中国银行南昌分行、中国农业银行江西分行、民生银行江西分行、中国人寿等项目正在审批。

到目前为止，红谷滩新区初步形成了银行、保险、证券、期货、投资、会计师事务所、律师事务所等多种金融业态并存的态势，已建成由全国性综合金融机构、地方金融机构、民营金融机构、其他类型金融业组织和外资金融机构等构成的结构合理、竞争比较充分、运行高效的金融产业体系。

南昌红谷滩金融功能区在已引进南昌城市商业银行、九江商业银行、中国工商银行江西省分行、中国农业银行江西省分行、国家开发银行江西省分行等金融机构的基础上，还积极引进国内外其他各类主流金融机构，私募股权投资、风险投资、融资租赁等创新型另类金融机构，以及征信服务公司、中介经纪公司、结算服务公司等金融相关中介服务机构入驻。2013年，该区在原有52家金融机构的基础上，又有40余家相关机构入驻，主要楼宇的税收贡献均突破5000万元，使将近4平方公里的功能区的金融业态更加全面、产品服务更加丰富、区域金融创新向更高水平发展。

金融组织体系日益完善。近年来，银行、保险等金融机构数量不断增加，促进了红谷滩CBD的壮大。将集中规划建设一批商贸、金融、商务办公和酒店等设施，重点发展总部经济、金融业和商务服务业，打造一批区域性特色商圈、特色商业街和一批"亿元楼"。其中，将加快规划建设一批大型购物中心，加快建设和发展联发大厦、国际金融中心、绿地中央广场等大型城市综合体，加快引进国内外知名零售商以及国内外著名品牌旗舰店，打造新的专业特色街区和国内外名牌汇集区。

南昌重点金融功能区基本情况见表26。

（二十五）长春金融功能区

1. 长春金融功能区发展基本概况

长春发展金融业具有自身的优势。截至2012年，全市金融机构人民币存款余额达到6419.1亿元，较年初增长15.3%；全市金融机构人民币贷款余额达到5576.6亿元，较年初增长8.2%。预计到2015年，金融业年均增速将超

表 26　南昌重点金融功能区基本情况

指标	具体内容
主要经济指标	2013 年,南昌金融业呈现快速发展态势,金融机构本外币存款余额为 6639 亿元,比上年增长 14.2%。其中,居民储蓄存款为 2079 亿元,比上年增长 16%。金融机构各项贷款余额为 5632 亿元,比年初增长 16.3%
产业结构特征	全区初步形成了银行、保险、证券、期货、投资、会计师事务所、律师事务所等多种金融业态并存的态势
要素市场建设	无
入驻机构数量	2013 年,该区在原有 52 家金融机构的基础上,又有 40 余家相关机构入驻
基础设施建设	交通基础设施处于建设之中,在建中的地铁 1 号线、2 号线交会
区域建成面积	金融功能区规划建筑面积为 4 平方公里

资料来源:根据南昌金融办网站公开资料整理。

过 20%,增加值占服务业的比重提高至 10%。

金融资产总量日益增大。预计到 2015 年,全市金融机构数量将达到 130 家;银行存贷规模年均增速高于全省和全国平均水平;保险业保费收入保持 25% 的年均增长率;域内上市公司达到 35 家,资产证券化率高于全国平均水平。

按照长春市金融业发展规划,构建支撑作用强、创新能力强的货币市场,形成多层次、较活跃的资本融资市场格局;构建覆盖广泛、功能完善的保险市场,完善配套要素市场,最终建立完全开放、功能完善、辐射力强的金融市场体系。金融法治化进一步加强,各类金融市场规范平稳运行,社会征信体系框架和运作机制基本建立,构建有效的金融监管、信用征信、风险控制及信用等级评价体系,最终建成金融安全区。

为了适应长春市金融业快速发展的需求,城市主管部门在长春市东部吉林大路和东环城路的道路周边区域,通过区域城市建设开发高端商务综合楼宇设施,集商贸、购物、休闲娱乐、商务活动于一体,规划建设总面积为 40 平方公里的城市中心商务区。

2. 长春重点金融功能区发展评述

长春中央商务区位于长春市二道区,是由四通路、东盛大街、洋浦大街和吉林大路等道路围合而成的面积为 4 平方公里的城市副中心区域。城市综合体项目中,有 4 个位于南部新城,为软银金融商务总部基地项目。该项目位于都

市经济开发区金融商务总部集中区内，投资方计划投资 60 亿元在南部新城金融商务总部集中区内开发建设金融商务总部项目，目前有诸多知名金融保险类企业已意向入驻。

长春市金融业发展规划提出"立足长春市、服务吉林省、面向大东北和东北亚，建设现代化服务中心区"的产业思路，要在"大商务、大商业、大文化"三大产业共生主导的基础上，以房地产业为载体，大力发展金融、商务服务、文化创意、现代商业、高新技术等重点产业。该规划提出了产业间的引导共生关系，产业选择符合区域比较优势和区位特色，符合产业发展的规律和长春的实际，可操作性较强，并具有较强的前瞻性，能够形成产业融合配套、错位互补发展的格局。该规划还提出组建长春金融商会，建立长春资本市场研究中心，扶持一批为中小企业服务的专业金融机构，扶持一批面向中小企业的信贷公司、担保公司、租赁公司和风险投资基金等。

长春重点金融功能区基本情况见表 27。

表 27 长春重点金融功能区基本情况

指标	具体内容
主要经济指标	截至 2012 年,全市金融机构人民币存款余额达到 6419.1 亿元,较年初增长 15.3% ;全市金融机构人民币贷款余额达到 5576.6 亿元,较年初增长 8.2%
产业结构特征	以房地产业为载体,大力发展金融、商务服务、文化创意、现代商业、高新技术等重点产业。长春市金融业发展规划提出了产业间的引导共生关系,产业选择符合区域比较优势和区位特色
要素市场建设	吉林长春产权交易中心
入驻机构数量	较少
基础设施建设	交通基础设施基本建成,长春地铁 1 号线正在建设中,已建成轻轨 3 号线
区域建成面积	围合形成面积为 4 平方公里的城市副中心区域

资料来源：根据长春金融办网站公开资料整理。

（二十六）乌鲁木齐金融功能区

1. 乌鲁木齐金融功能区发展基本概况

乌鲁木齐中央商务区面积为 5.637 平方公里，拥有绝佳的区位优势、成熟的交通设施网络和迅捷的信息通道，集聚功能和服务功能十分强大。经过多年的建设，已经成为全市功能配套最完善的现代化、科技化新城区和区域经济核心地带，不仅是高新区的产业支撑基础，而且是乌鲁木齐乃至新疆的总部经济引领区，重点吸引企业总部和产业创新机构，打造中亚高新技术经贸中心和产业"硅谷"。

金融业作为现代经济的核心，为乌鲁木齐中央商务区开发建设提供了有力支撑。2013年上半年，乌鲁木齐市实现地区生产总值891.56亿元，同比增长10.1%。在证券业平稳增长、保险业深度下滑的情况下，2013年全市银行业有着不俗的表现，金融机构信贷投放增势强劲，各月增幅均在25%以上，中间业务、结构性存款、票据融资、融资租赁快速增长，银行业增长明显快于实体经济。

2. 乌鲁木齐重点金融功能区发展评述

乌鲁木齐中央商务区方圆1平方公里，从北向南依次环绕大成国际、盈科国际广场、盈科大厦、万财大厦、美克大厦、金邦大厦、创业大厦、野马国际大厦、火炬大厦、银通大厦、象牙楼等高档写字楼。聚集了包括中石油、中石化、加拿大翡翠国际、中煤能源等一大批世界和国内500强企业、上市公司等2100多家企业的总部机构，占区内企业总数的半数以上，已成为乌鲁木齐高档写字楼最为集中的区域。

中央商务区内的中国银行、乌鲁木齐市商业银行、中国建设银行、交通银行、中国农业银行、中国工商银行、兴业银行、华夏银行、招商银行、东亚银行等10多家银行服务机构和营业网点，为企业提供金融服务。另有家乐福等商业机构、咨询机构、律师事务所和评估机构，凝聚了大量的人气、商气、财气。

总部经济集聚龙头企业，具有共鸣共赢、多角连纵、快速决策、决战千里的特点，在为企业提供无限商机的同时，对区域产业发挥着神经中枢的作用，对扩大经济总量、提升区域品牌、发展产业合作及提高可持续发展能力有重大影响。高新区致力于建立综合性、专业化的企业总部基地，提升区域产业结构水平和经济竞争力，为产业发展争得先机和主动权。

功能区为盘活利用现有土地资源，对规划功能和定位做了适当调整，划出商务楼宇办公集结圈，鼓励国内外知名企业、集团公司结算中心、研发机构、销售部门设于功能区，形成和建立以大型企业集团为主干的总部基地，占领产

业链的高端位置，强化产业的辐射、带动作用。同时，将进一步采取措施，逐步形成围绕总部服务的专业化服务支撑体系，包括金融、保险、会展、商贸、航运、物流、旅游、法律、教育培训、中介咨询、公关、电子信息网络等诸多领域，将乌鲁木齐中央商务区建设成为西北最大、最繁荣的专业性 CBD。

乌鲁木齐重点金融功能区基本情况见表 28。

表 28　乌鲁木齐重点金融功能区基本情况

指标	具体内容
主要经济指标	2013 年上半年，乌鲁木齐市实现地区生产总值 891.56 亿元，同比增长 10.1％。在证券业平稳增长、保险业深度下滑的情况下，2013 年全市银行业有着不俗的表现，金融机构信贷投放增势强劲，各月增幅均在 25％以上，中间业务、结构性存款、票据融资、融资租赁快速增长，银行业增长明显快于实体经济
产业结构特征	包括金融、保险、会展、商贸、航运、物流、旅游、法律、教育培训、中介咨询、公关、电子信息网络等诸多领域
要素市场建设	新疆联合产权交易所
入驻机构数量	中央商务区内有中国银行、乌鲁木齐市商业银行、中国建设银行、交通银行、中国农业银行、中国工商银行、兴业银行、华夏银行、招商银行、东亚银行等 10 多家银行服务机构和营业网点
基础设施建设	交通基础设施基本建成，乌鲁木齐地铁正在规划中
区域建成面积	高新区中央商务区面积为 5.637 平方公里

资料来源：根据乌鲁木齐金融办网站公开资料整理。

（二十七）哈尔滨金融功能区

1. 哈尔滨金融功能区发展基本概况

哈尔滨市作为黑龙江省的省会和中心城市，作为哈大齐工业走廊的起点和龙头，为了促进区域城市经济协作和整体区域发展，正着力打造依托城市现有经济发展基础、服务周边城市及整个黑龙江省、延伸至整个东北三省地区乃至整个东北亚地区、具有较强区域影响力和辐射带动作用的区域金融中心城市。

哈尔滨区域性金融中心的发展战略包括机构集聚战略、市场发展战略、资源整合战略、金融创新战略、金融街建设战略、环境优化战略。群力新区迅速崛起于城市西部，对哈尔滨市城市空间延伸拓展的辐射作用不可估量，而产业集聚效应的形成，将会拉动哈尔滨区域经济快速发展。群力新区的开发建设意味着哈尔滨的城市空间正沿着松花江向西拓展，这将大幅度缓解老城区的交通、人口等压力。群力新区的辐射范围非常广，其对哈尔滨西部地区、南部地区都有辐射作用，甚至对江北地区也有很大的拉动作用。

在金融产业发展基础方面，近年来哈尔滨在金融业增加值、金融从业人员数量以及金融生态环境方面发展迅速。2012 年，全市银行机构共缴纳地方税收 23 亿元，同比增长 53%。金融业对地方经济的支撑作用日益突出。金融机构本外币存款余额为 7513.2 亿元，同比增长 13.6%；当年全市金融机构贷款余额为 5880.4 亿元，同比增长 16%，高于存款余额增速 2.4 个百分点，当年新增贷款 810.3 亿元，占全省新增贷款的 54.1%。在金融机构实力方面，截至 2012 年底，哈尔滨共有银行业金融机构 50 余家，包括总行 2 家、分行 4 家、支行 20 余家、分理处 20 余家；还有证券机构 24 家、保险公司 36 家、融资担保公司 26 家、上市公司 27 家、外资金融机构代表处 7 家。

2. 哈尔滨重点金融功能区发展评述

群力金融商务区地处丁香大道、群力大道、三环路、友谊路四条主干道围合的群力大道两侧带状及核状区域，分为"一核、一带"两部分，交通网络四通八达。该区域总用地面积为 115 公顷，建筑规模达 425 公顷，由国际知名设计事务所负责设计。"一带"占地面积为 24 公顷，"一核"占地面积为 91 公顷。将首先启动"带状"部分建设向"核状"部分发展，3～5 年完成"带状"建设，形成具有区域性影响力的金融中心，由此带动"核状"发展，形成全国乃至全球具有一定影响力的金融商务集聚区。

群力金融商务区的开发模式，是集酒店、写字楼、购物广场、会所、高档住宅、生态公园于一体的"HOPSCA"城市综合体模式。区域采用的"HOPSCA"模式不仅能满足居住人群在各方面的生活需求，而且不同设施业态之间的利用互动更体现出联动性及科学性，让人们在工作、娱乐、购物、休闲的同时，坐享繁华城市安适的生活。

作为金融商务区，不仅需要发展的空间，还需要区域经济环境的支持、需要客户群体的集聚、需要生活设施的保障，而群力新区正是能为它提供全面生存条件的最佳区域。群力新区定位较高，住宅区域属中高档，居住的多为有一

定经济基础的人群；业态设置全面，从旅游业、商业到文化创意产业全面发展，形成较强的产业带动力；金融机构可凭借群力新区内各项公共服务、配套设施，为业务机构运转提供完善保障。

功能区按照科学布局，计划引进银行、保险、信托、证券、基金管理等全球顶级金融机构的地区总部，以及超五星级酒店、大中型商场、大型写字楼等项目，提升总部经济，以实现相关产业集聚、互利、共赢的格局。

哈尔滨重点金融功能区基本情况见表29。

表29　哈尔滨重点金融功能区基本情况

指标	具体内容
主要经济指标	2012年，全市银行机构共缴纳地方税收23亿元，增长53%。金融业对地方经济的支撑作用日益突出。金融机构本外币存款余额为7513.2亿元，同比增长13.6%；当年全市金融机构贷款余额为5880.4亿元，同比增长16%，高于存款余额增速2.4个百分点，当年新增贷款810.3亿元，占全省新增贷款的54.1%
产业结构特征	业态设置全面，从旅游业、商业到文化创意产业全面发展，形成较强的产业带动力
要素市场建设	无
入驻机构数量	截至2012年底，哈尔滨共有银行业金融机构50余家，包括总行2家、分行4家、支行20余家、分理处20余家；还有证券机构24家、保险公司36家、融资担保公司26家、上市公司27家、外资金融机构代表处7家
基础设施建设	交通基础设施处于建设之中，已建成哈尔滨地铁1号线
区域建成面积	区域总用地面积为115公顷，建筑规模达425公顷。"一带"占地面积为24公顷，"一核"占地面积为91公顷

资料来源：根据哈尔滨金融办网站公开资料整理。

（二十八）南宁金融功能区

1. 南宁金融功能区发展基本概况

南宁金融业的健康发展为区域性金融中心建设创造了有利条件。2013年，全市金融业实现增加值164亿元，同比增长12.5%，金融业占全市地区生产总值的比重提升至10%。金融业增加值占第三产业增加值的比重提升至第二位，达到18%。在主要金融业发展数据中，全市信贷规模增至6450亿元。

目前，南宁市的金融产业总体上已形成以银行、证券、保险等传统金融业态为基础，信托、租赁和基金管理等新兴金融业态为补充的金融服务体系，金融业国际化发展取得一定成绩。南宁拥有银行机构 23 家，其中政策性银行 3 家、全国性国有商业银行 5 家、股份制商业银行 9 家、本地城市商业银行 1 家、外资银行 4 家、地方农村信用社 1 家；全市有自治区级保险分公司 29 家、地市级分公司和中心支公司 11 家、保险代理公司法人机构 18 家、保险经纪公司分公司 15 家、保险公估公司法人机构 2 家、保险兼业代理机构 561 家；证券公司总部 1 家；基金管理总部 1 家；注册登记的担保机构 50 余家。全市共有银行营业网点 967 个、证券营业部 39 家、期货营业部 17 家。

（1）金融整体实力明显增强。首先，金融主体大幅增加。截至 2012 年，全区省级金融机构数量达到 55 家，金融总量快速增长，经营效益明显提高。金融业经营效益与增长速度、发展规模实现同步提高。自 2004 年以来，全区银行业金融机构连续实现赢利。其次，金融业在全市经济中的地位和作用日渐突出，已经成为国民经济的支柱行业。

（2）金融基础设施建设日益完善。首先，支付体系建设初具规模。支付清算网络建设步伐加快，初步建成以中国人民银行现代化支付系统为核心，银行业金融机构行内支付系统为基础，全国支票影像交换系统、同城票据清算系统、银行卡支付系统、境内外币支付系统等为重要组成部分的支付清算网络体系。其次，社会信用环境日益优化。"诚信广西"建设深入推进并取得明显成效，诚信文化持续广泛推广，诚信意识不断深入人心。最后，市场中介组织不断壮大。在逐步加大市场对外开放程度的同时，注重引进和培育会计师事务所、律师事务所、信用评级机构等中介服务机构，增强市场竞争力，并对其执业行为进行规范和引导，中介服务机构在金融市场运行中发挥出日益重要的作用。

（3）金融改革创新不断深化。首先，针对银行业机构的金融改革稳健开展。其次，针对农村信用社等地方金融机构主体在管理体制、经营模式、风险控制和业务拓展等方面的改革取得显著成效。再次，区域小额贷款公司行业发展势头良好，全区共有 59 家小额贷款公司开业运行，累计发放贷款 27 亿元，小额贷款公司已成为金融业的新生力量，成为信贷投放的新增长点。最后，金融对外开放合作取得新突破，跨境贸易人民币结算试点工作成效显著。

（4）金融发展环境持续优化。首先，经济环境持续向好。经济是金融的

基础，是金融业赖以生存和发展的"母体"。其次，政策环境不断优化。各级各部门对金融业的重要性认识不断提高，并注重通过制定政策以支持和推动金融业加快发展。最后，法治环境明显改善。金融监管日益法制化、科学化和规范化。反假币工作不断深入，反洗钱协调机制不断完善，打击和处置非法集资工作力度不断加大。

2. 南宁重点金融功能区发展评述

五象新区作为南宁市全新规划的城市建设开发新区，位于邕江南部的大片丘陵地带，总规划面积为 175 平方公里。新区作为广西壮族自治区和南宁市新的行政管理服务中心、区域商贸旅游和外事活动中心，其开发建设体现了城市特有的风土人情和自然风貌。其中，金融功能区部分规划面积为 550 公顷，建设用地面积为 467 公顷，区域周边规划为森林公园，总体区域环境良好。

截至 2013 年，南宁已引进中信银行、光大银行、浦发银行、华夏银行、兴业银行、招商银行、星展银行、西贡银行和南洋银行等众多国内外知名银行，从而成为广西银行最多、金融市场最发达的城市。目前，南宁正积极向国家申请成为国家金融综合改革试点城市，从而进一步破解金融发展难题，引领全区金融业健康发展。南宁五象新区的金融街正在积极建设之中，"十三五"期间，一个初具规模的现代化区域性金融城市将呈现在世人面前。

五象新区金融功能区的建设，从形式上是建设楼宇，但实际上是提升金融辐射力。大批量、高水准的商务楼宇建设，能够为国内外广大金融机构提供经营发展所需的良好的外部硬件环境，进而吸引越来越多的总部落户，为区域发展带来巨大的资本，提升区域总体的吸引力和竞争力，并促使区域金融要素市场的形成和市场环境的发展完善，这也是五象新区的发展方向。

南宁重点金融功能区基本情况见表 30。

表 30　南宁重点金融功能区基本情况

指标	具体内容
主要经济指标	2013 年,全市金融业实现增加值 164 亿元,同比增长 12.5%,金融业占全市地区生产总值的比重提升至 10%。金融业增加值占第三产业增加值的比重提升至第二位,达到 18%
产业结构特征	金融产业总体上已形成以银行、证券、保险等传统金融业态为基础,信托、租赁和基金管理等新兴金融业态为补充的金融服务体系

续表

指标	具体内容
要素市场建设	南方大宗商品交易所、广西食糖交易中心
入驻机构数量	南宁拥有银行机构23家,其中政策性银行3家、全国性国有商业银行5家、股份制商业银行9家、本地城市商业银行1家、外资银行4家、地方农村信用社1家;全市有自治区级保险分公司29家、地市级分公司和中心支公司11家、保险代理公司法人机构18家、保险经纪公司分公司15家、保险公估公司法人机构2家、保险兼业代理机构561家;证券公司总部1家;基金管理总部1家;注册登记的担保机构50余家
基础设施建设	交通基础设施基本建成,南宁地铁1号线正在建设中
区域建成面积	金融功能区部分规划面积为550公顷,建设用地面积为467公顷

资料来源：根据南宁金融办网站公开资料整理。

（二十九）石家庄金融功能区

1. 石家庄金融功能区发展基本概况

国家"十二五"规划纲要明确提出，要推进京津冀区域经济一体化发展、打造首都经济圈、推进河北沿海地区发展，这标志着河北环首都和沿海等地区发展正式上升为国家战略。河北金融业要积极争取北京和天津等地区在金融政策和金融资源方面的支持，加强与北京、天津等环渤海地区的金融交流与合作，特别是加强与天津滨海新区金融界的联系，借鉴先进经验，借助政策优势，在机构与产品等方面积极创新，推进京津冀金融一体化进程。

在此战略背景下，2008年，石家庄城市金融主管部门出台了吸引金融机构入驻的政策建议，提出发展金融总部基地的构想。对于拟入驻的金融机构，总部按照注册资本规模给予一定比例的资金补助；对于各类金融机构在石家庄设立营业分支机构的，也给予一定数量的现金奖励。除了针对金融机构直接的优惠奖励措施之外，政策还规定机构租用或购置办公写字楼等，物业应给予一定金额或者比例的补贴；对于金融机构高管人员在住房、医疗和子女教育等方面也应给予不同程度的便利和优惠。

目前，石家庄正在积极争取国内金融机构来冀设立金融后台、产品研发、客户服务、数据备份中心，不断增加市场主体数量规模，提升区域金融产业规模和竞争力，着力打造以后台基地为特色的华北地区重要的金融功能区。

2. 石家庄重点金融功能区发展评述

桥西区是石家庄全力打造的金融集聚区，根据石家庄城市发展的"中、东、西三大区域协调互动发展"的战略定位，围绕区域内蕴含的有效资源，该区还全力推进中山路繁华大道、裕华路迎宾大道、槐安路快速大道、新客站等重点路段、重点工程拆迁，努力拓展发展空间，高标准地谋划建设了一批投资数亿元的产业龙头项目。构建了中山路核心商贸区、裕西高端商务商贸区、西南商业商务区三大精品商务商贸区。

在着力提升传统服务业现代化水平的同时，把打造大型城市综合体和超高层高档商务楼宇当成"重头戏"，选择一批市场前景好、辐射带动力强的产业项目相继开工建设，为全区现代服务业的发展注入了新的活力，为"金融产业集聚区"的发展提供了坚强支撑。目前，桥西的金融企业在服务全市乃至全省经济社会发展的同时，成为桥西区发展城市经济、转变产业结构、加快区域发展的最重要力量。处于高端服务业的金融、保险、投资行业，不仅贡献了桥西区1/4强的财政收入，还以50%以上的增速成为桥西区经济快速增长的"火车头"。

2013年以来，因金融危机的持续影响，部分行业和企业经营困难的局面未被根本扭转，资金、土地等要素供应持续偏紧，从而影响税收收入的快速增长，其中重点税源企业同比减收额已达1900万元，预计全年影响税收约1亿元。然而，石家庄市桥西区采取多种有力措施，吸引了一批具有较强税源潜力的总部企业扎根落户桥西区。占全市企业总数70%以上的120多家企业围合成金融产业集聚区，"总部经济"首次代替房地产业成为全年税收增长的支柱行业。截至2013年，石家庄市桥西区完成税收收入22.16亿元，其中金融业完成8.7亿元，占全部收入的近40%。金融业正逐渐成为新的税收增长点。截至2012年，全区共有各类金融机构120多家，占全市金融机构总数的70%以上。目前，区域已成功引入各类金融机构10余家，其中包括中国工商银行全球客服中心、香港东亚银行、上海浦东发展银行、福建兴业银行等知名金融企业。

在引进龙头企业方面，桥西金融功能区着力将新兴业态培育成为新的增长点，通过推动现代都市商圈建设、做大会展经济品牌、壮大楼宇经济产业群、推进特色街区建设，以及推动县城商业街区建设等举措来建设提升华北重要商埠。通过推动建设金融总部基地，加快石家庄股权交易市场发展，加快第三方支付平台建设。通过电子商务平台建设，加快特色产业和重点企业电子商务发展，建设国家电子商务示范城市。通过国际服务外包开发区建设，推动科技大市场建设，培育面向市场的信息服务增长点，提升高技术创新服务能力。未来，功能区将形成结构优化、生产性服务业和新兴服务业比重上升、生活性服务业网络更加完善的格局，形成以商贸、物流、金融服务、科技信息、文化旅游等现代服务业为主体的新型服务业结构。布局相对集中，依托老城区改造，调整形成一批产业集聚能力强、特色鲜明、功能完善的现代服务业发展集聚区。

石家庄重点金融功能区基本情况见表31。

表31　石家庄重点金融功能区基本情况

指标	具体内容
主要经济指标	2012年，石家庄金融业实现地税收入37.56亿元，同比增收6.66亿元，增长21.55%
产业结构特征	形成以商贸、物流、金融服务、科技信息、文化旅游等现代服务业为主体的新型服务业结构
要素市场建设	无
入驻机构数量	截至2012年，全区共有各类金融机构120多家，占全市金融机构总数的70%以上
基础设施建设	交通基础设施正在建设之中，石家庄地铁3号线正在建设中
区域建成面积	2008年以来，新建商业面积200多万平方米、住宅面积300多万平方米

资料来源：根据石家庄金融办网站公开资料整理。

（三十）兰州金融功能区

1. 兰州金融功能区发展基本概况

近年来，兰州市金融业发展迅速。2013年，兰州金融机构贷款规模实现超常规增长，相应带动全市金融业各项指标快速提升，其中仅金融业实现税收就增长30%，对地方税收的贡献度提升至25%。随着我国宏观金融管理体制与架构的调整和变革，在甘肃省形成了一个以中国人民银行为核心，以银监会、证监会、保监会、国家外汇管理局为支撑的"一行三会一局"宏观金融监管格局，对兰州市金融服务行业进行宏观管理。

兰州市结合兰州新区开发建设的现实情况和区域经济金融业发展需要，提

出了扶持金融业发展的专项意见。根据意见，兰州新区将布局建设金融集聚功能区。兰州新区区位条件优越，承东启西，对接南北，八面连通，交通便利，多条高速交会，是陇海－兰新经济带的重要节点；区内土地资源和水资源丰富，地形地势开阔，适于成规模集中连片开发建设，通过兴修水利工程，完全能满足新区未来水资源增长需求；新区设有国家级战略石油储备基地，并吸引吉利汽车等工业项目落户，现已形成了产业集聚发展的良好态势。

经过 5～10 年的发展，新区将发展成为全省乃至整个西北地区实现跨越式发展的重要经济引擎，成为西部地区产业集聚、功能齐全、特色鲜明、服务配套、人居环境优良的高水平现代化新区。

2. 兰州重点金融功能区发展评述

兰州新区位于兰州市区北部盆地，距市区 38.5 公里，距银川 420 公里，距西宁 198 公里，地处兰州、银川、西宁三个省会三角地带的中间位置，区内拥有国家规划的综合交通枢纽，也是连通省内外与国内外的重要门户窗口。新区规划面积为 806 平方公里，横跨皋兰、永登两县六乡镇，现有总人口 10 余万人。年均气温仅 7℃，年降水量为 520 毫米，年均蒸发量达到 2200 多毫米。无霜期为 170 天左右，区内平均海拔约 2000 米。

随着西部大开发的推进和兰州市区域经济的快速发展，国内外各大金融机构先后入驻兰州。兰州地区现已形成以五大全国性国有商业银行和九大股份制上市商业银行为骨干的银行业总体格局。除银行业外，全市保险、证券等行业也取得较快发展。区域内新增证券营业部 7 家，全市保险业收入规模增长 22%，保险业市场主体发展至 23 家，市场结构和市场环境持续得到改善，区域新增农村资金互助社 2 家，小额贷款公司数量开始扩张。区域证券业取得较好的发展机遇，区内企业利用资本市场实现自身和区域经济快速发展的愿望十分强烈，资本市场融资对于完善区域投融资体系、拉动区域经济增长的作用也不断显现。

规划中的金融功能区在具体产业形态选择方面，突出强调吸引包括各类银行机构、券商投行机构、保险公司及相关机构、融资租赁等新兴金融机构落户，提升区域金融业综合实力和竞争力。规划还特别强调大力发展以小贷公司为代表的小微金融机构，以满足区域企业多元化的融资需求。同时，注重引进服务于金融机构及金融业发展的各类中介服务机构，包括法律、会计、税务等专业事务所机构。

兰州重点金融功能区基本情况见表32。

表32 兰州重点金融功能区基本情况

指标	具体内容
主要经济指标	2013年，兰州金融机构贷款规模实现超常规增长，相应带动全市金融业各项指标快速提升，其中仅金融业实现税收就增长30%，对地方税收的贡献度提升至25%
产业结构特征	吸引包括各类银行机构、券商投行机构、保险公司及相关机构、融资租赁等新兴金融机构落户
要素市场建设	无
入驻机构数量	除银行业外，全市保险、证券等行业也取得较快发展。区域内新增证券营业部7家，全市保险业收入规模增长22%，保险业市场主体发展至23家，市场结构和市场环境持续得到改善，区域新增农村资金互助社2家，小额贷款公司数量开始扩张
基础设施建设	交通基础设施建设完备，轨道交通1号线正在规划中
区域建成面积	规划面积为806平方公里

资料来源：根据兰州金融办网站公开资料整理。

四 中国金融功能区建设存在的问题

在中国现阶段快速城市化的进程中，各大城市先后提出了建设各类金融中心城市的规划和目标，而各地建设金融中心城市的重心和着眼点都不约而同地落在建设高水平、国际化的金融功能区方面。北京金融街、上海陆家嘴、重庆江北嘴、沈阳金融贸易开发区等一大批成功案例一再反映出金融功能区对于一个城市金融业发展的标志和象征意义。通过建设金融功能区可以实现区域内资源要素的有序集聚和合理流动，通过金融机构和业务的空间集聚，产生聚变效应，提升整个区域和城市金融业乃至整个金融服务业的发展模式。因此，在各地政府都在提出经济结构调整和产业转型升级的大背景下，建设金融功能区无疑成为城市和区域经济转型升级的重要突破口，也成为各地政府经济工作的重要任务。各地政府已经充分认识到金融业发展对于其他产业乃至整个城市经济社会发展所起的不可替代的促进推动作用，因此各地正在通过加快金融功能区

建设，为金融业的快速发展提供必要的载体和平台支撑，以求通过金融业的先行示范作用，推进整体地方经济的产业升级和效率提升。但是，各城市在金融功能区的开发建设上，也出现了一些偏差。

（一）金融功能区的规划发展缺乏科学、合理、统一的布局

如同其他产业园区的发展现状，国内许多城市开展金融功能区建设，都是只考虑本地情况，各地区之间缺乏统一的规划部署和协调。各地互相参照已有的成功经验，先后推出了各自的地方促进金融机构落户、加快地方金融业发展和建设区域金融中心城市的政策意见。各地事先没有充分的沟通协调，国家主管部门也没有全国范围内金融中心城市和金融功能区分布的总体战略布局，导致各地建设金融功能区出现严重的同质化倾向，各地功能区规划基本上千篇一律，缺乏必要的地区特色和产业协作分工，在金融功能区建设开发过程中不可避免地出现重复建设的历史问题。同一地区内出现多个城市建设类似的金融功能区，以东北地区为例，黑龙江、吉林、辽宁三省都在争先打造自己的金融中心城市，彼此之间的规划定位出现高度重叠，现实层面难免出现恶性竞争现象，导致资源无效使用和浪费。应该看到，我国幅员辽阔，地区之间的经济、社会、文化差异巨大，地区之间发展不平衡的问题突出，这种现实导致我国拥有多个金融功能区是必要的也是可行的，但每个城市都申报功能区规划没有必要。

一方面，国内外金融功能区的经验教训告诉我们，科学严谨的空间规划布局和论证在某种程度上对金融功能区建设的成功起着决定作用。金融功能区建设发展是一个漫长的过程，在建设过程中规划也有逐步调整的可能，科学规划论证是不可或缺的。为使金融功能区得以健康合理发展，有关部门应在土地供应、基础设施建设等方面加强引导规划，这是从国际金融功能区建设中得出的经验。

另一方面，目前有关国内金融功能区建设的现状，只有极少城市对金融功能区空间结构布局认真执行科学规划。以北京为例，金融功能区的首要问题就是规划不到位，从而使金融街等区域的功能划分存在重叠交叉。许多金融功能区急需增加土地储备，如地处上海市中心的陆家嘴金融贸易区，区内土地已经被高度

开发利用，缺乏后备土地资源问题日渐凸显。还有许多地方规划中没有金融功能区专项内容，即使有也并未注意区位布局的合理性，导致金融市场和金融机构的集聚效应难以发挥。这些问题都是国内金融功能区规划中普遍存在的。

（二）无序竞争现象严重

由于现阶段每一个主要城市都在谋划建设区域金融中心城市，布局建设金融功能区，这种情况延续下去必然导致普遍的无序竞争局面出现，城市之间的资源争夺问题也会十分突出。例如，深圳和广州分别提出了建设区域金融中心的发展目标，但是广州拥有的总部数量严重落后于深圳。中国社会科学院中国总部经济研究中心发布的全国主要城市总部经济发展评价报告显示，世界500强企业中有超过10家在深圳设立了区域总部，以华为为代表的200多家深圳本土企业对深圳的贡献率超过60%的总部对深圳的贡献率。因此，深圳和广州之间的区域金融中心地位竞争，必然伴随着对于总部资源的争夺。另外，部分城市特别是依托省会优势的城市，利用区域行政权力强行将部分金融机构的总部搬迁至本城市，严重损害了正常的市场经济行为，城市之间出现不公平的竞争。

（三）区域基础设施和配套服务设施需进一步完善

毫无疑问，金融功能区需要以金融机构和金融产业链的集聚为主。但是产业和机构类型过于单一也成为重要问题，金融功能区发展离不开基础设施和配套服务设施的辅助支持。对于大多数金融功能区而言，必要的基础设施有政策法律法规、公共服务体系、社会管理网络、交通通信物流设施、社会信用体系等，必要的配套服务设施有餐饮、购物、旅游、休闲、娱乐和绿化等生活设施。

从国内外金融功能区的成功经验来看，金融功能区必须注重完善有关基础设施和配套服务设施。法国巴黎市中心拉德芳斯地区建设了餐饮、商业、休闲、娱乐设施，为区内金融机构的大量从业人员提供了舒适便利的工作和居住环境；纽约市政部门为支持曼哈顿中心区的发展，在区域周边规划大量高档物业，彻底走出了曼哈顿"白天热闹、夜晚萧条"的困境；东京和伦敦则没能解决上述问题，日本的新宿和伦敦东区的金丝雀码头，开始逐步发展为各自金融中心的副中心，在一定程度上抵消了金融中心的集中作用。

从国内建设金融功能区的实践来看，有关部门都认识到加强基础设施和配套服务设施建设的重要性，但是现状水平还不尽如人意，有待提高。以陆家嘴金融贸易区为例，区域开发较晚，周边基础设施和配套服务设施都不尽完善，包括住宿餐饮、交通运输、商务服务、信息通信等配套水平都还处于较低水平。

（四）公共管理和服务水平有待提升

国内各大城市金融功能区建设，离不开政府部门的推动与支持。然而，政府部门对金融机构和金融业务的监管和服务水平亟待提升。主要表现在以下几个方面：首先是监管部门的多头管理极大地阻碍了金融功能区的自主发展，而相关公告服务的匮乏，以及低效的监管模式的存在远不能满足金融机构的需求；其次是金融监管服务体系混乱，不利于监管的专业分工；再次是金融功能区品牌建设受到不良影响；最后是政府各部门相互推诿，致使政府推动力度不足。

（五）高端金融人才及其金融创新能力需要进一步加强

突出表现为金融人才数量少、水平低、整体层次不高，特别是高端人才、创新型人才紧缺，能够满足金融创新需求的国际结算、风险管理、金融法律、金融科技及外事服务等方面的高端人才尤为匮乏，熟悉多个国家语言和金融情况的人才更为稀缺。在各金融功能区金融从业人员队伍中，营销人员多，产品专家少；单一型人才多，复合型人才少；经验型人员多，知识型人才少。由于缺乏高层次、国际化金融人才，虽然各个金融功能区都或多或少地在金融创新方面取得了一定成绩，但总体来看创新能力仍显不足，产品与业务品种单一，服务同质化现象普遍。著名的国际金融中心城市一般有10%以上的人口从事金融业，而目前我国金融中心城市这一比例只有1%。近年来，人才净流出和金融研究机构、院校较集中等制约了我国金融中心城市建设的步伐。

（六）政府对金融功能区建设干预过多

全国但凡有意愿打造区域金融中心的城市，都在学习上海市的做法，为吸引国内外大型金融机构，纷纷出台一系列的优惠政策。这些优惠政策包括为机构高级管理人员提供住房、生活、工作、人事方面的便利优惠，减免入驻企业的部分所得税甚至直接进行现金奖励。这种情况延续下去，最终会使政府沦为金融中心建设的工具。通过地方政策优惠刺激，短时期内确实可以带动金融业和金融功能区的起步和发展，但长期来看，政府行为存在很大弊端，过度干预金融业不利于行业健康发展。

五　中国金融功能区发展的路径启示

一个国家建设国际化的金融中心城市和金融功能区，离不开成熟健全的经济社会环境、完善公平的法治环境、高效有力的政策监管服务环境、丰富多样的金融业态和金融服务产品、健全有序的信用评价体系、方便快捷的资本等要素流通渠道，上述诸多要素都是形成国际化金融市场不可或缺的要素。

学习国外金融业发展的经验教训，尽可能采用政府主导模式统筹金融功能区建设发展，促进金融行业健康成长。各地在已明确自身发展方向和功能定位的前提下，还应出台一部与之相配套且可操作性强的产业发展规划，并特别注意不同功能区规划之间的统一协调发展，突出各个功能区特色及各自核心产业，尽量杜绝功能区无序竞争导致资源浪费的问题。

建设金融功能区作为一项复杂的系统性工程，决定了建设过程需要深入研究、明确定位、统筹安排、合理规划。第一，要充分认识到金融功能区的形成是一个渐进过程，尊重金融客观规律，合理定位，科学论证，提出切实可行的金融功能区建设规划，而不搞盲目的跨越式建设。第二，要坚持政府有为原则，充分利用地理区位和经济环境的优势，有效发挥政府主导和推动作用，实行优惠政策，推动金融产业的集聚，在较短时间内发展成各具特色的金融功能区。第三，要改变以往过分强调多格局和多层次的金融功能区块分离。相反，金融机构要按照政府规划和自身特点，兼顾集聚效应和扩散效应，在不同金融功能区之间合理匹配机构、业务和人员。

在硬环境建设方面，加强基础设施和配套服务设施建设，提升规划水平；在软环境建设方面，着力营造适应金融产业集群发展的外部条件，创造产业集群竞争力提升的关键外部环境。构建法制化监管模式，开创公平、公正、透明

的政策法律环境和开放包容的市场环境，搭建多层次的信用信息体系，确保区内金融机构业务运行和资金往来的安全。与此同时，推进要素市场的形成，包括健全机制、规范运行环节，为引进商务专业人才提供便利的人才市场体系；利用各种渠道，完善资金融通体系以及物流配送体系，降低区内企业运营成本；尽力弥合各金融机构间的交易障碍。

丰富区域商业生活配套设施，引导与区域需求相对应的休闲消费商业项目入驻，营造浓郁的商业氛围。争取国家金融监管机构落户，积极成为区域金融的监管中心。科学合理地设计道路交通网络，确保区域内外交通畅通。整合停车位资源，建立基于物联网的人工智能泊车向导系统，为车辆人员提供最便利的信息服务。整合行人、车辆和地下轨道交通等多层次立体交通体系，做到人车分流，实现外部交通、内部交通互不干扰，保障内部交通。

完整的金融功能区除了金融机构以外，还有优越的生活、工作环境，还必须集聚相关的伴生产业和共生产业。金融功能区是以金融业等现代服务业为主的产业高度发达的区域，对中介机构、通信网络、交通出行、旅游购物、餐饮娱乐、休闲文化、绿化等配套设施有极高的要求。特别的，金融功能区发展还离不开律师事务所、会计师事务所、评估事务所、各类投资公司等机构的辅助。国内金融功能区与国际先进水平相比，在人性化服务的提供方面，还有些逊色，有待深入贯彻以人为本的重要理念，除提供必备的公共服务外，还需提供研究规划服务、健康和安全服务、教育服务、社会服务、交通服务、家居服务、法律法规服务、食品和零售市场服务等，充分满足各类机构的多样化、个性化需求。美国纽约的曼哈顿市中心和法国巴黎的拉德芳斯商务区为国内城市提供了成功的经验。从国际主要金融功能区的不同功能建筑面积比重来看，写字楼大致占50%、酒店餐饮及商业设施约占20%、高档公寓约占20%、剩余各类配套设施占10%。

与之相对应，从办公面积与其他配套设施的比重结构来看，无论是酒店、住宅、餐饮、娱乐、休闲，还是绿化、交通，国内金融功能区都与国际先进水平存在巨大差距，还需不断改善金融功能区环境，提升金融功能区基础设施水平及其配套服务，适度规划测算总建筑规模，有效利用地下空间，合理安排写字楼、商业、会展、公共娱乐以及绿化用地比重，并预留可调整的空间，根据入驻金融机构的需求，为其提供便捷舒适的优良服务。

制定高端金融人才引进战略。在具体操作层面，一是要通过制定户籍、子女教育、出入境管理、居住出行等方面的优惠措施，引入熟悉国际金融业务、精通最新金融理论的金融创新领域的高级技术人才。二是要打造金融人才培养长效机制。通过鼓励、支持各高等院校金融学相关专业的教学科研活动，以培养各领域的金融人才，扩大人才供给规模，满足行业不断增长的需求。同时，重视对现有从业人员的技能培训，创造各种条件，引进境内外专业化的金融培训机构。

B.4
中国金融中心城市金融竞争力评价

摘 要：

本报告延续了《中国金融中心发展报告（2010～2011）》中的评价体系，同时对个别指标进行了调整，主要使用2012～2013年数据，计算并比较中国大陆地区30个金融中心城市的金融竞争力得分。本报告设计的指标体系分为金融发展度指标、经济持续力指标和基础设施支持力指标3个方面，共36个指标。

关键词：

金融中心　竞争力　评价

一　中国金融中心城市金融竞争力指标体系

"中国金融中心城市金融竞争力"这一概念所指的从竞争力角度对中国大陆地区30个金融中心城市的经济金融发展水平和潜力的评价，是本报告采用的金融规模、发展水平、资源配置、基础设施和经济发展等因素支持下的发展潜力等体现出来的综合竞争优势和竞争力量。

为了使我国金融中心城市的评价保持连续性和稳定性，本报告延续了《中国金融中心发展报告（2010～2011）》的指标体系，对个别指标进行了修改和调整。

（一）评价指标体系的架构设计

由于金融中心城市金融竞争力水平受多方面因素不同程度的影响，因此，不可能用单一指标或几个指标来反映它。我们有必要建立一个综合性的指标体系，对其进行全面测度。

中国金融中心城市指标评价体系应该具有三个主要功能，分别是解释功能①、评价功能②和预测功能③。为实现这三大功能，我们在指标体系构建中遵循六大原则，即全面性、可行性、可比性、层次性、相关性和启发性④。

我们从国际指标体系设计的主要方法⑤中选择了范围法、目标法和频度统计法，并将三种方法相结合。其中，频度统计法是指在相关研究报告和论文中选择那些使用频率较高的指标。本报告根据范围法考虑城市金融竞争力所涉及的经济、金融、基础设施、科技、文化等重要因素，并将金融竞争力细化为金融发展度、经济持续力和基础设施支持力三个子系统，再将这三个子系统细分，形成一个多层次的指标体系。

1. 目标层

指标体系设计的总目标是量度中国大陆地区 30 个金融中心城市的金融竞争力。中国金融中心城市金融竞争力表示在一定时期内城市金融业的综合竞争优势和力量，包括在金融中心城市这个层次上金融体系的规模、水平、发展状况，以及金融在促进资源优化配置、推动地区经济发展等方面的作用。

2. 准则层

准则层是二级指标，是为实现目标层所需考核和控制的，它由金融发展度、经济持续力、基础设施支持力三项组成。金融发展度反映城市金融规模、金融资源配置、金融机构发育程度以及金融推动经济增长能力等综合竞争优势。经济持续力则反映城市经济对金融发展的促进作用。基础设施支持力是指

---

① 解释功能即反映中国金融中心城市金融竞争力水平和发展方面存在的问题。
② 评价功能即在整体上对中国金融中心城市金融竞争力进行评价，并进行相应的比较和分析。
③ 预测功能是指对中国金融中心城市金融竞争力未来发展趋势做定量计算和分析，为决策部门制定城市经济金融发展战略提供参考依据和切实可行的操作方案，并对金融运行中的基本问题和矛盾提出预警，以利于有关部门及时采取对策。
④ 全面性是指综合考虑城市金融发展和经济发展、科技人才实力、基础设施水平等因素的关系；可行性是指资料和数据的易得性、可量化程度和对金融中心城市实际发展水平的照顾程度；可比性是指反映各金融中心城市相对水平的程度；层次性是指要区分影响金融中心城市发展水平的不同层次的因素；相关性是指指标相互之间具有数学相关性；启发性是指对地方政府制定城市金融政策和发展规划的引导和启发作用。
⑤ 国外学者在设计指标体系时主要采用的方法有：范围法、目标法、部门法、问题法、因果法、频度统计法和复合法。

城市各类基础设施对金融发展的服务和保障能力。

3. 因素层

因素层是三级指标，是准则层的细化，它有 11 个因素，分别归属于金融发展度、经济持续力和基础设施支持力三大准则。

4. 指标层

指标层是四级指标，通过选取与 11 个因素密切相关且可利用的具体参数，共形成 36 个指标。

（二）金融竞争力指标评价影响因子

城市金融竞争力水平不仅取决于金融资源的状况，还与城市经济和基础设施水平等因素密切相关。任何一方面的缺失都会影响评价的客观性。本报告设定了三个方面的二级指标，即金融发展度、经济持续力和基础设施支持力，力求全面、客观地评价 30 个城市的金融竞争力水平。

1. 金融发展度

金融发展度是影响金融竞争力的最重要的因素，它直接反映城市金融产业发展规模、金融资源配置效率、资金集散能力、金融体系发育程度、监管和防范金融风险的能力等。

金融发展度又分为金融规模、资源配置、政策监管、资金集散四个方面。

（1）金融规模

金融规模是城市金融发展水平最直观的体现。金融规模越大，其规模经济和范围经济效应就越显著，城市金融竞争力就越强。我们选取金融相关比率（FIR）、金融业增加值、存款余额、贷款余额、保费收入、股票交易额 6 个指标来衡量金融规模。

金融相关比率反映地区金融发展相对水平[①]。

金融业增加值体现地区金融发展绝对水平。

存款余额体现地区储蓄动员能力。

[①] 由于我国现行金融体制中银行资产占绝对优势地位，利用地区存贷款总额指标，基本可以反映城市金融资产规模变化的总体状况和地区金融深化与发展的状况。

贷款余额反映地区资金运用能力。

保费收入说明城市保险业务发展规模。

股票交易额表示城市资本市场活跃程度。

（2）资源配置

城市金融发展水平不仅要看其金融规模大小，还要看其金融资源配置效率高低。我们选取企业存款占存款余额比重、股票交易额与存款余额比、保险密度、寿产险比例4个指标来衡量金融资源配置效率。

企业存款占存款余额比重反映直接融资渠道通畅度。

股票交易额与存款余额比从投资者偏好角度反映直接融资的重要程度。比例越高，说明投资者的风险意识越强，股权融资交易越活跃。

保险密度代表人均保障程度，人均保费收入越高，说明居民的保险意识越强，城市保险市场越发达。

寿产险比例反映城市保险市场发展阶段，是指寿险保费与产险保费的比值。保险市场发展阶段越高，寿产险比例就越高，发达国家的经验和我国改革开放以来的保险发展历程都说明了这一点。

（3）政策监管

随着全球经济一体化和我国对外开放程度的加深，城市金融面临的风险也持续增加，加强金融政策监管显得尤为重要。我们选取是否出台促进金融业发展的意见、是否中国人民银行分行所在地、是否银监局所在地、是否保监局所在地、是否证监局所在地5个指标来衡量金融政策监管能力。

是否出台促进金融业发展的意见直接反映政府发展金融业的积极性。

是否中国人民银行分行所在地反映城市金融政策制定能力。

是否银监局所在地、是否保监局所在地、是否证监局所在地这三项指标可以大体反映城市金融监管能力，"是"则赋值1，"否"则赋值0。

（4）资金集散

我们选取存贷款余额占全国比重、存贷款余额首位度2个指标来衡量城市资金集散能力。

存贷款余额占全国比重说明其在全国金融市场的地位。

存贷款余额首位度说明其在该区域的金融中心地位。

2. 经济持续力

城市经济为金融发展提供基础。经济持续力由经济实力和经济结构2个三级指标来度量。

（1）经济实力

我们选取人均GDP、城市居民人均可支配收入、社会固定资产投资①、人均财政收入4个指标来衡量城市经济实力。

人均GDP反映城市经济发展整体水平。

城市居民人均可支配收入体现居民消费层级。

社会固定资产投资体现政府经济动员能力。

人均财政收入反映政府财力水平。

（2）经济结构

我们选取第三产业增加值占GDP比重、外贸依存度、地方财政收入占GDP比重、实际利用外资4个指标来衡量城市经济结构。

第三产业增加值占GDP比重体现了城市产业结构高级化程度。

外贸依存度是进出口总额与GDP的比重，反映城市外向型经济水平。

地方财政收入占GDP比重是一项逆指标，反映税负高低。

实际利用外资反映城市综合交易成本高低。

3. 基础设施支持力

基础设施是城市生产、生活的物质技术基础。基础设施优良，可以使资本获得更多回报，引发资本的循环累积效应，使金融业获得较大优势。基础设施支持力由区位交通、信息通信、科技实力、生态环境、文化支持5个三级指标来度量。

（1）区位交通

我们选取客运量和货运量2个指标来衡量区位交通的便利程度。

客运量反映城市人流规模。

货运量反映城市物流能力。

---

① 根据国家统计局相关规定，自2011年起固定资产投资统计起点由50万元调整至500万元，增长速度按可比口径计算。

（2）信息通信

城市信息化基础设施能够更好地创造金融中心硬环境和软环境。我们选取移动电话普及率和人均邮电收入 2 个指标来衡量城市信息通信水平。

移动电话普及率表明城市金融交流的便利度和信息流通现状。

人均邮电收入反映城市邮政电信发展水平。

（3）科技实力

我们选取 R&D 经费支出占 GDP 比重、技术交易额和专利授权量 3 个指标来衡量城市科技实力。

R&D 经费支出占 GDP 比重说明城市科研投入水平。

技术交易额反映城市科技交流能力。

专利授权量表示城市科技创新能力。

（4）生态环境

生态环境是人类生存和发展的基础。我们选取城市污水处理率和城市绿化覆盖率 2 个指标来衡量城市生态环境。

城市污水处理率反映城市基础设施水平。

城市绿化覆盖率体现城市生态环境水平。

（5）文化支持

城市文化支持力主要体现在城市文化环境的发达程度上。我们选取有线电视用户数和每百万人公共藏书数 2 个指标来衡量城市文化支持力。

有线电视用户数反映城市文化传播能力。

每百万人公共藏书数反映城市文化设施能力。

中国金融中心城市金融竞争力评价指标体系见表 1。

表 1　中国金融中心城市金融竞争力评价指标体系

目标层	准则层	因素层	指标层
中国金融中心城市金融竞争力	金融发展度	金融规模	金融相关比率（FIR）*
			金融业增加值
			存款余额
			贷款余额
			保费收入
			股票交易额

续表

目标层	准则层	因素层	指标层
中国金融中心城市金融竞争力	金融发展度	资源配置	企业存款占存款余额比重
			股票交易额与存款余额比
			保险密度
			寿产险比例
		政策监管	是否出台促进金融业发展的意见 **
			是否中国人民银行分行所在地 ***
			是否银监局所在地
			是否保监局所在地
			是否证监局所在地
		资金集散	存贷款余额占全国比重
			存贷款余额首位度
	经济持续力	经济实力	人均 GDP ****
			城市居民人均可支配收入
			社会固定资产投资
			人均财政收入
		经济结构	第三产业增加值占 GDP 比重
			外贸依存度
			地方财政收入占 GDP 比重
			实际利用外资
	基础设施支持力	区位交通	客运量
			货运量
		信息通信	移动电话普及率
			人均邮电收入
		科技实力	R&D 经费支出占 GDP 比重
			技术交易额
			专利授权量
		生态环境	城市污水处理率
			城市绿化覆盖率
		文化支持	有线电视用户数
			每百万人公共藏书数

注：* 用存贷款总额替代金融资产总量。

** "是"赋值 1，"否"赋值 0。

*** "总行"赋值 2，"上海总部"赋值 1.5，"分行"赋值 1，"中心支行"赋值 0.5。

**** 本报告中凡是与人均有关的变量均以城市常住人口为准，使用户籍人口数据的另标注。

资料来源：课题组评价模型指标体系。

二 中国金融中心城市金融竞争力评价方法

定量分析和定性分析是相辅相成的两种研究方法。定量分析是定性分析的前提和基础，而定性分析只有建立在翔实的定量分析基础之上，才能揭示出事物的本质和特征。在本报告的前几部分，我们对中国金融中心城市 2012 年以来的发展实践做了定性的研究。本报告将通过构建金融竞争力评价方法来对中国金融中心城市做定量的分析和评价，以便更准确地把握中国金融中心城市的发展态势。

国内外有多种关于多指标综合评价的方法，这里主要阐述层次分析法（AHP）和主成分分析法，这是本报告进行评价时综合运用的两种方法。此外，在确定指标权重时，本报告使用了熵值法。

（一）层次分析法

层次分析法是处理涉及多因素复杂系统问题的方法。它首先建立递阶层次结构，其次对该结构做定量描述，最后通过排序理论得出各方案的优先次序。

层次分析法的主要步骤如下。

1. 建立层次结构模型

本报告中的模型就是评价指标体系。

2. 确立定量标度

确定两个因素比较时每个指标的重要程度，一般采用指标重要程度 1～9 标度（见表 2）。

表 2　指标重要程度 1～9 标度

相对重要程度	得分	说明
同等重要	1	两者对目标贡献相同
略为重要	3	重要
基本重要	5	确认重要
确实重要	7	程度明显
绝对重要	9	程度非常明显
相邻两程度之中间	2,4,6,8	需要折中时使用

资料来源：课题组评价模型指标体系。

3. 构造判断矩阵

对各相关元素两两比较评分，得到判断矩阵 B[①]（见表3）。其中，B_{ij} 表示对 A_k 而言，B_i 对 B_j 相对重要性的数值表现形式。

表3 判别矩阵

A_k	B_1	B_2	…	B_i	…	B_n
B_1	b_{11}	b_{12}	…	b_{1i}	…	b_{1n}
B_2	b_{21}	b_{22}	…	b_{2i}	…	b_{2n}
…	…					…
B_i	b_{i1}	b_{i2}	…	b_{ii}	…	b_{in}
…	…	…	…	…		…
B_n	B_{n1}	b_{n2}	…	b_{ni}	…	b_{nn}

任何一个递阶层次结构均可以建立若干个判断矩阵，其数目是该递阶层次结构中除最低一层以外所有各层因素数量之和。设测评指标 i 相对指标 j 的比较得分为 b_{ij}，则指标 j 相对指标 i 的比较得分为 $b_{ji} = 1/b_{ij}$。

4. 权重计算

对判断矩阵 B，计算满足 $BW = \lambda \max W$ 的特征根与特征向量。

式中，$\lambda \max$ 为 B 的最大特征根，W 为对应于 λmax 的正规化特征向量，W 的分量 W_i 是相应指标的单排序权重。为了便于计算，在没有显著性差异的情况下，我们可以用层次分析法中近似求解的方法求得权重。实际运算可采用和积法或方根法，我们选取的是方根法，计算步骤见表4。

表4 层次分析法的权重运算

测评指标	相乘	开方	权重
B_1	$b_{11} \times b_{12} \times \cdots \times b_{1i} \times \cdots \times b_{1n}$	$\bar{w}_1 - \sqrt[n]{b_{11} \times b_{12} \times \cdots \times b_{1i} \times \cdots \times b_{1n}}$	$W_1 - \bar{w}_1 / W_p$
B_2	$b_{21} \times b_{22} \times \cdots \times b_{2i} \times \cdots \times b_{2n}$	$\bar{w}_2 - \sqrt[n]{b_{21} \times b_{22} \times \cdots \times b_{2i} \times \cdots \times b_{2n}}$	$W_2 - \bar{w}_2 / W_p$
…	…	…	…
B_n	$b_{n1} \times b_{n2} \times \cdots \times b_{ni} \times \cdots \times b_{nn}$	$\bar{w}_n - \sqrt[n]{b_{n1} \times b_{n2} \times \cdots \times b_{ni} \times \cdots \times b_{nn}}$	$W_n - \bar{w}_n / W_p$
合计	—	$W_p - \sum\limits_{i=1}^{n} \bar{w}_i$	$\sum\limits_{i=1}^{n} \bar{w}_i - 1$

---

① 判断矩阵的构成方法是：给出递阶层次中的第 i 层因素，以及上一层第 $(i-1)$ 层中的一个因素 A_k，两两比较第 i 层的所有因素对 A_k 的影响程度，将比较结果以数字形式写入一个矩阵表，即构成判断矩阵。

5. 进行一致性检验

由于在对多个元素进行比较时，人们的判断难以保持完全一致性，因而需要进行一致性检验，计算判断矩阵的一致性指标 CI，计算公式为：

$$CI = (\lambda\max - n)/(n - 1)$$

式中，$\lambda\max$ 为判断矩阵的最大特征根，计算公式为：

$$\lambda\max = \sum_{i=1}^{n} \frac{(BW)_i}{n(W_i)} \cdot i$$

通过计算一致性比例 CR 而进行检验，为此，将 CI 与平均随机一致性指标 RI 进行比较，CR 的计算公式为：

$$CR = CI/RI$$

RI 为平均随机一致性指标，由多次进行随机判断矩阵特征值的计算后取算术平均值得到。各阶 RI 值见表5。

表5　各阶 RI 值

阶数	1	2	3	4	5	6	7	8	9
RI	0.00	0.00	0.58	0.90	1.12	1.24	1.32	1.41	1.45

在这里，对于1阶、2阶判断矩阵，RI 只是形式上的，因为1阶、2阶判断矩阵总具有完全一致性，当阶数大于2时，判断矩阵的一致性指标 CI 与同阶平均随机一致性指标 RI 之比称为随机一致性比率，记为 CR。当 $CR < 0.1$ 时，可以判断矩阵具有满意的一致性，表明在构造比较判断矩阵时的思维是一致的，否则就需要对判断矩阵进行调整。

（二）主成分分析法

主成分分析法是针对多变量问题的一种分析方法，它把具有一定相关性的多个变量由较少的新变量代替，既尽可能地保留原来较多变量所反映的信息，又大大简化了分析问题的难度，从而受到人们的欢迎。

主成分分析法的主要步骤如下。

1. 计算相关系数矩阵

公式如下：

$$R = \begin{bmatrix} r_{11} & r_{12} & \cdots & r_{1p} \\ r_{21} & r_{22} & \cdots & r_{2p} \\ \vdots & \vdots & & \vdots \\ r_{p1} & r_{p2} & \cdots & r_{pp} \end{bmatrix}$$

式中，r_{ij}（i，$j = 1$，2，$\cdots$，p）为原来变量 x_i 与 x_j 之间的相关系数，其计算公式为：

$$r_{ij} = \frac{\sum\limits_{k=1}^{n}(x_{ki} - \bar{x}_i)(x_{kj} - \bar{x}_j)}{\sqrt{\sum\limits_{k=1}^{n}(x_{ki} - \bar{x}_i)^2 \sum\limits_{k=1}^{n}(x_{kj} - \bar{x}_j)^2}}$$

因为 R 是实对称矩阵（即 $r_{ij} = r_{ji}$），所以只需计算上三角元素或下三角元素即可。

2. 计算特征值与特征向量

首先解特征方程：

$$|\lambda I - R| = 0$$

通常用雅可比法（Jacobi）求出特征值 λ_i（i，$j = 1$，2，$\cdots$，p），并使其按大小顺序排列，即 $\lambda_1 \geqslant \lambda_2 \geqslant \cdots \geqslant \lambda_p \geqslant 0$；然后分别求出相对应的特征向量 e_i（i，$j = 1$，2，$\cdots$，p），这里要求：

$$\sum_{i=1}^{p} e_{ij}^2 = 1$$

其中，e_{ij} 表示向量 e_i 的第 j 个分量。

3. 计算主成分贡献率及累计贡献率

主成分 Z_i 的贡献率为：

$$\frac{\lambda_i}{\sum\limits_{k=1}^{p} \lambda_k} \qquad (i = 1,2,\cdots,p)$$

累计贡献率为：

$$\frac{\sum_{k=1}^{i} \lambda_k}{\sum_{k=1}^{p} \lambda_k} \qquad (i = 1,2,\cdots,p)$$

一般取累计贡献率达 85% ~ 95% 的特征值 λ_1，λ_2，…，λ_m 所对应的第一、第二、…、第 m（$m \leqslant p$）个主成分。

计算主成分载荷。其计算公式为：

$$l_{ij} = p(z_i, x_j) = \sqrt{\lambda_i} e_{ij} \qquad (i,j = 1,2,\cdots p)$$

（三）熵值法

熵值法是一种根据指标数据的信息量客观赋权的方法。一般而言，指标的离散程度越大，熵值就越大；反之，熵值就越小。它利用指标固有信息来判别指标效用，在一定程度上避免了主观因素带来的偏差。我们利用熵值法作为确定指标加权系数的一个依据，在此基础上得出城市金融竞争力评价得分。

1. 原始数据的无量纲化

设用 m 个指标所构成的指标体系来评价 n 个城市。第 i 个城市的第 j 项指标记为 X_{ij}（$i = 1$，2，…，n；$j = 1$，2，…，m），则原始数据就形成一个 n 行 m 列的矩阵，即决策矩阵，记为 $X = (X_{ij})_{n \times m}$。

采用 Z 分数法对原始数据进行无量纲化：

$$Y_{ij} = \frac{X_{ij} - \bar{X}}{S}$$

其中，S 表示原变量的标准差，$\bar{X}$ 表示原变量的平均值，其标准化后的矩阵为：

$$Y = (Y_{ij})_{m \times n}$$

2. 数据平移

应用熵值求加权系数时，要用对数进行计算。为了避免取对数时无意义，我们首先将数据进行平移，令 $Y_{ij} = y_{ij} + 4$

计算第 j 项指标下第 i 个城市的值在此指标中所占的比重，公式为：

$$P_{ij} = \frac{Y_{ij}}{\displaystyle\sum_{i=1}^{n} Y_{ij}} \qquad (i = 1,2,\cdots,n;\, j = 1,2,\cdots,m)$$

3. 计算各指标的熵值

$$e_j = -k \sum_{i=1}^{n} p_{ij}\ln P_{ij}$$

其中，$k = \dfrac{1}{\ln n}$，$0 \leqslant e_{ij} \leqslant 1$，$k > 0$。

4. 计算第 j 项指标的差异系数

熵值越小，对第 j 项指标值 Y_{ij} 的差异越大，对方案评价作用就越大。定义差异性系数：

$$h_j = 1 - e_j$$

5. 计算权重系数

$$W_j = \frac{h_j}{\displaystyle\sum_{j=1}^{m} h_j}$$

6. 计算各个样本城市的综合得分

$$S_i = \sum_{j=1}^{m} W_j \cdot P_{ij} \qquad (i = 1,2,\cdots,n)$$

上面解决了只有一层结构的情况。对于多层次结构需要再使用最优脱层法。最优脱层法是指在得到了第 k 层综合指数之后，将其作为新的数据，再次利用熵值法得到第 $k-1$ 层综合指数。依次进行，指标层好像是被一层一层脱掉一样，逐步接近目标层。

三　中国金融中心城市金融竞争力评价

（一）金融竞争力评价的影响因子、指标和原始数据

根据前文所述，我国金融中心城市金融竞争力评价包括金融发展度、经济

持续力和基础设施支持力三个主要因素。根据数据的易得性和可操作性，我们选取 36 个可以充分体现上述影响因子的代表性指标数据，建立一个较完善的指标体系，对北京、上海、深圳、广州、杭州、南京、天津、武汉、重庆、成都、厦门、昆明、大连、苏州、宁波、沈阳、西安、济南、合肥、郑州、青岛、福州、南昌、长春、石家庄、哈尔滨、长沙、乌鲁木齐、南宁、兰州共 30 个中国金融中心城市，进行金融竞争力指标评价和分析。

在 3 个准则层和 36 个指标中，金融发展度包括金融相关比率、金融业增加值、存款余额、贷款余额、保费收入、股票交易额、企业存款占存款余额比重、股票交易额与存款余额比、保险密度、寿产险比例、是否出台促进金融业发展的意见、是否中国人民银行分行所在地、是否银监局所在地、是否保监局所在地、是否证监局所在地、存贷款余额占全国比重、存贷款余额首位度共 17 个指标。经济持续力包括人均 GDP、城市居民人均可支配收入、社会固定资产投资、人均财政收入、第三产业增加值占 GDP 比重、外贸依存度、地方财政收入占 GDP 比重和实际利用外资共 8 个指标。基础设施支持力包括客运量、货运量、移动电话普及率、人均邮电收入、R&D 经费支出占 GDP 比重、技术交易额、专利授权量、城市污水处理率、城市绿化覆盖率、有线电视用户数、每百万人公共藏书数共 11 个指标①。

表 6 至表 10 为 30 个金融中心城市的指标数据。

表 6　北京、上海、深圳、广州、杭州、南京金融竞争力主成分指标数据

指标	反映内容	北京	上海	深圳	广州	杭州	南京
金融相关比率	地区金融发展相对水平	7.192113	5.200538	3.974549964	3.698791	4.900022	4.112957
金融业增加值（亿元）	地区金融发展绝对水平	2592.5	2450.36	1819.19	955.3	790.62	721.86
存款余额（亿元）	地区储蓄动员能力	84837.3	63555.25	29662.4	30186.57	20148.77	16540.43
贷款余额（亿元）	地区资金运用能力	43189.5	40982.48	21808.34	19936.52	18090.9	13079.32
保费收入（亿元）	城市保险业务发展规模	923.1	820.64	401.27	420.8	247.92	236.5

① 本次评价，删去金融从业人员数、人均公共绿地面积、文化演出收入、金融从业人员区位熵、万人公交车辆数等指标，增加城市绿化覆盖率、有线电视用户数指标。这是由于数据可得性的原因。

续表

指标	反映内容	北京	上海	深圳	广州	杭州	南京
股票交易额(亿元)	城市资本市场活跃程度	44993.4	1645000	150122.41	21900	—	—
企业存款占存款余额比重	直接融资渠道通畅度	0.582799	0.590914	0.502952897	0.493756	*0.6276*	0.665427
股票交易额与存款余额比	直接融资的重要程度	0.530349	25.88299	5.061033834	0.725488	—	—
保险密度	人均保障程度	4460.929	3447.444	3804.444697	*3277.539*	2816.633	2897.929
寿产险比例	城市保险市场发展阶段	2.457303	2.020168	1.597048735	1.961224	1.187015	1.881808
是否出台促进金融业发展的意见	政府发展金融业的积极性	1	1	1	1	1	1
是否中国人民银行分行所在地	金融政策制定能力	2	1.5	0.5	1	0.5	1
是否银监局所在地	城市金融监管能力	2	1	1	1	1	1
是否保监局所在地	城市金融监管能力	2	1	1	1	1	1
是否证监局所在地	城市金融监管能力	2	1	1	1	1	1
存贷款余额占全国比重(%)	金融市场地位	8.139021	6.645755	3.272138589	3.186465	2.431003	1.88301
存贷款余额首位度	区域金融中心地位	1	0.81653	0.40203098	0.391505	0.298685	0.231356
人均GDP(元)	城市经济发展整体水平	87091	85000	123247	*105548.1*	88985	88525
城市居民人均可支配收入(元)	居民消费层级	36469	40188	40741.88	38054	37511	36322
社会固定资产投资(亿元)	政府经济动员能力	6462.8	5254.38	2314.43	3758.39	3722.75	4683.45
人均财政收入(元)	政府财力水平	16019.43	15727.03	14051.61462	*8585.237*	9770.393	8981.988
第三产业增加值占GDP比重(%)	城市产业结构高级化程度	76.4	60	55.7	63.59	50.2	53.4
外贸依存度	城市外向型经济水平	1.446545	2.516385	2.275337537	0.545626	0.498943	0.48416
地方财政收入占GDP比重(%)	税负高低	18.62199	18.62419	11.4445625	8.13396	11.01989	10.17861
实际利用外资(亿美元)	城市综合交易成本高低	80.4	151.85	52.29	45.75	49.61	41.3
客运量(万人)	城市人流规模	149035.6	14546.55	185011.49	76065.74	35800	46254.68
货运量(万吨)	城市物流能力	28649.5	94376.25	30335.17	75995.7	30200	41998.52
移动电话普及率(部/百人)	城市金融交流的便利度和信息流通现状	153.1	126.3763	243.7188312	*236.7968*	154.2865	141.294
人均邮电收入(元)	城市邮政电信发展水平	2644.856	2100.503	5343.307355	*2616.891*	1883.436	1651.881

指标	反映内容	北京	上海	深圳	广州	杭州	南京
R&D 经费支出占GDP比重(%)	城市科研投入水平	5.79	3.16	*3.39*	*0.993122*	2.92	*0.521268*
技术交易额(亿元)	城市科技交流能力	2458.5	588.52	—	—	—	145.38
专利授权量(件)	城市科技创新能力	50511	51508	48662	22045	40651	18612
城市污水处理率(%)	城市基础设施水平	96	*91.1*	93.97	*88*	94.3	—
城市绿化覆盖率(%)	城市生态环境水平	46.2	38.3	45.1	40.5	40.1	44.6
有线电视用户数(万户)	城市文化传播能力	495.7	641.9	—	—	—	243.79
每百万人公共藏书数(册)	城市文化设施能力	2464602	*3025684*	2555814.703	*1613067*	1791638	*1928195*

注：指标与数据说明。

①部分指标在统计公报中的名称。

金融业增加值

地区生产总值

年末全市金融机构（含外资）本外币存款余额、年末全市中外资金融机构本外币各项存款余额、年末全部金融机构本外币各项存款余额

单位存款

年末全市金融机构（含外资）本外币贷款余额、年末全市中外资金融机构本外币各项贷款余额、年末全部金融机构本外币各项贷款余额、全市金融机构本外币存款余额

全年实现原保险保费收入、全年保险机构保费收入、保险业务收入

财产险保费收入、财产险公司原保险保费收入

人身险保费收入、寿险公司原保险保费收入

股票成交额、股票成交金额、A股与B股成交金额之和

地方公共财政预算收入、地方财政收入、地方一般预算财政收入、地方财政一般预算收入、地方一般预算收入、地方公共财政收入

年末全市常住人口

全年城镇（城市）居民人均可支配收入、城市居民家庭人均年可支配收入、全年居民人均可支配收入

城六区污水处理率、城市污水集中处理率、市区污水处理率

城市绿化覆盖率、建成区绿化覆盖率、城镇绿化覆盖率

全年完成全社会固定资产投资（总额）、固定资产投资额、全市规模以上固定资产投资完成额

全年地区进出口总值、全年外贸进出口总额、全年商品进出口总额、全市海关进出口贸易总额、全市直接进出口总额

实际利用外资金额、全年外商直接投资实际到位金额、实际使用外商直接投资金额、实际到位外资、实际使用外资、实际到账外资

全年实现邮电业务总量、全年邮电业务量、全年邮电通信业营业收入

移动电话普及率

全年研究与试验发展（R&D）经费支出占地区生产总值比重

技术交易额、技术合同成交总额、全年经认定登记的各类技术交易合同金额、技术市场合同成交额

年末全市公共图书馆总藏量、市直公共图书馆藏书数、市及市以下图书馆馆藏图书数

年末有线电视注册用户数、有线广播电视用户数

②自2012年起，"全社会固定资产投资"改为"固定资产投资"，固定资产投资项目统计起点由50万元提高到500万元。

原保险保费收入是指保险企业确认的原保险合同保费收入。

合肥行政区划做了调整，增辖庐江县和（县级）巢湖市。

2012年人民币平均汇率为1美元兑6.3125元人民币。

是否促进金融业发展的意见情况，指的是在2011年的基础上，2012年金融业、服务业发展专项规划和"十二五"规划中提出金融中心建设的部分。"专项规划"赋值1，"'十二五'规划"赋值0.5。

"中国人民银行总行"赋值2，"上海总部"赋值1.5，"分行和重庆营业管理部"赋值1，"中心支行"赋值0.5。

③邮电收入一般用邮电业务总量数据，上海、兰州为邮政业务总量与电信业务总量加总。杭州为邮政业务总量与电信业务收入之和。福州、西安为邮政业务收入与电信业务收入之和。邮电业务总量按2010年不变价格计算。广州、乌鲁木齐为全年完成邮电业务收入数据。苏州为全市电信业务总收入数据。

④全年上海关区进出口总额。海关统计的2012年南昌地区内企业（含中央、省属公司）实现进出口总额。全年大连地区（含中央、省属公司）进出口总额。宁波为全市完成口岸进出口总额。

⑤"产险保费"使用财产险保费收入数据，"寿险保费"使用人身险保费收入数据。广州、重庆人身险保费收入数据为寿险业务保费收入与健康险和意外伤害险业务保费收入数据之和。福州为人寿险保费收入与健康险保费收入之和。沈阳为国内财产险保费收入数据。

⑥武汉R&D经费占GDP比重、沈阳第三产业占GDP比重为作者计算得出。

⑦成都、昆明、合肥、石家庄、哈尔滨使用年末全部金融机构人民币存款余额和贷款余额数据。大连使用全市银行机构本外币各项存款数据。

⑧本报告一般使用常住人口数据。郑州为全市年末总人口数。青岛、南昌、长春、大连、苏州、宁波、哈尔滨、南宁、兰州为年末全市户籍总人口数。

⑨福州、宁波使用股票、基金交易额之和数据。大连为A股成交金额。

⑩人均生产总值一般按常住人口计算得出。长春、南宁为按户籍年平均人口计算得出。

⑪长春为专利申请量数据。大连为发明专利授权件数。

⑫长春为全市民营科技企业技术合同成交额、全市工业废水排放达标率、公路旅客周转量与公路货物周转量数据。

⑬南宁为全年外商直接投资数（广西全口径）。兰州为合同外资额。

⑭除北京、武汉、厦门、沈阳、昆明、宁波、石家庄7个城市外（昆明、石家庄无数据），移动电话普及率为移动电话总数除以常住人口数计算得出。

⑮用城市绿化覆盖率（建成区绿化覆盖率）指标代替人均公共绿地面积指标。

⑯福州旅客发送量和货物运送量为公路、水路和民航之和。苏州为水路、公路之和。石家庄为公路、民航客运量之和与货运量之和。

⑰表中以斜体表示的为2013年统计年鉴数据，大连、沈阳、郑州、南昌、长春、昆明为2012年统计年鉴数据。乌鲁木齐为2011年公共图书馆藏量数据。

资料来源：根据30个金融中心城市2013年发布的2012年统计公报及相关统计年鉴和网络信息整理。

表7 天津、武汉、重庆、成都、厦门、昆明金融竞争力主成分指标数据

指标	反映内容	天津	武汉	重庆	成都	厦门	昆明
金融相关比率	地区金融发展相对水平	3.002721	3.086955	3.0559455	4.421236	3.755444	5.647346
金融业增加值（亿元）	地区金融发展绝对水平	959.03	530.11	915.65	740.59	227.7	—
存款余额（亿元）	地区储蓄动员能力	20293.79	13131.59	19423.9	20354	5472	8839.46
贷款余额（亿元）	地区资金运用能力	18396.81	11575.84	15594.18	15630	5107.35	8165.49
保费收入（亿元）	城市保险业务发展规模	238.16	175.28	331.03	369	92.92	—
股票交易额（亿元）	城市资本市场活跃程度	7751.69	10867.45	—	—	—	—
企业存款占存款余额比重	直接融资渠道通畅度	0.589103	0.57759	0.5071618	0.572597	0.528277	0.606193
股票交易额与存款余额比	直接融资的重要程度	0.381974	0.827581	—	—	—	—
保险密度	人均保障程度	1685.313	1732.016	1124.0407	2602.624	2531.88	—
寿产险比例	城市保险市场发展阶段	1.623196	2.041471	2.4772059	1.717231	1.239036	—
是否出台促进金融业发展的意见	政府发展金融业的积极性	1	1	1	1	1	1
是否中国人民银行分行所在地	城市金融政策制定能力	1	1	1	1	0.5	0.5
是否银监局所在地	城市金融监管能力	1	1	1	1	1	1
是否保监局所在地	城市金融监管能力	1	1	1	1	1	1
是否证监局所在地	城市金融监管能力	1	1	1	1	1	1
存贷款余额占全国比重（%）	金融市场地位	2.459669	1.57072	2.2261971	2.287603	0.672559	1.081052
存贷款余额首位度	区域金融中心地位	0.302207	0.192986	0.2735215	0.281066	0.082634	0.132823
人均GDP（元）	城市经济发展整体水平	91180.55	79089.13	39083	57624	77392	46256

续表

指标	反映内容	天津	武汉	重庆	成都	厦门	昆明
城市居民人均可支配收入(元)	居民消费层级	29626	27061	22968	27194	37576	25240
社会固定资产投资(亿元)	政府经济动员能力	8871.31	5031.25	9380	5890.1	1332.64	2345.91
人均财政收入(元)	政府财力水平	12454.59	8187.549	5784.3463	5508.534	11523.43	5792.132
第三产业增加值占GDP比重(%)	城市产业结构高级化程度	47	47.9	37.9	49.1	50.3	48.9
外贸依存度	城市外向型经济水平	0.566442	0.160529	0.2930886	0.368718	1.669197	0.302089
地方财政收入占GDP比重(%)	税负高低	13.65926	10.35231	14.865957	9.595891	15.01241	12.56667
实际利用外资(亿美元)	城市综合交易成本高低	150.16	44.44	105.77	85.9	17.74	15.88
客运量(万人)	城市人流规模	28462.2	27492.4	157797.9	—	14500	*10804*
货运量(万吨)	城市物流能力	47697.58	43892.49	110135.89	—	13600	*15786.8*
移动电话普及率(部/百人)	城市金融交流的便利度和信息流通现状	92.22942	193.8	70.275042	150.663	160	—
人均邮电收入(元)	城市邮政电信发展水平	1321.445	1658.794	941.4601	1503.738	2726.431	—
R&D经费支出占GDP比重(%)	城市科研投入水平	2.7	2.66	1.4	*0.44*	3.18	*0.65*
技术交易额(亿元)	城市科技交流能力	172.11	169.69	223.5	—	59.28	
专利授权量(件)	城市科技创新能力	20003	13698	20400	32563	7477	3593
城市污水处理率(%)	城市基础设施水平	87.5	92.3	—	—	97.73	*131.95*
城市绿化覆盖率(%)	城市生态环境水平	*34.9*	38.19	41.5	*39.38*	41.7	*42.35*
有线电视用户数(万户)	城市文化传播能力	284.5	*170*	509.27	382	62	170
每百万人公共藏书数(册)	城市文化设施能力	*1039522*	385375.5	*455195.85*	737057.4	1651226	*857023.9*

注:指标与数据说明及资料来源同表6。

表8 大连、苏州、宁波、沈阳、西安、济南金融竞争力主成分指标数据

指标	反映内容	大连	苏州	宁波	沈阳	西安	济南
金融相关比率	地区金融发展相对水平	2.838793	2.803445	3.669364	2.802007	4.827698	3.849539134
金融业增加值（亿元）	地区金融发展绝对水平	—	—	502.4	*299.4*	*311.61*	411.3
存款余额（亿元）	地区储蓄动员能力	10767.8	18796	11980.5	10441.6	12285.96	9893.8
贷款余额（亿元）	地区资金运用能力	9111.7	14878	11961	8070.7	8808.04	8632.8
保费收入（亿元）	城市保险业务发展规模	160.6	237	164.7	142.8	176.78	122.5
股票交易额（亿元）	城市资本市场活跃程度	4469.6	—	9856.2	5940.7	*8752*	*3757.4*
企业存款占存款余额比重	直接融资渠道通畅度	*0.538*	0.572356	*0.570875*	*0.5209*	*0.5713*	*0.6534*
股票交易额与存款余额比	直接融资的重要程度	0.415089	—	0.822687	0.568945	*0.712358*	*0.379773191*
保险密度	人均保障程度	2720.651	3658.48	2850.961	1735.537	2066.901	1762.589928
寿产险比例	城市保险市场发展阶段	1.785095	1.266667	0.910673	1.918919	2.173788	—
是否出台促进金融业发展的意见	政府发展金融业的积极性	1	1	1	1	1	1
是否中国人民银行分行所在地	金融政策制定能力	0.5	0	0.5	1	1	1
是否银监局所在地	城市金融监管能力	1	0	1	1	1	1
是否保监局所在地	城市金融监管能力	1	0	1	1	1	1
是否证监局所在地	城市金融监管能力	1	0	1	1	1	1
存贷款余额占全国比重（%）	金融市场地位	1.263795	2.14075	1.522028	1.176879	1.341004	1.177787667
存贷款余额首位度	区域金融中心地位	0.155276	0.263023	0.187004	0.144597	0.164762	0.144708764
人均GDP（元）	城市经济发展整体水平	102216	114029	85475	80532	51086.42	69574

续表

指标	反映内容	大连	苏州	宁波	沈阳	西安	济南
城市居民人均可支配收入（元）	居民消费层级	27539	37531	37902	26431	29982	32570
社会固定资产投资（亿元）	政府经济动员能力	5654.1	5266.49	2901.4	5625.4	4243.43	2186.1
人均财政收入（元）	政府财力水平	12707.1	18590.33	12558.42	8689.84	4641.233	5479.136691
第三产业增加值占GDP比重（%）	城市产业结构高级化程度	41.7	*44.2*	42	43.9	52.2	54.5
外贸依存度	城市外向型经济水平	0.577931	1.606508	1.911542	0.121821	0.188015	0.120014992
地方财政收入占GDP比重（%）	税负高低	10.71143	10.0261	11.11929	10.82218	9.085063	7.912431327
实际利用外资（亿美元）	城市综合交易成本高低	123.5	91.65	28.5	58	24.78	12.2
客运量（万人）	城市人流规模	*13724*	71300	28900	32868.6	36153.79	17334
货运量（万吨）	城市物流能力	*36199*	17700	32600	21719.6	44924.33	26029.5
移动电话普及率（部/百人）	城市金融交流的便利度和信息流通现状	142.2666	240.0395	*188.3298*	137	210.8688	140.7194245
人均邮电收入（元）	城市邮政电信发展水平	1719.465	2892.052	—	1480.311	1470.963	1015.827338
R&D经费支出占GDP比重（%）	城市科研投入水平	—	2.6	—	—	*4.64*	*2.07*
技术交易额（亿元）	城市科技交流能力	180	—	—	120.7	303.75	—
专利授权量（件）	城市科技创新能力	1407	98000	59175	6771	3475	14367
城市污水处理率（%）	城市基础设施水平	90	*91.85*	*85.75*	85.5	*89.51*	*89.83*
城市绿化覆盖率（%）	城市生态环境水平	45.2	42.4	*38.21*	42.2	*39.53*	38
有线电视用户数（万户）	城市文化传播能力	210	—	227.873	—	*188.71*	65.3
每百万人公共藏书数（册）	城市文化设施能力	1289630	2566892	—	*1385697*	*715897.5*	*1766878.4*

注：指标与数据说明及资料来源同表6。

表9 合肥、郑州、青岛、福州、南昌、长春金融竞争力主成分指标数据

指标	反映内容	合肥	郑州	青岛	福州	南昌	长春
金融相关比率	地区金融发展相对水平	3.133719	3.108419	2.526827	3.5474	3.483113	2.798456
金融业增加值（亿元）	地区金融发展绝对水平	214.56	303.2	397.62	290.9	114.77	125.47
存款余额（亿元）	地区储蓄动员能力	6913.84	10448.3	9818.33	7909.63	5723.14	6643.3
贷款余额（亿元）	地区资金运用能力	6136.03	6794.1	8632.84	7054.33	4728.01	5828.3
保费收入（亿元）	城市保险业务发展规模	89.33	178.4	160.29	127.69	64.74	89.5
股票交易额（亿元）	城市资本市场活跃程度	—	—	—	11773.73	6613.88	2442.1
企业存款占存款余额比重	直接融资渠道通畅度	0.624931	0.5679	0.5403	0.530158	0.578413	0.51077
股票交易额与存款余额比	直接融资的重要程度	—	—	—	1.488531	1.155638	0.367603
保险密度	人均保障程度	1179.741	1975.418	2082.879	1756.396	1274.736	1182.455
寿产险比例	城市保险市场发展阶段	1.232134	1.617089	1.416189	1.658036	1.761883	1.300103
是否出台促进金融业发展的意见	政府发展金融业的积极性	1	0.5	1	1	1	1
是否中国人民银行分行所在地	金融政策制定能力	0.5	0.5	0.5	0.5	0.5	0.5
是否银监局所在地	城市金融监管能力	1	1	1	1	1	1
是否保监局所在地	城市金融监管能力	1	1	1	1	1	1
是否证监局所在地	城市金融监管能力	1	1	1	1	1	1
存贷款余额占全国比重（%）	金融市场地位	0.829617	1.096147	1.172992	0.951301	0.664409	0.792854
存贷款余额首位度	区域金融中心地位	0.101931	0.134678	0.14412	0.116881	0.081633	0.097414
人均GDP（元）	城市经济发展整体水平	55186	63328	94886.82	58023.25	58715	58691

续表

指标	反映内容	合肥	郑州	青岛	福州	南昌	长春
城市居民人均可支配收入（元）	居民消费层级	25434	24246	32145	29399	23602	22969.7
社会固定资产投资（亿元）	政府经济动员能力	4001.1	3669.8	4153.9	3266.49	2623.03	3172.9
人均财政收入（元）	政府财力水平	5143.951	6717.971	8708.613	5254.608	4726.013	4502.576
第三产业增加值占GDP比重（%）	城市产业结构高级化程度	39.2	39.6	49	45.8	37.2	41.5
外贸依存度	城市外向型经济水平	0.267426	0.407746	0.632866	0.4648	0.174342	0.278755
地方财政收入占GDP比重（%）	税负高低	9.353223	10.93744	9.177895	9.056039	7.99928	7.647085
实际利用外资（亿美元）	城市综合交易成本高低	16.56	34.3	46	13.39	26.4	36.8
客运量（万人）	城市人流规模	34417.1	35660	25018.68	19280.07	11226	10239
货运量（万吨）	城市物流能力	33720.1	26653	29229.09	17211.86	9527.99	12308.3
移动电话普及率（部/百人）	城市金融交流的便利度和信息流通现状	81.28236	113.1436	153.1979	121.2256	122.2262	147.7078
人均邮电收入（元）	城市邮政电信发展水平	983.2277	1453.881	2711.679	1476.066	1078.819	1895.891
R&D经费支出占GDP比重（%）	城市科研投入水平	1.32	—	—	—	—	0.56
技术交易额（亿元）	城市科技交流能力	42.3	65.1	25.37	12.65	14.5	20.87
专利授权量（件）	城市科技创新能力	9639	9065	12689	5965	3002	6165
城市污水处理率（%）	城市基础设施水平	98.7	98.1	—	96.16	93	97.4
城市绿化覆盖率（%）	城市生态环境水平	45.2	36.1	44.78	40.6	43	41.5
有线电视用户数（万户）	城市文化传播能力	—	178	243.5	175.68	79.86	—
每百万人公共藏书数（册）	城市文化设施能力	920562.6	688803.7	689226.4	477180.2	825943.2	529792.6

注：指标与数据说明及资料来源同表6。

表10　石家庄、哈尔滨、长沙、乌鲁木齐、南宁、兰州金融竞争力主成分指标数据

指标	反映内容	石家庄	哈尔滨	长沙	乌鲁木齐	南宁	兰州
金融相关比率	地区金融发展相对水平	2.585618	2.839124	2.706224	3.914777	4.445072	5.281295
金融业增加值（亿元）	地区金融发展绝对水平	208.06	242.4	517.04	144.57	212.8	—
存款余额（亿元）	地区储蓄动员能力	7640.7	7360.3	8800.66	4819.11	5627.18	4589.26
贷款余额（亿元）	地区资金运用能力	3995.1	5558	8518.93	3245.33	5501.28	3672.85
保费收入（亿元）	城市保险业务发展规模	—	121.6	121.4	77.28	77.3	59.66
股票交易额（亿元）	城市资本市场活跃程度	—	4259.9	—	—	—	—
企业存款占存款余额比重	直接融资渠道通畅度	0.565126	0.503743	0.5891	0.577173	0.606958	—
股票交易额与存款余额比	直接融资的重要程度	—	0.578767	—	—	—	—
保险密度	人均保障程度	—	1223.956	1698.71	2306.866	1083.392	1855.561
寿产险比例	城市保险市场发展阶段	—	2.377778	1.372948	2.154286	1.175626	
是否出台促进金融业发展的意见	政府发展金融业的积极性	1	1	1	0.5	1	1
是否中国人民银行分行所在地	金融政策制定能力	0.5	0.5	0.5	0.5	0.5	0.5
是否银监局所在地	城市金融监管能力	1	1	1	1	1	1
是否保监局所在地	城市金融监管能力	1	1	1	1	1	1
是否证监局所在地	城市金融监管能力	1	1	1	1	1	1
存贷款余额占全国比重（%）	金融市场地位	0.73972	0.821252	1.101055	0.512679	0.707467	0.525245
存贷款余额首位度	区域金融中心地位	0.090886	0.100903	0.135281	0.06299	0.086923	0.064534
人均GDP（元）	城市经济发展整体水平	43329.48	45810	89903	61492.54	35138	48656.69

续表

指标	反映内容	石家庄	哈尔滨	长沙	乌鲁木齐	南宁	兰州
城市居民人均可支配收入(元)	居民消费层级	23038	22498.6	30288	18385	22561	18442.76
社会固定资产投资(亿元)	政府经济动员能力	3728.6	3950	4011.96	1010.29	2585.18	1239.18
人均财政收入(元)	政府财力水平	2621.799	3570.206	6865.502	7522.687	3219.762	3226.238
第三产业增加值占GDP比重(%)	城市产业结构高级化程度	40.2	52.8	39.6	56.2	48.75	49.51
外贸依存度	城市外向型经济水平	0.181652	0.073945	0.085743	0.318597	0.104563	0.13695
地方财政收入占GDP比重(%)	税负高低	6.050842	7.795433	7.666514	12.2335	9.17617	6.630615
实际利用外资(亿美元)	城市综合交易成本高低	8.8	19	29.77	1.93	5.03	0.46
客运量(万人)	城市人流规模	14278.2	15618	36440	4909	12035.81	4829.07
货运量(万吨)	城市物流能力	27354.97	11764	26145	18218	29783.31	9671.89
移动电话普及率(部/百人)	城市金融交流的便利度和信息流通现状	—	96.68848	149.02	137.2448	102.2256	130.2967
人均邮电收入(元)	城市邮政电信发展水平	—	1104.177	1608.877	1780.299	1308.9	1520.901
R&D经费支出占GDP比重(%)	城市科研投入水平	0.91	1.67	1.42	0.89	—	—
技术交易额(亿元)	城市科技交流能力	—	64.2	19.85	—	1.59	—
专利授权量(件)	城市科技创新能力	3450	9796	10382	1607	1682	
城市污水处理率(%)	城市基础设施水平	96.96	83.1	—	81.39	83.04	
城市绿化覆盖率(%)	城市生态环境水平	38.96	37		37	42	
有线电视用户数(万户)	城市文化传播能力	117	129.3	149.78	—	71.82	
每百万人公共藏书数(册)	城市文化设施能力	313367.7	833478	—	1069807	803363.7	—

注：指标与数据说明及资料来源同表6。

（二）以金融规模为例计算得分

1. 30 个金融中心城市金融规模的标准化数据

30 个金融中心城市金融规模的标准化数据见表 11。

表 11　30 个金融中心城市金融规模的标准化数据

城　　市	金融相关比率	金融业增加值	存款余额	贷款余额	保费收入	股票交易额
北　　京	3.14735	3.11522	3.94448	3.23083	3.44247	-0.06959
上　　海	1.31373	2.89499	2.71732	3.00155	2.94206	5.27222
深　　圳	0.18497	1.91703	0.76299	1.00964	0.89386	0.28139
广　　州	-0.06892	0.5785	0.79322	0.81519	0.98925	-0.14669
杭　　州	1.03704	0.32334	0.21442	0.62346	0.14491	-0.21165
南　　京	0.3124	0.2168	0.00636	0.10283	0.08913	-0.21165
天　　津	-0.70979	0.58428	0.22278	0.65524	0.09724	-0.19393
武　　汉	-0.63224	-0.0803	-0.1902	-0.05336	-0.20987	-0.18352
重　　庆	-0.66079	0.51706	0.17262	0.36409	0.55081	-0.21165
成　　都	0.59623	0.24582	0.22626	0.36781	0.73626	-0.21165
厦　　门	-0.01676	-0.54886	-0.63187	-0.72534	-0.61211	-0.21165
昆　　明	1.7251	-0.72384	-0.43769	-0.40764	-0.77455	-0.21165
大　　连	-0.86072	-0.72384	-0.3265	-0.30935	-0.28156	-0.20488
苏　　州	-0.89326	-0.72384	0.13642	0.28969	0.09157	-0.21165
宁　　波	-0.09602	-0.12324	-0.25658	-0.01335	-0.26154	-0.1869
沈　　阳	-0.89459	-0.43777	-0.34531	-0.41749	-0.3685	-0.19997
西　　安	0.97045	-0.41885	-0.23896	-0.34089	-0.20254	-0.19059
济　　南	0.06987	-0.26439	-0.3769	-0.3591	-0.46764	-0.20726
合　　肥	-0.58918	-0.56922	-0.54873	-0.61847	-0.62964	-0.21165
郑　　州	-0.61247	-0.43188	-0.34493	-0.55011	-0.19463	-0.21165
青　　岛	-1.14794	-0.28558	-0.38125	-0.35909	-0.28308	-0.21165
福　　州	-0.20831	-0.45094	-0.49131	-0.52308	-0.4423	-0.1805
南　　昌	-0.2675	-0.72384	-0.61739	-0.76474	-0.74974	-0.19773
长　　春	-0.89785	-0.70726	-0.56433	-0.65044	-0.62881	-0.21165
石 家 庄	-1.09381	-0.57929	-0.50682	-0.84088	-0.77455	-0.21165
哈 尔 滨	-0.86041	-0.52609	-0.52298	-0.67852	-0.47204	-0.20558
长　　沙	-0.98277	-0.10055	-0.43993	-0.37093	-0.47302	-0.21165
乌鲁木齐	0.12993	-0.67767	-0.66951	-0.91877	-0.6885	-0.21165
南　　宁	0.61817	-0.57195	-0.62292	-0.68441	-0.6884	-0.21165
兰　　州	1.38808	-0.72384	-0.68277	-0.87436	-0.77455	-0.21165

2. 30 个金融中心城市数据平移和计算第 j 项指标下第 i 个城市的值所占比重

由于应用熵值法求加权系数时，要用对数进行计算，为避免取对数时无意义，首先将数据进行平移，$Y_{ij} = y_{ij} + 4$。表 12 为平移后的数据。

表 12　30 个金融中心城市数据平移后的金融规模标准化数据

城　　市	金融相关比率	金融业增加值	存款余额	贷款余额	保费收入	股票交易额
北　京	7.14735	7.11522	7.94448	7.23083	7.44247	3.93041
上　海	5.31373	6.89499	6.71732	7.00155	6.94206	9.27222
深　圳	4.18497	5.91703	4.76299	5.00964	4.89386	4.28139
广　州	3.93108	4.5785	4.79322	4.81519	4.98925	3.85331
杭　州	5.03704	4.32334	4.21442	4.62346	4.14491	3.78835
南　京	4.3124	4.2168	4.00636	4.10283	4.08913	3.78835
天　津	3.29021	4.58428	4.22278	4.65524	4.09724	3.80607
武　汉	3.36776	3.9197	3.8098	3.94664	3.79013	3.81648
重　庆	3.33921	4.51706	4.17262	4.36409	4.55081	3.78835
成　都	4.59623	4.24582	4.22626	4.36781	4.73626	3.78835
厦　门	3.98324	3.45114	3.36813	3.27466	3.38789	3.78835
昆　明	5.7251	3.27616	3.56231	3.59236	3.22545	3.78835
大　连	3.13928	3.27616	3.6735	3.69065	3.71844	3.79512
苏　州	3.10674	3.27616	4.13642	4.28969	4.09157	3.78835
宁　波	3.90398	3.87676	3.74342	3.98665	3.73846	3.8131
沈　阳	3.10541	3.56223	3.65469	3.58251	3.6315	3.80003
西　安	4.97045	3.58115	3.76104	3.65911	3.79746	3.80941
济　南	4.06987	3.73561	3.6231	3.6409	3.53236	3.79274
合　肥	3.41082	3.43078	3.45127	3.38153	3.37036	3.78835
郑　州	3.38753	3.56812	3.65507	3.44989	3.80537	3.78835
青　岛	2.85206	3.71442	3.61875	3.64091	3.71692	3.78835
福　州	3.79169	3.54906	3.50869	3.47692	3.5577	3.8195
南　昌	3.7325	3.27616	3.38261	3.23526	3.25026	3.80227
长　春	3.10215	3.29274	3.43567	3.34956	3.37119	3.78835
石家庄	2.90619	3.42071	3.49318	3.15912	3.22545	3.78835
哈尔滨	3.13959	3.47391	3.47702	3.32148	3.52796	3.79442
长　沙	3.01723	3.89945	3.56007	3.62907	3.52698	3.78835
乌鲁木齐	4.12993	3.32233	3.33049	3.08123	3.3115	3.78835
南　宁	4.61817	3.42805	3.37708	3.31559	3.3116	3.78835
兰　州	5.38808	3.27616	3.31723	3.12564	3.22545	3.78835

数据平移后，我们计算第 j 项指标下第 i 个城市的值所占比重（$j=1$，2，…，6；$i=1$，2，…，30），详见表13。

表13　30个金融中心城市金融规模各指标比重

城　　市	金融相关比率	金融业增加值	存款余额	贷款余额	保费收入	股票交易额
北　京	0.059561	0.059294	0.066204	0.060257	0.062021	0.032753
上　海	0.044281	0.057458	0.055978	0.058346	0.057851	0.077269
深　圳	0.034875	0.049309	0.039692	0.041747	0.040782	0.035678
广　州	0.032759	0.038154	0.039944	0.040127	0.041577	0.032111
杭　州	0.041975	0.036028	0.03512	0.038529	0.034541	0.03157
南　京	0.035937	0.03514	0.033386	0.03419	0.034076	0.03157
天　津	0.027418	0.038202	0.03519	0.038794	0.034144	0.031717
武　汉	0.028065	0.032664	0.031748	0.032889	0.031584	0.031804
重　庆	0.027827	0.037642	0.034772	0.036367	0.037923	0.03157
成　都	0.038302	0.035382	0.035219	0.036398	0.039469	0.03157
厦　门	0.033194	0.02876	0.028068	0.027289	0.028232	0.03157
昆　明	0.047709	0.027301	0.029686	0.029936	0.026879	0.03157
大　连	0.026161	0.027301	0.030613	0.030755	0.030987	0.031626
苏　州	0.02589	0.027301	0.03447	0.035747	0.034096	0.03157
宁　波	0.032533	0.032306	0.031195	0.033222	0.031154	0.031776
沈　阳	0.025878	0.029685	0.030456	0.029854	0.030263	0.031667
西　安	0.04142	0.029843	0.031342	0.030493	0.031646	0.031745
济　南	0.033916	0.03113	0.030193	0.030341	0.029436	0.031606
合　肥	0.028424	0.02859	0.028761	0.028179	0.028086	0.03157
郑　州	0.028229	0.029734	0.030459	0.028749	0.031711	0.03157
青　岛	0.023767	0.030954	0.030156	0.030341	0.030974	0.03157
福　州	0.031597	0.029576	0.029239	0.028974	0.029648	0.031829
南　昌	0.031104	0.027301	0.028188	0.026961	0.027086	0.031686
长　春	0.025851	0.02744	0.028631	0.027913	0.028093	0.03157
石家庄	0.024218	0.028506	0.02911	0.026326	0.026879	0.03157
哈尔滨	0.026163	0.028949	0.028975	0.027679	0.0294	0.03162
长　沙	0.025144	0.032495	0.029667	0.030242	0.029392	0.03157
乌鲁木齐	0.034416	0.027686	0.027754	0.025677	0.027596	0.03157
南　宁	0.038485	0.028567	0.028142	0.02763	0.027597	0.03157
兰　州	0.044901	0.027301	0.027644	0.026047	0.026879	0.03157

3. 30 个金融中心城市金融规模各指标的熵值、差异系数和权重系数

30 个金融中心城市金融规模各指标的熵值、差异系数和权重系数见表 14。

表 14　30 个金融中心城市金融规模各指标的熵值、差异系数和权重系数

系　　数	金融相关比率	金融业增加值	存款余额	贷款余额	保费收入	股票交易额
熵　　值	0.991725	0.992198	0.992532	0.992171	0.99229	0.993444
差异系数	0.008275	0.007802	0.007468	0.007829	0.00771	0.006556
权重系数	0.181315	0.170945	0.163622	0.171538	0.168936	0.143644

4. 30 个金融中心城市金融规模得分和排序

30 个金融中心城市金融规模得分和排序见表 15。

表 15　30 个金融中心城市金融规模得分和排序

城　　市	金融规模得分	排序	城　　市	金融规模得分	排序
上　　海	0.057891	1	兰　　州	0.030875	16
北　　京	0.057286	2	南　　宁	0.030402	17
深　　圳	0.040423	3	福　　州	0.03012	18
广　　州	0.037517	4	郑　　州	0.030009	19
杭　　州	0.036495	5	长　　沙	0.029656	20
成　　都	0.036202	6	沈　　阳	0.029532	21
重　　庆	0.034349	7	厦　　门	0.029513	22
天　　津	0.034238	8	青　　岛	0.029507	23
南　　京	0.034142	9	大　　连	0.029473	24
西　　安	0.032877	10	乌鲁木齐	0.029115	25
昆　　明	0.032385	11	合　　肥	0.02886	26
宁　　波	0.032052	12	哈 尔 滨	0.02869	27
苏　　州	0.031428	13	南　　昌	0.028671	28
武　　汉	0.031413	14	长　　春	0.028131	29
济　　南	0.031129	15	石 家 庄	0.027619	30

（三）金融发展度项下的三级指标得分

30 个金融中心城市金融发展度项下的 4 个三级指标得分见表 16。

表16　30个金融中心城市金融发展度项下的三级指标得分

城　市	金融规模	资源配置	政策监管	资金集散	城　市	金融规模	资源配置	政策监管	资金集散
北　京	0.057286	0.043208	0.056886	0.064268	沈　阳	0.029532	0.031311	0.03478	0.030222
上　海	0.057891	0.048231	0.036341	0.056966	西　安	0.032877	0.035789	0.03478	0.031025
深　圳	0.040423	0.035376	0.033219	0.040468	济　南	0.031129	0.033085	0.03478	0.030227
广　州	0.037517	0.033845	0.03478	0.040049	合　肥	0.02886	0.031823	0.033219	0.028524
杭　州	0.036495	0.035573	0.033219	0.036355	郑　州	0.030009	0.032691	0.024784	0.029828
南　京	0.034142	0.04085	0.03478	0.033675	青　岛	0.029507	0.030658	0.033219	0.030203
天　津	0.034238	0.033082	0.03478	0.036495	福　州	0.03012	0.030925	0.033219	0.029119
武　汉	0.031413	0.034737	0.03478	0.032148	南　昌	0.028671	0.032521	0.033219	0.027716
重　庆	0.034349	0.031739	0.03478	0.035354	长　春	0.028131	0.026567	0.033219	0.028344
成　都	0.036202	0.034855	0.03478	0.035654	石家庄	0.027619	0.027177	0.033219	0.028085
厦　门	0.029513	0.030295	0.033219	0.027756	哈尔滨	0.02869	0.031417	0.033219	0.028483
昆　明	0.032385	0.029184	0.033219	0.029754	长　沙	0.029656	0.031942	0.033219	0.029852
大　连	0.029473	0.033773	0.033219	0.030647	乌鲁木齐	0.029115	0.036423	0.024784	0.026974
苏　州	0.031428	0.035214	0.012674	0.034936	南　宁	0.030402	0.030456	0.033219	0.027927
宁　波	0.032052	0.031756	0.033219	0.03191	兰　州	0.030875	0.025495	0.033219	0.027036

（四）金融发展度得分

以表16为基础，再次利用熵值法，计算30个金融中心城市金融发展度得分和排序（见表17）。

表17　30个金融中心城市金融发展度得分和排序

城　市	金融发展度得分	排序	城　市	金融发展度得分	排序
北　京	0.060241	1	天　津	0.034739	8
上　海	0.053015	2	西　安	0.034358	9
深　圳	0.037685	3	重　庆	0.033902	10
南　京	0.037576	4	武　汉	0.033758	11
广　州	0.036749	5	济　南	0.0325	12
成　都	0.035859	6	宁　波	0.031918	13
杭　州	0.035813	7	大　连	0.031869	14

续表

城　市	金融发展度得分	排序	城　市	金融发展度得分	排序
沈　阳	0.031283	15	南　宁	0.029994	23
长　沙	0.030909	16	厦　门	0.02965	24
南　昌	0.030426	17	乌鲁木齐	0.028855	25
福　州	0.030404	18	郑　州	0.028055	26
青　岛	0.03037	19	石家庄	0.027824	27
昆　明	0.030353	20	长　春	0.027742	28
合　肥	0.030345	21	兰　州	0.027675	29
哈尔滨	0.030108	22	苏　州	0.026021	30

（五）经济持续力及其三级指标得分

同上，可以计算得出 30 个金融中心城市的经济持续力及其三级指标得分
（见表 18）。

表 18　30 个金融中心城市经济持续力及其三级指标得分

城　市	经济实力	经济结构	经济持续力	经济持续力排序
上　海	0.042706	0.052408	0.051693	1
北　京	0.0431	0.04978	0.05029	2
深　圳	0.042507	0.040777	0.044184	3
苏　州	0.045888	0.036949	0.044015	4
天　津	0.042067	0.039982	0.043386	5
大　连	0.03918	0.035361	0.038526	6
广　州	0.038905	0.035076	0.038162	7
厦　门	0.035077	0.038365	0.037689	8
宁　波	0.038047	0.034897	0.037474	9
杭　州	0.037755	0.03377	0.036565	10
南　京	0.037951	0.033535	0.036547	11
青　岛	0.036508	0.03243	0.034882	12
重　庆	0.032506	0.035528	0.034173	13
沈　阳	0.034887	0.03138	0.033133	14
成　都	0.031791	0.033952	0.032695	15
武　汉	0.034099	0.031492	0.032677	16
长　沙	0.034425	0.026648	0.029823	17
西　安	0.029961	0.030798	0.029472	18
济　南	0.03074	0.029744	0.029324	19
郑　州	0.029638	0.030049	0.028781	20

续表

城　　市	经济实力	经济结构	经济持续力	经济持续力排序
福　　州	0.029685	0.029433	0.028422	21
昆　　明	0.02658	0.032243	0.028129	22
乌鲁木齐	0.025211	0.033183	0.027811	23
合　　肥	0.028865	0.027574	0.026695	24
哈 尔 滨	0.026259	0.029446	0.026141	25
长　　春	0.027224	0.028024	0.025884	26
南　　昌	0.026965	0.026371	0.024662	27
南　　宁	0.023719	0.028774	0.024018	28
石 家 庄	0.02552	0.024933	0.022785	29
兰　　州	0.022233	0.027095	0.02196	30

（六）基础设施支持力及其三级指标得分

计算得出 30 个金融中心城市基础设施支持力及其三级指标得分见表 19。

表 19　30 个金融中心城市基础设施支持力及其三级指标得分

城　　市	区位交通	信息通信	科技实力	生态环境	文化支持	基础设施支持力	基础设施支持力排序
北　　京	0.04253	0.040592	0.058644	0.043137	0.049176	0.04932	1
深　　圳	0.04606	0.062197	0.040004	0.040859	0.038032	0.046766	2
上　　海	0.042099	0.035458	0.04307	0.030534	0.056213	0.042714	3
苏　　州	0.033609	0.049797	0.044666	0.036379	0.038094	0.041191	4
广　　州	0.044366	0.048145	0.031532	0.032311	0.032806	0.037753	5
重　　庆	0.057755	0.0246	0.033384	0.031101	0.0384	0.037454	6
南　　京	0.035665	0.034621	0.030877	0.035301	0.039435	0.035213	7
西　　安	0.035277	0.040124	0.038486	0.031583	0.031235	0.035044	8
杭　　州	0.032636	0.036955	0.037985	0.034214	0.033796	0.035003	9
厦　　门	0.027782	0.041628	0.034592	0.037712	0.033017	0.034794	10
大　　连	0.031716	0.035043	0.028696	0.039454	0.034988	0.033878	11
青　　岛	0.031496	0.04093	0.029304	0.035545	0.032559	0.033532	12
昆　　明	0.027837	0.0246	0.028441	0.051869	0.031515	0.033247	13
武　　汉	0.034316	0.03948	0.034892	0.03085	0.0289	0.033036	14
合　　肥	0.033136	0.025817	0.030852	0.04283	0.028966	0.032213	15
宁　　波	0.032442	0.035448	0.035138	0.028336	0.030055	0.031419	16
天　　津	0.035077	0.028487	0.035798	0.024531	0.035602	0.031083	17

续表

城　市	区位交通	信息通信	科技实力	生态环境	文化支持	基础设施支持力	基础设施支持力排序
沈　阳	0.03087	0.033383	0.029062	0.033644	0.031545	0.030977	18
济　南	0.030239	0.031439	0.03282	0.029634	0.033747	0.030785	19
成　都	0.026192	0.034753	0.031724	0.028229	0.036544	0.030589	20
长　春	0.02717	0.036411	0.028686	0.037313	0.0268	0.030474	21
福　州	0.028851	0.031912	0.028372	0.035613	0.029561	0.030075	22
郑　州	0.031995	0.03106	0.029054	0.030269	0.030797	0.029644	23
南　昌	0.026766	0.030049	0.028002	0.037638	0.028921	0.029503	24
南　宁	0.030428	0.029344	0.027763	0.032419	0.02858	0.028641	25
长　沙	0.031975	0.03512	0.031036	0.02216	0.027957	0.028045	26
石 家 庄	0.030199	0.0246	0.028971	0.033701	0.027077	0.02786	27
乌鲁木齐	0.027739	0.034881	0.028693	0.025005	0.029794	0.02768	28
哈 尔 滨	0.027557	0.027828	0.031729	0.025669	0.030291	0.027198	29
兰　州	0.026217	0.032966	0.027727	0.02216	0.0256	0.024869	30

（七）金融竞争力综合得分和排序

根据 30 个金融中心城市的金融发展度得分、经济持续力得分和基础设施支持力得分，再使用最优脱层法和熵值法，计算出 30 个金融中心城市金融竞争力综合得分和排序（见表 20、图 1）。

表 20　30 个金融中心城市金融竞争力综合得分和排序

城　市	金融发展度	经济持续力	基础设施支持力	金融竞争力	排序
北　京	0.060241	0.05029	0.04932	0.057438	1
上　海	0.053015	0.051693	0.042714	0.052047	2
深　圳	0.037685	0.044184	0.046766	0.045663	3
广　州	0.036749	0.038162	0.037753	0.038584	4
苏　州	0.026021	0.044015	0.041191	0.038579	5
南　京	0.037576	0.036547	0.035213	0.037017	6
天　津	0.034739	0.043386	0.031083	0.036493	7
杭　州	0.035813	0.036565	0.035003	0.036278	8
重　庆	0.033902	0.034173	0.037454	0.035904	9
大　连	0.031869	0.038526	0.033878	0.035016	10
厦　门	0.02965	0.037689	0.034794	0.03435	11

续表

城 市	金融发展度	经济持续力	基础设施支持力	金融竞争力	排序
宁 波	0.031918	0.037474	0.031419	0.033418	12
西 安	0.034358	0.029472	0.035044	0.033111	13
武 汉	0.033758	0.032677	0.033036	0.033095	14
青 岛	0.03037	0.034882	0.033532	0.032933	15
成 都	0.035859	0.032695	0.030589	0.03265	16
沈 阳	0.031283	0.033133	0.030977	0.03134	17
济 南	0.0325	0.029324	0.030785	0.030261	18
昆 明	0.030353	0.028129	0.033247	0.030255	19
合 肥	0.030345	0.026695	0.032213	0.0292	20
福 州	0.030404	0.028422	0.030075	0.028806	21
长 沙	0.030909	0.029823	0.028045	0.028505	22
郑 州	0.028055	0.028781	0.029644	0.02787	23
南 昌	0.030426	0.024662	0.029503	0.027121	24
长 春	0.027742	0.025884	0.030474	0.027084	25
乌鲁木齐	0.028855	0.027811	0.02768	0.026822	26
哈 尔 滨	0.030108	0.026141	0.027198	0.026413	27
南 宁	0.029994	0.024018	0.028641	0.026293	28
石 家 庄	0.027824	0.022785	0.02786	0.024653	29
兰 州	0.027675	0.02196	0.024869	0.022802	30

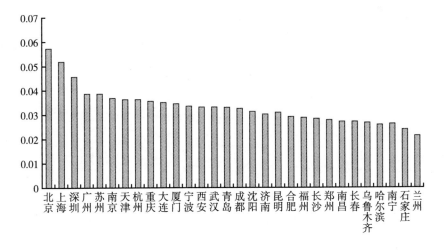

图 1　30 个金融中心城市金融竞争力综合得分

四　中国金融中心城市评价结果分析

本报告所分析的中国金融中心城市金融竞争力得分和排序，是由一套简化的指标评价体系和评价模型得出的，在模型建构和数据处理的过程中，由于数据的可得性问题，做了一些必要的简化和调整处理，这有可能会影响对各金融中心城市金融竞争力评价的全面性。因此，读者在使用本报告的研究成果时，应当将前面的定性分析与本评价结果结合起来，才能够比较准确地把握中国金融中心城市的金融竞争力水平。

（一）中国金融中心城市金融竞争力排序

表 21 是中国大陆 30 个金融中心城市一级、二级指标的排序情况，我们从中可以看出目标层和准则层的详细排名。

表 21　中国金融中心城市目标层和准则层排序

城　　市	金融竞争力	金融发展度	经济持续力	基础设施支持力
北　京	1	1	2	1
上　海	2	2	1	3
深　圳	3	3	3	2
广　州	4	5	7	5
苏　州	5	30	4	4
南　京	6	4	11	7
天　津	7	8	5	17
杭　州	8	7	10	9
重　庆	9	10	13	6
大　连	10	14	6	11
厦　门	11	24	8	10
宁　波	12	13	9	16
西　安	13	9	18	8
武　汉	14	11	16	14
青　岛	15	19	12	12

续表

城　　市	金融竞争力	金融发展度	经济持续力	基础设施支持力
成　　都	16	6	15	20
沈　　阳	17	15	14	18
济　　南	18	12	19	19
昆　　明	19	20	22	13
合　　肥	20	21	24	15
福　　州	21	18	21	22
长　　沙	22	16	17	26
郑　　州	23	26	20	23
南　　昌	24	17	27	24
长　　春	25	28	26	21
乌鲁木齐	26	25	23	28
哈　尔　滨	27	22	25	29
南　　宁	28	23	28	25
石　家　庄	29	27	29	27
兰　　州	30	29	30	30

（二）中国金融中心城市金融竞争力聚类

根据表 20 中的金融竞争力综合得分，可以把 30 个城市分成三档：国家级金融中心城市，金融竞争力得分 ≥0.04；核心区域金融中心城市，金融竞争力得分 ∈ ［0.03 ~ 0.04）；次级区域金融中心城市，金融竞争力得分 ∈（0，0.03）。

国家级金融中心城市仍然是北京、上海、深圳，共 3 个城市。3 个城市的排名也没有发生变化。

核心区域金融中心城市分别是广州、苏州、南京、天津、杭州、重庆、大连、厦门、宁波、西安、武汉、青岛、成都、沈阳、济南、昆明，共 16 个城市。

次级区域金融中心城市分别是合肥、福州、长沙、郑州、南昌、长春、乌鲁木齐、哈尔滨、南宁、石家庄、兰州，共 11 个城市。

中国金融中心城市金融竞争力聚类见表 22。

表 22 中国金融中心城市金融竞争力聚类

聚类	城市	金融竞争力	排序
国家级金融中心城市	北　京	0.057438	1
	上　海	0.052047	2
	深　圳	0.045663	3
核心区域金融中心城市	广　州	0.038584	4
	苏　州	0.038579	5
	南　京	0.037017	6
	天　津	0.036493	7
	杭　州	0.036278	8
	重　庆	0.035904	9
	大　连	0.035016	10
	厦　门	0.03435	11
	宁　波	0.033418	12
	西　安	0.033111	13
	武　汉	0.033095	14
	青　岛	0.032933	15
	成　都	0.03265	16
	沈　阳	0.03134	17
	济　南	0.030261	18
	昆　明	0.030255	19
次级区域金融中心城市	合　肥	0.0292	20
	福　州	0.028806	21
	长　沙	0.028505	22
	郑　州	0.02787	23
	南　昌	0.027121	24
	长　春	0.027084	25
	乌鲁木齐	0.026822	26
	哈尔滨	0.026413	27
	南　宁	0.026293	28
	石家庄	0.024653	29
	兰　州	0.022802	30

青岛从次级区域金融中心城市首次跨入核心区域金融中心城市行列，而合肥和郑州则由核心区域金融中心城市后移至次级区域金融中心城市。

（三）中国金融中心城市金融竞争力得分和排名及其变化

中国金融中心城市金融竞争力得分和排名及其变化见表23。

表23　中国金融中心城市金融竞争力得分和排名及其变化

城　市	2012 年金融竞争力排名	2010 年金融竞争力排名	排名变化	2012 年金融竞争力得分	2010 年金融竞争力得分	得分变化
北　京	1	1	0	0.057438	0.057827	− 0.000389
上　海	2	2	0	0.052047	0.054424	− 0.002377
深　圳	3	3	0	0.045663	0.044678	0.000985
广　州	4	4	0	0.038584	0.039857	− 0.001273
苏　州	5	14	9	0.038579	0.032552	0.006027
南　京	6	6	0	0.037017	0.034604	0.002413
天　津	7	7	0	0.036493	0.034531	0.001962
杭　州	8	5	− 3	0.036278	0.035181	0.001097
重　庆	9	9	0	0.035904	0.033983	0.001921
大　连	10	13	3	0.035016	0.032649	0.002367
厦　门	11	11	0	0.03435	0.033301	0.001049
宁　波	12	15	3	0.033418	0.032358	0.00106
西　安	13	17	4	0.033111	0.032087	0.001024
武　汉	14	8	− 6	0.033095	0.034009	− 0.000914
青　岛	15	21	6	0.032933	0.030560	0.002373
成　都	16	10	− 6	0.03265	0.033973	− 0.001323
沈　阳	17	16	− 1	0.03134	0.032109	− 0.000769
济　南	18	18	0	0.030261	0.031770	− 0.001509
昆　明	19	12	− 7	0.030255	0.033272	− 0.003017
合　肥	20	19	− 1	0.0292	0.030791	− 0.001591
福　州	21	22	1	0.028806	0.030472	− 0.001666
长　沙	22	27	5	0.028505	0.025966	0.002539
郑　州	23	20	− 3	0.02787	0.030663	− 0.002793
南　昌	24	23	− 1	0.027121	0.029318	− 0.002197
长　春	25	24	− 1	0.027084	0.029229	− 0.002145
乌鲁木齐	26	28	2	0.026822	0.024733	0.002089
哈尔滨	27	26	− 1	0.026413	0.027983	− 0.00157
南　宁	28	29	1	0.026293	0.024209	0.002084
石家庄	29	25	− 4	0.024653	0.028727	− 0.004074
兰　州	30	30	0	0.022802	0.024164	− 0.001362

注："排名变化"一列，正数代表前移，负数代表后移，0 表示不变。

从 2010 年和 2012 年的金融竞争力排名来看，金融中心城市金融竞争力的得分和排名发生了一定的变化，总体上表现为以下几点。

第一，北京、上海和深圳稳居前三强，且排名未变化。在得分上，深圳略有上升，北京和上海略有降低，但都不影响它们继续保持国家级金融中心城市的金融竞争力和地位。

第二，从金融竞争力得分上看，得分提高的城市有深圳、苏州、南京、天津、杭州、重庆、大连、厦门、宁波、西安、青岛、长沙、乌鲁木齐和南宁，共计 14 个城市。得分降低的城市有北京、上海、广州、武汉、成都、沈阳、济南、昆明、合肥、福州、郑州、南昌、长春、哈尔滨、石家庄和兰州，共计 16 个城市。这说明中国金融中心城市正在发生深刻的分化和改组。

第三，从金融竞争力排名上看，排名不变的城市有北京、上海、深圳、广州、南京、天津、重庆、厦门、济南和兰州，共计 10 个城市。排名后移的城市有杭州、武汉、成都、沈阳、昆明、合肥、郑州、南昌、长春、哈尔滨和石家庄，共计 11 个城市。排名前移的城市有苏州、大连、宁波、西安、青岛、福州、长沙、乌鲁木齐和南宁，共计 9 个城市。

第四，我们要着重指出几个排序变化较大的城市。

在排名前移的城市中，苏州从 2010 年的第 14 位前移到 2012 年的第 5 位，前移了 9 位；青岛从第 21 位前移到第 15 位，前移了 6 位；长沙从第 27 位前移到第 22 位，前移了 5 位；西安前移了 4 位；大连和宁波均前移了 3 位；乌鲁木齐前移了 2 位；福州和南宁均前移了 1 位。排名前移的原因在于这些城市的金融竞争力得分提高。

在排名后移的城市中，后移位次最多的是昆明，从第 12 位下滑到第 19 位，后移了 7 位；武汉和成都均后移了 6 位；石家庄后移了 4 位；杭州和郑州均后移了 3 位；沈阳、合肥、南昌、长春和哈尔滨均后移了 1 位。排名后移的原因，有的是金融竞争力得分降低，有的是金融竞争力得分虽有所提高，但没有其他城市提高得快，所以排名也后移。

排名的升降，反映出我们对中国金融中心城市的评价日趋成熟、日趋准确，说明了这些城市的金融实力在全国的地位。

（三）中国金融中心城市金融发展度排序

我们进一步分析30个金融中心城市金融发展度的排名及其变化情况（见表24）。

表 24　中国金融中心城市金融发展度排名及其变化

城　　市	2012 年金融发展度排名	2010 年金融发展度排名	排名变化 （正数代表前移,负数代表后移,0 表示不变）
北　　京	1	1	0
上　　海	2	2	0
深　　圳	3	3	0
南　　京	4	8	4
广　　州	5	4	−1
成　　都	6	6	0
杭　　州	7	5	−2
天　　津	8	10	2
西　　安	9	11	2
重　　庆	10	7	−3
武　　汉	11	9	−2
济　　南	12	13	1
宁　　波	13	14	1
大　　连	14	18	4
沈　　阳	15	19	4
长　　沙	16	25	9
南　　昌	17	23	6
福　　州	18	20	2
青　　岛	19	26	7
昆　　明	20	12	−8
合　　肥	21	16	−5
哈 尔 滨	22	17	−5
南　　宁	23	30	7
厦　　门	24	24	0
乌鲁木齐	25	27	2
郑　　州	26	15	−11
石 家 庄	27	22	−5
长　　春	28	21	−7
兰　　州	29	28	−1
苏　　州	30	29	−1

在金融发展度上,居于领先地位的 5 个城市是北京、上海、深圳、南京和广州,2010 年的 5 个领先城市则是北京、上海、深圳、广州和杭州。居于末 5 位的城市是郑州、石家庄、长春、兰州和苏州,2010 年则是青岛、乌鲁木齐、兰州、苏州和南宁。

金融发展度排名前移的城市有长沙(9 位),青岛、南宁(7 位),南昌(6 位),南京、大连、沈阳(4 位),天津、西安、福州、乌鲁木齐(2 位),济南、宁波(1 位),共 13 个城市。

金融发展度排名后移的城市有郑州(－11 位),昆明(－8 位),长春(－7 位),合肥、哈尔滨、石家庄(－5 位),重庆(－3 位),杭州、武汉(－2 位),广州、兰州、苏州(－1 位),共 12 个城市。

金融发展度排名不变的城市有北京、上海、深圳、成都和厦门,共 5 个城市。

(四)中国金融中心城市经济持续力排序

中国金融中心城市经济持续力的排名及其变化情况见表25。

表 25　中国金融中心城市经济持续力排名及其变化

城　市	2012 年经济 持续力排名	2010 年经济 持续力排名	排名变化 (正数代表前移,负数代表后移,0 表示不变)
上　海	1	1	0
北　京	2	3	1
深　圳	3	4	1
苏　州	4	5	1
天　津	5	7	2
大　连	6	9	3
广　州	7	2	－5
厦　门	8	6	－2
宁　波	9	8	－1
杭　州	10	10	0
南　京	11	11	0
青　岛	12	13	1
重　庆	13	16	3
沈　阳	14	12	－2
成　都	15	14	－1

续表

城　　市	2012 年经济 持续力排名	2010 年经济 持续力排名	排名变化 (正数代表前移,负数代表后移,0 表示不变)
武　　汉	16	15	−1
长　　沙	17	18	1
西　　安	18	19	1
济　　南	19	17	−2
郑　　州	20	23	3
福　　州	21	20	−1
昆　　明	22	21	−1
乌鲁木齐	23	24	1
合　　肥	24	22	−2
哈 尔 滨	25	25	0
长　　春	26	29	3
南　　昌	27	26	−1
南　　宁	28	27	−1
石 家 庄	29	28	−1
兰　　州	30	30	0

在经济持续力上,居于领先地位的 5 个城市是上海、北京、深圳、苏州和天津,2010 年的 5 个领先城市则是上海、广州、北京、深圳和苏州。居于末 5 位的城市是长春、南昌、南宁、石家庄和兰州,2010 年则是南昌、南宁、石家庄、长春和兰州。

经济持续力排名前移的城市有大连、重庆、郑州、长春 (3 位),天津 (2 位),北京、深圳、苏州、青岛、长沙、西安、乌鲁木齐 (1 位),共 12 个城市。

经济持续力排名后移的城市有广州 (−5 位),厦门、沈阳、济南、合肥 (−2 位),宁波、成都、武汉、福州、昆明、南昌、南宁、石家庄 (−1 位),共 13 个城市。

经济持续力排名不变的城市有上海、杭州、南京、哈尔滨和兰州,共 5 个城市。

（五）中国金融中心城市基础设施支持力排序

中国金融中心城市基础设施支持力的排名及其变化情况见表26。

表26　中国金融中心城市基础设施支持力排名及其变化

城　　市	2012年基础设施支持力排名	2010年基础设施支持力排名	排名变化（正数代表前移,负数代表后移,0表示不变）
北　京	1	2	1
深　圳	2	1	−1
上　海	3	3	0
苏　州	4	4	0
广　州	5	5	0
重　庆	6	8	2
南　京	7	9	2
西　安	8	11	3
杭　州	9	15	6
厦　门	10	6	−4
大　连	11	16	5
青　岛	12	14	2
昆　明	13	23	10
武　汉	14	10	−4
合　肥	15	21	6
宁　波	16	18	2
天　津	17	12	−5
沈　阳	18	7	−11
济　南	19	13	−6
成　都	20	17	−3
长　春	21	20	−1
福　州	22	19	−3
郑　州	23	22	−1
南　昌	24	24	0
南　宁	25	29	4
长　沙	26	27	1
石 家 庄	27	25	−2
乌 鲁 木 齐	28	30	2
哈 尔 滨	29	26	−3
兰　州	30	28	−2

在基础设施支持力上，居于领先地位的 5 个城市是北京、深圳、上海、苏州和广州，2010 年的 5 个领先城市则是深圳、北京、上海、苏州和广州。居于末 5 位的城市是长沙、石家庄、乌鲁木齐、哈尔滨和兰州，2010 年则是哈尔滨、长沙、兰州、南宁和乌鲁木齐。

基础设施支持力排名前移的城市有昆明（10 位），杭州、合肥（6 位），大连（5 位），南宁（4 位），西安（3 位），重庆、南京、青岛、宁波、乌鲁木齐（2 位），北京、长沙（1 位），共 13 个城市。

基础设施支持力排名后移的城市有沈阳（-11 位），济南（-6 位），天津（-5 位），厦门、武汉（-4 位），成都、福州、哈尔滨（-3 位），石家庄、兰州（-2 位），深圳、长春、郑州（-1 位），共 13 个城市。

基础设施支持力排名不变的城市有上海、苏州、广州和南昌，共 4 个城市。

表 27 反映了中国金融中心城市金融发展度、经济持续力、基础设施支持力和金融竞争力排名变化的情况。

表 27　中国金融中心城市一级、二级指标变动情况

城　　市	金融发展度排名变化	经济持续力排名变化	基础设施支持力排名变化	金融竞争力排名变化
北　京	0	1	1	0
上　海	0	0	0	0
深　圳	0	1	-1	0
广　州	-1	-5	0	0
苏　州	-1	1	0	9
南　京	4	0	2	0
天　津	2	2	-5	0
杭　州	-2	0	6	-3
重　庆	-3	3	2	0
大　连	4	3	5	3
厦　门	0	-2	-4	0
宁　波	1	-1	2	3
西　安	2	1	3	4
武　汉	-2	-1	-4	-6
青　岛	7	1	2	6
成　都	0	-1	-3	-6
沈　阳	4	-2	-11	-1
济　南	1	-2	-6	0

续表

城　　市	金融发展度 排名变化	经济持续力 排名变化	基础设施支持力 排名变化	金融竞争力 排名变化
昆　　明	−8	−1	10	−7
合　　肥	−5	−2	6	−1
福　　州	2	−1	−3	1
长　　沙	9	1	1	5
郑　　州	−11	3	−1	−3
南　　昌	6	−1	0	−1
长　　春	−7	3	−1	−1
乌鲁木齐	2	1	2	2
哈 尔 滨	−5	0	−3	−1
南　　宁	7	−1	4	1
石 家 庄	−5	−1	−2	−4
兰　　州	−1	0	−2	0

注：正数代表前移，负数代表后移，0表示不变。

（六）评价结论

本评价结果显示，中国大陆30个金融中心城市的金融竞争力普遍提升，但提升的幅度差异较大，14个城市的金融竞争力提升幅度较大，16个城市的金融竞争力提升幅度相对不大。在指标排序方面，9个城市前移，11个城市后移，还有10个城市保持不变。分析其排序前移的原因，主要是这些城市的金融竞争力得分提高了；排序后移的原因，主要是这些城市的金融竞争力得分虽然提高了，但相比之下没有其他城市提高得快。这种变化既反映出中国金融中心城市的金融竞争力都在不断提升，也反映出各金融中心城市之间你追我赶的竞争态势正在逐步形成。

本评价结果显示，中国金融中心城市仍然呈现明显的层级性，我们仍将30个金融中心城市分为三个层级，即国家级金融中心城市、核心区域金融中心城市和次级区域金融中心城市。国家级金融中心城市仍然是北京、上海、深圳，共3个城市。本次评价3个城市的排名也没有发生变化。核心区域金融中心城市有广州、苏州、南京、天津、杭州、重庆、大连、厦门、宁波、西安、武汉、青岛、成都、沈阳、济南、昆明，共16个城市。次级区域金融中心城市为合肥、福州、长沙、郑州、南昌、长春、乌鲁木齐、哈尔滨、南宁、石家庄、兰州，共11个城市。青岛从次级区域金融中心城市首次跨入核心区域金融中心城市行列，而合肥和郑州则由核心区域金融中心城市后移至次级区域金融中心城市。

本评价结果还显示，综合排序靠后的金融中心城市，并不是所有一级、二级指标排序都靠后，其中不少城市的某些单项指标名列前茅，具有较强的竞争优势。分析这些特点可以帮助金融中心城市扬长避短，发挥优势，为有针对性地开展工作提供参考。需要说明的是，本评价结果有明显的不足之处，比如上海和深圳具有全国两大证券交易所和其他要素市场，遗憾的是它们在金融市场方面的优势没能在本评价指标体系中充分反映出来。我们希望在下次的研究评价中，能够更准确地反映金融市场等相关指标在金融资源配置效率评价中的实际情况，让指标体系更加完善，使评价更加客观。

附　　录

Appendix

B.5

中国金融中心城市"十二五"
发展规划评述

摘　要：

> 本报告以中国金融中心城市的金融发展战略为主线，通过考察
> 国家、省（区、市）和金融中心城市"十二五"期间经济社会
> 发展规划、服务业规划或金融业专项规划，重点分析研究其规
> 划制定、金融发展定位、金融发展指标、金融发展重点任务和
> 发展保障措施等内容，从而把握中国金融中心城市发展的总体
> 态势和基本特征。

关键词：

> 金融中心　"十二五"发展规划　金融业

一　中国金融中心城市制定金融业发展规划评述

目前，绝大部分中国金融中心城市制定了金融业发展相关规划，这说明各

城市已充分认识到了金融在现代经济发展中的重要作用,开始通过推动金融中心建设来大力发展金融业,带动地方经济发展。

公开渠道的资料显示,截至 2013 年,我国大陆 30 个金融中心城市及其所属的省份都出台了关于金融中心发展的规划文件,包括总体规划、金融业专项规划和服务业发展规划等。这些规划的制定出台为中国金融中心建设指明了方向,提出了战略任务和要求,并赋予政策上的保障措施。毋庸置疑,这些保障措施对金融中心城市的建设和发展具有极其重要的现实推动作用。表 1 是 30个金融中心城市金融业规划的制定情况。

表 1　30 个金融中心城市及其所属省份制定金融业发展规划情况

序号	城　市	所在省份专项规划	本市金融业专项规划
1	北　京	—	《北京市"十二五"时期金融业发展规划》
2	上　海	—	《"十二五"时期上海国际金融中心建设规划》
3	深　圳	《广东省金融改革发展"十二五"规划》	《深圳市金融业发展"十二五"规划》
4	广　州	《广东省金融改革发展"十二五"规划》	《广州市金融业发展第十二个五年规划》
5	杭　州	《浙江省"十二五"金融业发展规划》	《杭州市"十二五"金融业发展规划》
6	南　京	《江苏省"十二五"服务业发展规划》	《南京市"十二五"服务业发展规划》
7	天　津	—	《天津金融改革创新"十二五"规划》
8	武　汉	《湖北省金融业"十二五"发展规划》	《武汉市金融业"十二五"发展规划》
9	重　庆	—	《重庆市金融中心建设"十二五"规划》
10	成　都	《四川省"十二五"金融业发展规划》	《成都市金融业发展第十二个五年规划》
11	厦　门	《福建省"十二五"金融业发展专项规划》	《厦门市金融业"十二五"发展规划》
12	昆　明	《云南保险业发展"十二五"规划纲要》	《昆明市"十二五"金融业发展规划》
13	大　连	《辽宁省服务业发展"十二五"规划》*	《大连市金融业发展"十二五"规划》
14	苏　州	《江苏省"十二五"服务业发展规划》	《苏州市金融业发展"十二五"规划》
15	宁　波	《浙江省"十二五"金融业发展规划》	《宁波市"十二五"金融业发展规划》**
16	沈　阳	《辽宁省服务业发展"十二五"规划》***	《沈阳市金融业发展"十二五"规划》****
17	西　安	《陕西省"十二五"金融业发展规划》	《西安市金融业"十二五"发展规划》
18	济　南	《山东省金融业发展"十二五"规划》	《济南市"十二五"金融业发展规划》
19	合　肥	《安徽省"十二五"金融业发展规划》	《合肥市"十二五"金融业发展规划》
20	郑　州	《河南省银行业"十二五"发展规划纲要》	不详
21	青　岛	《山东省金融业发展"十二五"规划》	《青岛市"十二五"金融业发展规划》

序号	城　市	所在省份专项规划	本市金融业专项规划
22	福　州	《福建省"十二五"金融业发展专项规划》	《福州市"十二五"现代服务业发展专项规划》
23	南　昌	不详	不详
24	长　春	《吉林省服务业跨越发展计划（2011～2015年）》	《长春市金融业发展第十二个五年规划》
25	石家庄	《河北省金融产业"十二五"发展规划》	《石家庄市服务业发展"十二五"规划》
26	哈尔滨	《黑龙江省金融业发展"十二五"规划》	《哈尔滨市现代服务业发展"十二五"规划》
27	长　沙	《湖南省"十二五"服务业发展规划》	《长沙市"十二五"金融业发展规划》
28	乌鲁木齐	《新疆金融业"十二五"发展规划纲要》	不详
29	南　宁	《广西"十二五"金融业发展规划》	不详
30	兰　州	《甘肃省"十二五"服务业发展规划》	不详

注：＊未见文。

＊＊2012 年 2 月 16 日发布，见宁波市发改委网站，http：//www. nbdpc. gov. cn/gzdtview － 491 －
37247. html，但未找到正文。

＊＊＊未见文。

＊＊＊＊未见文。

资料来源：根据各金融中心城市"十二五"规划资料整理。

（一）金融中心城市所属省份制定金融业发展规划情况

在30个金融中心城市中，其所属省份制定金融业或服务业专项规划的有
23个，其所涉及的省份包括广东、浙江、江苏、湖北、四川、福建、辽宁、
陕西、山东、安徽、吉林、河北、黑龙江、湖南、新疆、广西、甘肃。

其余7个城市中，北京、上海、天津、重庆为直辖市，故不存在所属省份
之说。云南省制定了《云南保险业发展"十二五"规划纲要》，河南省制定
了《河南省银行业"十二五"发展规划纲要》，没有找到江西省相关的公开
资料。

（二）金融中心城市金融业或服务业专项规划制定情况

在30个金融中心城市中，制定本市金融业或服务业专项规划的有25个，

只有郑州、南昌、乌鲁木齐、南宁和兰州5个城市没有查到相关的公开资料。

在制定金融业或服务业专项规划的25个城市中,北京、深圳等18个城市制定的是金融业发展规划;上海、重庆2个城市出台的是金融中心建设规划;天津出台的是金融改革创新规划;南京、福州、石家庄、哈尔滨4个城市出台的是服务业发展规划。

二 中国金融中心城市金融业发展目标评述

(一)中国金融中心城市金融业发展目标

根据30个金融中心城市及其所属省份出台的各项规划的内容,梳理出30个金融中心城市的发展目标情况(见表2)。

表2 30个金融中心城市"十二五"期间的发展目标

序号	城 市	"十二五"期间金融中心发展目标
1	北 京	"十二五"时期,北京作为国家金融管理中心的地位得到进一步巩固提升,具有国际影响力的金融中心城市框架基本形成①
2	上 海	按照到2020年"基本建成与我国经济实力以及人民币国际地位相适应的国际金融中心"的战略目标要求,力争到2015年基本确立上海的全球性人民币产品创新、交易、定价和清算中心地位②
3	深 圳	努力建设以金融创新、多层次资本市场、财富管理、中小企业融资为特色的全国性金融中心,使深圳成为港深大都会国际金融中心的重要组成部分③
4	广 州	初步形成并加快发展区域财富管理中心、股权投资中心、产权交易中心、商品期货交易中心,基本建成与广州国家中心城市地位相适应的区域金融中心④
5	杭 州	着力建设具有全国影响力的中小金融机构总部集聚区、资产(财富)管理投资机构集聚区、金融后台服务和金融服务外包基地,努力打造金融综合实力突出的长三角南翼区域金融服务中心⑤
6	南 京	打造与上海国际金融中心错位发展、互补发展、具有特色的区域金融中心⑥
7	天 津	积极争取建立区域性的私募股权基金管理中心、融资租赁产业集聚中心、现货要素市场中心、保理业务中心、资本市场中心、人民币结算中心和标志性金融服务区;建立符合实体经济需求和金融发展趋势的现代金融服务体系;建立符合天津城市定位和先行先试要求的金融改革创新基地;建立符合绿色城市理念和集中、集聚、集约要求的金融服务区⑦

续表

序号	城　市	"十二五"期间金融中心发展目标
8	武汉	打造区域性金融中心,推进武汉光谷金融港建设,加快建设全国性金融后台服务中心和金融外包服务中心⑧
9	重庆	打造长江上游地区金融中心;打造内陆金融结算中心,加快建成以产业发展和投融资活动为基础的结算型区域性金融中心框架体系⑨
10	成都	到2015年,成为西部金融机构集聚中心、西部金融创新和市场交易中心、西部金融外包及后台服务中心;在此基础上,力争再用5～10年时间,把成都建设成为具有国际辐射力和带动作用的国际性区域金融中心⑩
11	厦门	建设两岸区域性金融服务中心⑪
12	昆明	探索并推进中国－东盟区域性金融服务中心建设⑫;加快把昆明建设成为金融机构集中、金融市场发达、金融信息灵敏、金融设施先进、金融服务高效的面向东南亚、南亚的区域性国际金融中心⑬
13	大连	到2015年,全面建成东北地区的金融中心⑭
14	苏州	努力把苏州建设成接轨上海国际金融中心、服务苏州区域经济、辐射延伸金融功能的区域性金融中心,逐步形成银行、保险、证券等金融机构的集聚区,风险投资、创业投资和产业投资等股权投资机构的集聚区,企业上市公司的集聚区,金融服务外包的集聚区和新型金融机构的集聚区,即"一个中心、五个集聚区"⑮
15	宁波	努力建设与现代化国际港口城市和国际贸易口岸地位相适应的区域性金融结算服务中心和具有全国影响力的金融后台服务基地⑯
16	沈阳	建成东北区域金融中心⑰
17	西安	紧紧抓住建设西部区域性金融中心的战略目标不动摇,在未来的五年里初步把西安建设成为西部具有较大影响力的区域金融中心⑱
18	济南	建成立足山东、辐射周边省份、在全国有较大影响力的黄河中下游地区金融中心⑲
19	合肥	到2015年,初步建成全国金融综合服务基地和区域性金融中心⑳
20	郑州	着力打造体系完善、服务高效、辐射力强的区域性金融中心;着力构建国际期货交易中心、投资融资中心、结算中心、后台服务和中介服务中心㉑
21	青岛	建设以服务蓝色经济为特色的、与青岛经济社会发展水平相适应的、在全国具有一定影响的区域性金融中心㉒
22	福州	全力打造两岸金融平台,使福州市成为对接台湾、立足海西、辐射全国的海峡两岸金融服务中心㉓
23	南昌	按照区域金融中心的要求,高标准规划建设现代金融商务区㉔;提升金融服务水平,打造区域性金融机构集聚区、金融服务创新区、金融生态示范区和金融后台中心区㉕
24	长春	抓住国家实施振兴东北老工业基地战略和长吉图开发开放的历史机遇,以深化金融改革为动力,以加快金融创新为重点,以改善金融生态环境为保障,调整金融空间布局,培育发展各类金融机构,完善资本市场,优化发展环境,增强服务功能,形成新的产业增长极㉖

续表

序号	城　市	"十二五"期间金融中心发展目标
25	石 家 庄	以冀中南经济区为依托,以石家庄为中心,建设全方位的政策支持体系、多层次的金融市场体系、多样化的金融组织体系、立体化的金融服务体系,创建具有全省金融决策中心、监管中心、信息中心和综合配套服务中心等功能的金融中心城市㉗
26	哈 尔 滨	建设东北亚区域重要的金融中心㉘
27	长　沙	打造立足长株潭、辐射全省、服务中部、面向全国、联系世界的区域金融中心㉙
28	乌鲁木齐	努力把乌鲁木齐打造成为中国西部和面向中西亚的区域性金融中心㉚
29	南　宁	抓住中国－东盟自由贸易区建成机遇,加快把南宁建设成为区域性人民币结算中心、离岸金融中心、投融资中心和金融合作与信息交流中心,形成金融市场发达、金融机构集聚、金融设施先进、金融信息灵敏、金融服务高效的中国－东盟金融交流桥梁和合作平台,打造成为立足广西、辐射西南、服务于泛北部湾经济区和中国－东盟自由贸易区、面向东南亚的区域性金融中心㉛
30	兰　州	积极培育兰州,使其成为西部区域性金融中心㉜

注：① 《北京市"十二五"时期金融业发展规划》。
② 《"十二五"时期上海国际金融中心建设规划》。
③ 《深圳市金融业发展"十二五"规划》。
④ 《广州市金融业发展第十二个五年规划》。
⑤ 《杭州市"十二五"金融业发展规划》。
⑥ 《南京市"十二五"服务业发展规划》。
⑦ 《天津金融改革创新"十二五"规划》。
⑧ 《武汉市国民经济和社会发展第十二个五年规划纲要》。
⑨ 《重庆市金融中心建设"十二五"规划》。
⑩ 《成都市金融业发展第十二个五年规划》。
⑪ 《厦门市金融业"十二五"发展规划》。
⑫ 《云南省国民经济和社会发展第十二个五年规划纲要》。
⑬ 《昆明市"十二五"金融业发展规划》。
⑭ 《大连市金融业发展"十二五"规划》。
⑮ 《苏州市金融业发展"十二五"规划》。
⑯ 《宁波市"十二五"金融业发展规划》。
⑰ 《沈阳市金融业发展"十二五"规划》。
⑱ 《西安市金融业"十二五"发展规划》。
⑲ 《济南市"十二五"金融业发展规划》。
⑳ 《安徽省"十二五"金融业发展规划》。
㉑ 《郑州市"十二五"规划纲要。》
㉒ 《青岛市"十二五"金融业发展规划》。
㉓ 《福州市构建海峡两岸区域性金融服务中心专项规划》。
㉔ 《江西省人民政府关于促进江西金融业发展的若干意见》。
㉕ 《南昌市"十二五"规划》。
㉖ 《长春市金融业发展第十二个五年规划》。
㉗ 《河北省金融产业"十二五"发展规划》。

㉘《哈尔滨市现代服务业发展"十二五"规划》。
㉙《长沙市"十二五"金融业发展规划》。
㉚《新疆金融业"十二五"发展规划纲要》。
㉛《广西"十二五"金融业发展规划》。
㉜《甘肃省"十二五"服务业发展规划》。
资料来源：根据各金融中心城市网站公开的"十二五"规划资料整理。

根据我国金融中心城市提出的发展目标，为了更好地分析中国金融中心城市发展的概况和结构，我们把以上 30 个城市分为两类，分别是国际金融中心城市和国内区域金融中心城市。

第一类包含北京、上海和深圳 3 个城市，归类为国际金融中心城市。例如，北京提出"具有国际影响力的金融中心城市框架基本形成"，上海提出"力争到 2015 年基本确立上海的全球性人民币产品创新、交易、定价和清算中心地位"，深圳则提出"努力建设以金融创新、多层次资本市场、财富管理、中小企业融资为特色的全国性金融中心，使深圳成为港深大都会国际金融中心的重要组成部分"。这 3 个城市是中国金融业发展水平最高、与国际金融联系最紧密、最具有金融实力的金融中心城市，它们构成中国金融中心城市的第一等级。

第二类是国内区域金融中心城市，指的是提出在一个地区具有综合金融中心地位的城市。这类城市的典型形态有 10 个，包括广州（与广州国家中心城市地位相适应的区域金融中心）、南京（与上海国际金融中心错位发展、互补发展、具有特色的区域金融中心）、重庆（长江上游地区金融中心）、大连（东北地区的金融中心）、沈阳（东北区域金融中心）、西安（西部具有较大影响力的区域金融中心）、济南（黄河中下游地区金融中心）、哈尔滨（东北亚区域重要的金融中心）、长沙（立足长株潭、辐射全省、服务中部、面向全国、联系世界的区域金融中心）和兰州（西部区域性金融中心）。一般来说，这类城市是所在地区的政治、经济中心，在该地区没有别的城市能与它们相比，因此它们提出的是全面的区域金融中心的目标。

国内区域金融中心城市的非典型形态还有各种功能性金融中心，提出这类目标的城市，或者因为自己从属于所在地区的其他金融中心，或者由于自身的便利条件特别适宜于发展某类功能。这类金融中心城市的典型代表有杭州、天津、武汉、成都、苏州、宁波、合肥、郑州、青岛等。例如，杭州的发展定位是"具有全国影响力的中小金融机构总部集聚区、资产（财富）管理投资机构集聚区、金融后台服务和金融服务外包基地，努力打造金融综合实力突出的长三角南翼区域金融服务中心"，把杭州要实现的各项金融功能基本上列举出来了。天津没有明确提出建设金融中心，但在其定位中，"积极争取建立区域性的私募股权基金管理中心、融资租赁产业集聚中心、现货要素市场中心、保理业务中心、资本市场中心、人民币结算中心和标志性金融服务区"，也同样列举了天津要集聚的各类金融功能。苏州提出的"一个中心、五个集聚区"则是因为苏州要建设成为"接轨上海国际金融中心、服务苏州区域经济、辐射延伸金融功能的区域性金融中心"。此外，宁波和青岛则是因为各自的港口经济因素而特别适宜金融结算和金融后台服务功能的发展。例如，宁波的定位是"与现代化国际港口城市和国际贸易口岸地位相适应的区域性金融结算服务中心和具有全国影响力的金融后台服务基地"，青岛的定位是"建设以服务蓝色经济为特色的、与青岛经济社会发展水平相适应的、在全国具有一定影响的区域性金融中心"。

还有一部分城市的情况比较特殊。就这些城市自身的金融业发展水平来看，它们应该归入区域金融中心或功能性金融中心的类别中。但是它们所在的区位因素和对外联系，使得它们跳出了自身水平的狭隘性，获得了广阔的发展天地，与国际金融中心城市有某些相似之处。这类城市的代表有昆明、福州、厦门、乌鲁木齐和南宁等。例如，昆明的定位是"中国-东盟区域性金融服务中心"和"面向东南亚、南亚的区域性国际金融中心"，南宁的定位是"中国-东盟金融交流桥梁和合作平台"和"立足广西、辐射西南、服务于泛北部湾经济区和中国-东盟自由贸易区、面向东南亚的区域性金融中心"，这两个城市是由于与东南亚和南亚的密切联系而具有了超出自身金融业水平的重要性。福州和厦门则是因为与台湾对接共建金融平台而具有更大的重要性，它们的定位也十分精确：福州是"对接台湾、立足海西、辐射全国的海峡两岸金融服务中心"，厦门是"两岸区域性金融服务中心"。乌鲁木齐则因为与中亚和西亚的紧密联系而具有超出一般的重要意义。但是我们仍然倾向于根据其能级将它们归入国内区域金融中心城市一类。

（二）中国金融中心城市发展定位

根据国家和城市"十一五"期间金融业发展基础，30个金融中心城市针对当前国内外经济金融形势，提出了各自的发展定位。至于这些城市被归为国际金融中心城市还是国内区域性金融中心城市乃至更细小的分类，都是根据自身条件做出的，有其充分合理性。

1. "十一五"期间打下良好基础

"十一五"时期，在党中央、国务院的正确领导下，我国的金融业成功经受了国际金融危机的严峻考验。各城市认真贯彻落实党中央关于金融工作的方针政策和市委、市政府的战略部署，取得了巨大的发展成就。在国家金融业改革开放和创新发展的过程中，各城市金融业确定了发展定位和工作目标，金融体系不断健全完善；在服务城市经济发展和城市建设的过程中，实现了金融业持续健康发展；在积极应对国际金融危机冲击的过程中，实现了金融业综合实力和影响力的显著提升。

各城市的主要成就体现在：金融体系不断完善、金融改革创新取得新成就、金融配置资源的效率显著提高、金融监管水平不断提升、金融稳定协调机制建设取得新进展、金融政策环境持续优化、金融对外开放不断深入、金融影响力显著提升。

总结各城市的经验教训，我们认为必须明确自身金融发展的战略定位，契合自身发展需求，注重发挥比较优势，走特色差异化道路。因此，中国金融中心城市的发展定位是由"十一五"期间金融业发展成果作为支撑的。

2. 发展定位更加准确合理

我国金融业在"十二五"期间处于大有可为的战略机遇期。从国际来看，金融危机后全球经济金融格局继续深度调整。从国内来看，在加快发展方式转变的背景下，我国经济社会发展将呈现新的阶段性特征。从各个城市本身来看，一方面，国际金融资源向新兴市场国家加速转移；另一方面，中国积极发展立足本土、走向世界的国际性金融机构，广泛参与国际并购重组活动。国内经济发展方式转变提升了社会各界对金融业的重视程度，各层面发展金融业的动力空前增强。金融改革创新在部分省市进一步深入推进。这些都为金融中心城市的建设提供了有利条件。同时，各国、各城市在市场、人才、技术、发展环境等方面的竞争更趋激烈，这也是对各金融中心城市的鞭策。因此，中国金融中心城市金融业的发展，既得到国内外经济金融形势有利条件的支持，也受到各种不利因素的制约，其发展定位是恰当的。

三 中国金融中心城市规划总体目标评述

本部分分别从金融中心城市"十二五"期间金融业总体实力、现代金融机构体系、金融市场规模、金融改革创新能力、金融国际化程度、金融服务功能和金融生态环境七个方面来对中国 30 个金融中心城市进行分析。

（一）金融业总体实力将显著增强

中国金融中心城市金融业发展的第一类目标指标是实现"十二五"期间金融业总体实力显著增强。我们通过"十一五"期间的发展成果（真实数据）和"十二五"规划提出的目标（预期数据）的对比可以清晰地看到这一点。部分金融中心城市"十一五"期末和预期"十二五"期末金融业总体规划目标的对比分析见表3。

表3 中国部分金融中心城市金融业总体规划目标

城市	"十一五"规划期末（2010 年末）	"十二五"规划期末（2015 年末）
北京	金融业实现增加值 1838 亿元； 金融业总资产超过 60 万亿元，位居全国第一； 北京在伦敦发布的全球金融中心指数中排名第 16 位	金融业增加值占 GDP 的比重达 14%
上海	金融市场（不含外汇市场）交易总额达到 386.2 万亿元； 直接融资总额达到 2.38 万亿元； 各类金融机构资产总额达到 14 万亿元	全球性人民币产品创新、交易、定价和清算中心地位基本确立
深圳	金融业实现增加值 1279.27 亿元，居全国第三； 金融业增加值占 GDP 和第三产业增加值的比重分别达 13.5% 和 25.7%，居全国第一； 金融业资产总额达 4.24 万亿元，居全国第三	金融业增加值达 2250 亿元，占 GDP 的比重为 15% 左右； 金融业资产规模达到 7.5 万亿元
广州	金融业实现增加值 671 亿元，占 GDP 的比重为 6.24%； 全市金融机构总资产达 3.2 万亿元，资金实力居全国大城市第三位	金融业增加值占 GDP 的比重在 8% 以上，区域金融中心基本建成

续表

城市	"十一五"规划期末（2010年末）	"十二五"规划期末（2015年末）
杭州	金融业实现增加值606.03亿元，占GDP和第三产业增加值的比重分别为10.2%和20.9%	金融业增加值超过1000亿元，占全市GDP和服务业增加值的比重继续保持在10%和20%以上
南京	金融业实现增加值417亿元，占GDP和第三产业增加值的比重分别为8.3%和16.4%	金融业增加值超过1100亿元；新增上市公司50家以上，股权投资基金总额达到500亿元以上
天津	全市共有金融机构890家、金融从业人员11.82万人；金融业实现增加值561亿元，占GDP的比重为6.2%	金融业实现增加值1800亿元，占GDP的比重达9%
武汉	金融业实现增加值347.12亿元，占第三产业增加值的比重为12.3%	银行存款余额达到2万亿元，贷款余额达到1.5万亿元；原保险保费收入达到400亿元
重庆	金融业实现增加值496.6亿元，占GDP的比重为6.3%	金融业增加值占GDP的比重达到10%左右；力争贷款余额接近3万亿元，与GDP之比达到2∶1左右

资料来源：根据各金融中心城市"十二五"金融发展规划整理。

（二）现代金融机构体系将日益健全

表4为部分金融中心城市"十一五"期末和预期"十二五"期末现代金融机构体系目标的对比分析。从中可以看出，健全城市现代金融机构体系是中国金融中心城市发力的重点之一。

表4 中国部分金融中心城市现代金融机构体系目标

城市	"十一五"规划期末（2010年末）	"十二五"规划期末（2015年末）
北京	共有外资法人金融机构43家、外资参股或合资金融机构180余家	新增境内外上市公司150家以上、小额贷款公司80余家
上海	金融机构总数达1049家，资产总额为14万亿元	具有较强创新和服务功能的金融机构体系基本形成
深圳	金融业总部和一级分支机构共230家（法人机构78家）	金融机构总部和一级分支机构达300家，其中法人机构100家

续表

城市	"十一五"规划期末(2010年末)	"十二五"规划期末(2015年末)
广州	共有金融机构及代表处191家,金融机构网点近3000家	10家以上综合实力位于前列的金融机构,150~200家上市公司; 4家以上位于行业前列的银行业法人金融机构,银行业金融机构数量超过110家,其中法人金融机构数量超过15家; 6家以上位于行业前列的证券、基金、期货业法人金融机构; 保险业金融机构超过85家,法人金融机构超过3家; 小额贷款公司达80家以上; 股权投资机构超300家,管理资金超1000亿元
杭州	各类金融机构总量共275家,其中银行业金融机构42家、保险机构63家、证券分支机构119家、期货分支机构37家,基金、信托、租赁等其他金融机构多元并存并不断发展; 是全国大中城市中金融机构种类最为齐全的城市之一	省级金融分支机构或地区总部、业务总部达160家左右; 规模以上各类股权投资机构超过160家; 小额贷款公司达50家以上; 组建地方金融控股公司1家; 形成中小金融机构总部和资产(财富)管理投资机构集聚区
南京	共有分行以上银行业金融机构35家;证券法人机构2家,证券营业网点70多家;法人期货公司5家;保险公司省级以上分公司72家	加快引进各类法人总部、区域总部、功能总部及后台服务机构入驻南京; 鼓励、支持民间资本进入金融产业领域; 做大做强地方金融机构,把紫金控股打造成多位一体的区域性金融控股集团
武汉	共有金融机构461家,其中,银行业金融机构25家、保险机构109家、证券机构112家、其他金融单位71家、私募基金及基金管理公司35家、融资性担保公司91家、小额贷款公司18家; 初步形成多元化金融服务体系	设立和引进证券机构总部3~5家、分公司及地区总部10~15家; 总部保险法人机构达到4家,引进4~6家保险机构区域总部、专业性保险主体10家、外资保险主体10家,保险机构在武汉一级分公司达到60家以上; 设立和引进各类产业基金和私募股权基金150家以上; 争取设立各类金融后台服务中心,数量达到30家
重庆	各类银行总数达48家; 35家证券公司设立了98家证券营业部,法人期货公司有5家,期货营业部有19家; 法人保险机构数量居全国第5位,中西部地区领先,另有市级分公司34家; 新型金融机构总数达到283家,资本金合计达到371.9亿元	各类银行、证券、期货、保险机构超过200家,新型非银行业金融机构超过400家,资本规模总计超过600亿元

资料来源:根据各金融中心城市"十二五"金融发展规划整理。

（三）金融市场规模将不断扩大

"十二五"期间，各金融中心城市都努力扩大金融市场规模，表5为部分金融中心城市"十一五"期末和预期"十二五"期末金融市场目标的对比分析。

表5　中国部分金融中心城市金融市场目标

城市	"十一五"规划期末（2010年末）	"十二五"规划期末（2015年末）
北京	中关村代办股份转让试点有77家企业挂牌； 中国技术交易所是国家级交易平台； 北京产权交易所是全国第一大产权交易市场； 多个债券市场中介机构在京设立	若干个万亿元级别和千亿元级别的交易所
上海	金融市场（不含外汇市场）交易总额达到386.2万亿元； 直接融资总额达到2.38万亿元； 上海证券交易所股票交易额位居全球第三，年末股票市值位居全球第六； 全国银行间同业拆借中心年末债券托管余额位居全球第五； 上海期货交易所成交合约数量位居全球商品期货和期权交易所第二，成为有定价权的全球三大有色金属交易中心之一； 上海黄金交易所的黄金现货交易量位居全球第一	上海金融市场（不含外汇市场）交易额增加到1000万亿元左右； 债券托管余额进入全球前三位； 黄金市场现货交易量居全球第一位； 金融衍生产品交易量进入全球前五位； 保险市场原保费规模达到400亿元左右； 银行卡跨行交易额达到25万亿元左右，银行卡消费金额占社会消费品零售总额的比例增加到50%左右
深圳	"十一五"期间深圳证券交易所股票基金总成交金额达70.68万亿元，占全国将近一半的市场份额； 创业板成功启动标志着深圳多层次资本市场建设取得突破性发展； 深圳证券交易所上市公司共1169家，上市公司市价总值达8.64万亿元，投资者累计开户总数为9431万户； 银行间货币市场（含买断回购、信用拆借、质押回购）五年合计成交55.40万亿元； 深圳银行间债券市场（含债券远期、现券交易）五年合计成交47.18万亿元	深圳证券交易所上市公司数量超过2000家
广州	广州地区境内外上市公司共70家，累计融资1050亿元； 债券市场累计融资965亿元； 产权市场交易额达743亿元，居全国大城市前列； 全市实现保费收入420.4亿元，保险市场规模稳居全国大城市第三； 广州地区股票交易额达4.14万亿元，期货代理交易额达24.64万亿元	打造1～2个跨区域的具有全国影响力的金融市场交易平台，产权市场年交易规模达4000亿元以上

续表

城市	"十一五"规划期末(2010年末)	"十二五"规划期末(2015年末)
杭州	上市公司共83家,"十一五"期间累计融资总额达818亿元; "十一五"期间杭州当地企业共发行债券209亿元; 2010年全市期货经营机构累计代理交易额24.05万亿元,占全国交易总额的7.8%; 2010年全市共实现保费收入202.94亿元,居全省首位、全国第七位,保险密度和保险深度分别为2382元/人和3.41%; 2010年全年共完成各类产权交易项目399宗,总成交金额达99.78亿元,在浙江省列第一位,在全国位居前列	直接融资比例提高到14%以上; 年均增加上市企业10家,培育市级上市后备企业20家,上市公司总数达到130家以上; 实现新增股票融资额400亿元左右,新增债券融资额500亿元左右,其他融资额400亿元
重庆	5年间新设6个交易市场,已累计实现交易金额近1900亿元	现有金融要素市场年成交量超过4000亿元,离岸金融结算量达到2500亿美元

资料来源:根据各金融中心城市"十二五"金融发展规划整理。

(四)金融改革创新能力将明显提升

"十二五"期间,各金融中心城市都注重金融改革创新,推动金融产品创新,深化金融体制改革,促进金融创新产业化发展。表6为部分金融中心城市"十一五"期末和预期"十二五"期末金融改革创新能力目标的对比分析。

表6　中国部分金融中心城市金融改革创新能力目标

城市	"十一五"规划期末(2010年末)	"十二五"规划期末(2015年末)
北京	加快科技金融改革创新; 加快农村金融综合改革,初步建成"九农"金融服务体系; 跨境贸易人民币结算试点结算量在各试点地区居首位; 科技信贷专营机构、绿色金融服务中心、文化创意产业金融服务中心等在全国率先设立	初步形成国家科技金融创新中心; 系统化推进金融产品和服务创新; 充分发挥对国家金融综合改革创新的示范引领作用
上海	跨境贸易人民币结算、期货保税交割等重要创新业务有序推出	形成以金融市场和金融企业为主体、市场需求为导向的金融创新机制

续表

城市	"十一五"规划期末（2010年末）	"十二五"规划期末（2015年末）
深圳	金融组织结构和管理体制创新； 金融产品创新； 多元化金融服务创新； 深圳保险创新发展试验区建设	建设金融改革创新综合试验区和前海深港现代服务业合作区； 深化金融体制和管理机制改革； 大力开发各类新型金融产品； 探索创建新型金融机构； 促进金融创新产业化深入发展
广州	金融机构、金融业务和金融产品创新； 与广东保监局联合推进保险业综合改革试验工作	努力提高金融创新和服务水平
杭州	积极探索组织载体创新； 加强金融产品创新； 推进金融业务模式创新； 牵头长三角22个城市举办中小企业融资创新论坛（"2010西湖金融峰会"）	运用政策手段激励金融机构开展组织创新、业务创新和金融产品创新； 打造中小企业金融产品服务品牌
重庆	农村金融创新"破冰"； 外汇管理机制创新全国领先	以产业发展和投融资活动为基础，加快建成结算型区域性金融中心

资料来源：根据各金融中心城市"十二五"金融发展规划整理。

（五）金融国际化程度将大幅提高

国内各重要金融中心城市的国际化程度都大幅提高。表7为部分金融中心城市"十一五"期末和预期"十二五"期末金融国际化程度目标的对比分析。

表7　中国部分金融中心城市金融国际化程度目标

城市	"十一五"规划期末（2010年末）	"十二五"规划期末（2015年末）
北京	国际金融组织与国际金融机构在京开展业务和活动的共有400余家； 北京在全球金融中心指数（Global Financial Centres Index）中的排名提升到2010年的第16位	每年举办国际性金融活动达10余次
上海	外资金融机构加速集聚； 金融业务对外开放的领域不断拓宽； 境内金融机构稳步拓展海外业务	境外投资者规模扩大显著； 国际影响力显著提升； 外资金融机构资产总额的市场份额进一步提高

续表

城市	"十一五"规划期末(2010年末)	"十二五"规划期末(2015年末)
深圳	深圳金融开放与合作迈出了实质性步伐,深港金融合作进一步深化,深澳、深台以及与全球各大金融中心的合作稳步深入推进	深化深圳和香港合作,支持香港建设人民币离岸金融中心,加强资本市场和财富管理业务等优势领域的国际合作

资料来源:根据各金融中心城市"十二五"金融发展规划整理。

(六)金融服务功能将不断增强

部分金融中心城市的"十二五"规划中都提到了进一步提升金融服务功能。表8为部分金融中心城市"十一五"期末和预期"十二五"期末金融服务功能目标的对比分析。

表8　中国部分金融中心城市金融服务功能目标

城市	"十一五"规划期末(2010年末)	"十二五"规划期末(2015年末)
北京	"十一五"时期金融业对经济增长的贡献度达到14%; 2010年金融业实现三级税收共2107.6亿元,占全市的34.9%; 金融支持产业结构调整与经济转型的力度不断加大	金融战略支柱地位持续加强,金融业增加值占GDP的比重达到14%左右,达到国际金融中心城市的平均水平
上海	业务创新有序推出,有力地提升了金融服务水平	直接融资额占社会融资规模的比重达到22%左右,管理资产规模增加到30万亿元左右
深圳	中小企业融资业务快速增长,有效支持广大中小企业的健康发展	提高金融业对深圳特区的支撑能力; 不断提高深圳金融业为全国创新型企业发展服务的能力
广州	金融服务经济社会发展、调节经济运行的能力显著提高	初步形成区域财富管理中心、股权投资中心、产权交易中心和商品期货交易中心

资料来源:根据各金融中心城市"十二五"金融发展规划整理。

(七)金融生态环境将更加优化

一些金融中心城市提出要进一步优化金融生态环境。表9为部分金融中心城市"十一五"期末和预期"十二五"期末金融生态环境目标的对比分析。

表9 中国部分金融中心城市金融生态环境目标

城市	"十一五"规划期末(2010年末)	"十二五"规划期末(2015年末)
北京	首都金融发展的政府服务体制机制逐步健全； 金融业空间布局得到优化； 金融信息与社会信用环境进一步改善； 金融安全稳定环境进一步优化； 金融高端人才引进和金融文化建设工作稳步推进	政策有力、服务高效、安全稳定的首都金融生态环境形成： 打造高端金融人才之都； 社会信用体系基本建立； 金融功能区规划建设基本完成； 金融法治环境进一步改善； 金融安全稳定建设进一步加强,形成国家金融风险管理中心； 金融政策支持体系更加健全
上海	金融发展法治环境建设不断优化； 支付清算基础设施不断完善； 信用和支付体系建设取得重要进展； 专业服务体系不断健全； 金融集聚区规划建设成效明显； 金融稳定工作进一步推进,金融风险防范和处置能力进一步提高； 金融人才服务、政府公共服务等方面取得进展	金融从业人员达到32万人左右,国际化高端金融人才和新兴金融领域人才数量显著增加； 金融法律、税收、监管等与国际惯例接轨程度显著提高
深圳	政策和法治环境大幅改善； 形成较为完善的社会信用体系； 金融债权保护不断加强； 中介服务机构服务水平不断提高； 金融基础设施建设成效显著	优化金融发展政策支持体系； 金融法治环境、社会诚信体系和金融安全稳定机制建设加强； 金融业空间布局完善； 金融发展的人才支持体系完善； 金融信息服务产业建设加强； 金融监管改进并加强,有效防范和化解金融风险,建立金融安全区
广州	金融从业人员达8.7万人； 产业金融创新基地和金融后援服务基地初具规模； 金融历史遗留风险基本化解； 金融监管水平明显提高； 金融外部生态环境持续优化	会聚一批具有国际视野和创新精神的金融高层次人才
杭州	政策环境不断优化； 金融资产质量优良； 2008~2010年连续三年在全国大中城市金融生态环境评价排行榜中名列前茅； 金融法治环境不断改善,地方征信体系建设继续推进,政府联合征信系统基本成形	社会信用体系、金融征信体系、金融稳定与风险处置协调机制不断完善； 多层次融资担保体系和有效的金融监管、金融监测及金融风险预警系统逐步形成； 金融生态优化和谐,金融运行稳健安全,区域金融中心效应初步显现

资料来源：根据各金融中心城市"十二五"金融发展规划整理。

四　中国金融中心城市规划重点任务评述

中国金融中心城市为实现自己提出的发展定位和目标指标，明确了各自在"十二五"期间的重点任务。它们的重点任务基本上与国家《金融业发展和改革"十二五"规划》中规定的重点任务一致，主要体现在以下六大任务上：完善组织体系；建设金融市场；深化金融改革；扩大对外开放；维护金融稳定；建设金融环境。

由于这六大任务在国际金融中心城市的规划中表现得最为明显，因此，下面以国际金融中心城市为代表分析中国金融中心城市的重点任务。三大国际金融中心城市的重点任务虽然各不相同，分类也略有差异，但基本可以归为以上六大类。同时，三大城市由于自身的具体条件不同，对这些任务的重要性也有不同的认识。国际金融中心城市金融业发展与改革的重点任务见表10。

表 10　国际金融中心城市金融业发展与改革的重点任务

任　　务	北京	上海	深圳
完善组织体系	健全组织体系；提升产业竞争力	吸引和培育具有国际竞争力和行业影响力的金融机构	形成比较发达的多功能、多层次的金融市场体系[1]
建设金融市场	增强市场功能，提升资本辐射力	拓展金融市场广度和深度	打造全国性金融市场中心
深化金融改革	发展科技金融；完善产业金融	以加快金融市场改革创新为重点	把握前海建设契机，打造全国性金融创新中心；大力探索综合金融，打造全国性财富管理中心；丰富金融业态，打造中小创新型企业融资中心；优化发展模式
扩大对外开放	深化开放合作；提升国际影响力	以建设人民币跨境投融资中心为重点	深化区域合作，进一步推进深圳金融业国际化
维护金融稳定	维护金融安全稳定[2]	完善金融安全稳定工作机制[3]	—

任　　务	北京	上海	深圳
建设金融环境	加强环境营造； 优化产业布局； 建设人才队伍	以人民币跨境支付清算中心为重点，建设现代化金融基础设施体系； 以制度建设为重点，营造具有国际竞争力的金融发展环境	完善空间布局； 优化金融生态

注：①深圳在该任务下体现了完善组织体系的思想，但并非该项所有分项都是关于完善组织体系的。
②该项是在"加强环境营造、提升金融软实力"分项下的任务。
③该项是在"着力营造具有国际竞争力的金融发展环境"分项下的第9项。
资料来源：根据各金融中心城市"十二五"金融发展规划整理。

总体来说，北京的核心任务在于"完善组织体系"，上海的重点任务在于"建设金融市场"，而深圳的核心任务在于金融改革与金融创新。此外，还有20多个金融中心城市，它们的核心任务不如国际金融中心城市突出，可能表现为两三个任务并重，但是"完善组织体系"是大多数城市的重中之重。

我们发现，这六大重点任务中的前三个，是金融业发展的内因，即金融机构、金融市场、金融活动的矛盾运动推动了金融业从低到高发展。而后三大重点任务，则是金融业发展的外因，是中国金融中心城市金融业发展的外部条件和必要因素。因此，这六大重点任务就是从金融业发展的内因和外因两个方面同时着手，消除金融业发展的不利因素，增强金融业发展的有利因素，从而促进城市金融业的快速、稳定、健康发展。

（一）完善组织体系

完善组织体系这一重点任务是金融中心城市建设的主攻方向。金融中心要大力发展各类金融机构，吸引和培育具有竞争力、影响力的金融机构，不断增强机构活力和市场竞争力。

1. 促进金融机构总部和功能性金融机构集聚发展

吸引和发展法人金融机构，积极培育功能性金融机构如资金与资产管理机构等。吸引外资金融机构和多边金融组织入驻。鼓励和支持国内外金融机构设立分支机构。

支持银行深化改革，提升竞争力和影响力。支持证券公司特色经营、创新发展，符合条件的可以在境内外上市。鼓励保险公司集团化发展、专业化运营，支持专业保险机构健康发展。

2. 稳步发展地方金融机构

推进金融机构改革，完善治理结构，健全激励约束机制，提升经营效率、业务规模、资产质量。稳健发展地方金融机构，提高核心竞争力。支持商业银行设立村镇银行和社区银行。支持政策性担保机构增强资本实力，实现市场化运营。

3. 规范发展从事新兴金融业务的机构

积极发展新型金融服务机构和提供支付服务的非金融机构，鼓励和引导新型机构服务模式创新，加强与金融机构及电子商务企业的合作；支持设立各种财务公司和汽车金融公司；支持信托公司业务创新及与其他金融机构加强合作；支持金融租赁公司和融资租赁公司壮大发展；深化消费金融机构试点；支持货币经纪公司健康发展。

4. 优化发展中介服务机构

大力支持各类金融行业自律组织发展，发挥自律管理以及相关的服务功能。发挥各种金融商会、金融学会、金融促进会等组织特有的优势，大力支持相关专业中介服务机构健康快速发展。积极推动信用服务机构健康发展，大力培育具有较高影响力和公信力的信用评级机构。大力发展各种金融标准服务机构，进行金融行业标准的试点和示范工作，并且根据经验推广应用。

（二）建设金融市场

金融市场建设是金融中心建设的核心任务之一。中国金融中心城市需要继续拓展金融市场的广度和深度，扩展金融市场功能，形成比较发达的、多功能、多层次的金融市场体系。

1. 提升现有金融市场功能

各金融中心城市提升金融市场功能主要体现在以下几个方面：积极拓展资本市场功能；不断扩大债券市场规模，加快新债券品种的推出；提高期货市场的国际影响力，使金融期货市场的功能得到有效的发挥，积极引导各类机构投资者参与；推动货币市场和外汇市场加快发展，增强这两类市场的服务功能，

大力发展人民币外汇市场；进一步发展黄金市场；加快保险市场体系建设，积极培育再保险市场，不断提升保险市场的规模和国际竞争力；鼓励有条件的市场机构到海外兼并和收购各类交易所或交易平台。

2. 积极推动新的金融市场业态发展

积极推动符合条件的未上市企业进入全国场外交易市场进行股份公开转让。加大对非上市公司股权托管和非公开转让市场建设的力度。在有效控制风险的前提下，规范发展贷款转让市场。大力发展符合市场需求的票据市场，开发各种票据新产品。健全信托业登记服务体系，探索建立信托受益权转让市场。

3. 丰富金融市场的产品和工具

推动股票、债券等基础性金融产品加快发展；推动开展房地产信托投资基金、住房抵押贷款支持证券、汽车消费贷款支持证券等产品的创新；在研究的基础上，并在时机成熟后，推出各种金融衍生产品，如以汇率、利率、股票、债券等为基础的金融衍生产品。

4. 健全金融市场运行机制

健全金融市场定价机制，发挥利率和汇率的基准功能；健全银行间债券市场和交易所债券市场之间的连通机制；完善金融市场组织体制，对符合条件的以交易所为代表的组织金融市场交易的机构进行公司制试点改革；让各类机构投资者能更广泛和深入地参与金融市场，优化金融市场参与者结构；拓宽保险资金运用的渠道。

（三）深化金融改革

以加快金融改革创新为发展重点，通过不断的金融改革创新来提升各城市金融服务经济社会发展的能力。以市场需求为主导、金融市场为载体和金融企业为主体，形成新的金融改革创新体系；继续扩大金融服务领域，充分发挥金融中心城市具有的金融市场较完善、金融机构众多、金融发展环境良好的优势，在各大金融中心城市开展金融市场、金融机构、金融产品等方面的创新试点。

1. 大力支持金融机构创新

支持金融机构创新服务模式，创新业务品种，开拓新的服务区域，提高服务创新能力。给予符合条件的金融企业开展综合经营试点的优惠条件。推动金融业务品种的创新,支持具备相应能力的金融机构依法开展新的创新业务,如并购贷款、股权投资、境外贷款、期货投资咨询等,大力发展跨市场、跨行业、跨国境的金融产品和业务。

2. 大力发展消费金融

"十二五"时期,很多金融中心城市都鼓励创新消费金融产品,如汽车行业、家电行业、设计行业、装修行业以及教育、文化、旅游、医疗等领域的消费金融业务。推动消费金融公司、汽车金融公司等金融服务公司快速发展,提升消费金融服务能力。大力发展非金融机构支付产业,如第三方支付等。

3. 创新贸易融资产品和服务模式

创新贸易融资产品和服务模式,研究开发贸易企业汇率避险工具,推动发展互换人民币业务。

4. 加强文化创意企业和新兴产业的金融服务

以市场为载体、金融机构为主体、产品创新为手段,形成多渠道支持中小企业和文化创意产业发展的金融服务体系。进一步拓宽中小企业、文化创意企业的抵(质)押物范围,大力发展适应中小企业、文化创意产业特点的金融产品,如保单融资、知识产权质押融资、票据质押融资、股权质押融资、供应链融资、小企业联保融资。支持符合条件的中小企业、文化创意企业利用资本市场开展股票、债券融资以及并购重组。

创新和完善科技金融投融资服务体系,继续健全科技企业利用多层次资本市场以及各种方式持续融资,让金融更好地为科技企业服务。不断深化科技信贷、知识产权投融资、科技企业信用贷款等的试点工作。继续深化科技保险试点,鼓励保险公司加大对科技企业保险产品和保险服务的创新力度。

5. 探索发展绿色金融

探索建立由绿色金融机构、绿色金融中介服务组织、绿色金融产品组成的绿色金融服务体系。大力支持绿色企业通过上市、发行债券等方式融资,拓展绿色产业发展的投融资渠道。大力扶持金融机构推出新的绿色金融产品。

(四)扩大对外开放

中国金融中心城市要提高其影响力,就要积极参与国际金融业的发展。紧

紧抓住国际金融体系变革调整的大好机遇，以推动人民币国际化为契机，不断扩大金融业的对外开放，进而提升中国金融中心城市参与国际金融竞争、配置全球金融资源的能力。

1. 积极有序地推进金融市场对外开放

进一步拓宽和扩大境外投资者参与内地金融市场的渠道和规模。积极拓宽境外人民币资金回流渠道，稳步推进境外机构以人民币资金投资境内债券和其他金融市场试点。大力支持境外个人投资者投资境内金融市场。支持境内外金融市场进行深入的战略合作。

2. 积极推进金融服务业对外开放

支持中外资金融机构深化股权、业务等方面的战略合作。继续推动银行业、保险业对外开放，稳步推进证券业、期货业对外开放，支持符合条件的合资证券公司扩大业务范围。加大对国际高端金融人才的引进力度。鼓励外资银行、国际一流的证券期货类公司入驻。

3. 鼓励金融机构开拓全球业务

金融机构要利用贷款、担保、保险等工具，大力支持企业的国际贸易和海外投资。支持国内企业到海外进行并购。金融机构利用远期、掉期等汇率避险工具，服务于企业海外贸易投资。扩大出口信用保险承保规模。研究推进开展个人对外直接投资试点。

4. 加强境内外金融交流与合作

大力发展中外金融机构的互补互助关系，不断完善金融合作机制，加强在金融市场、机构、业务、产品、人才等方面的交流与合作，支持金融市场产品互挂。加强国际金融交流活动。

（五）维护金融稳定

完善金融风险应急处置机制，使金融风险监测、评估、预警和处置能力大幅提升，加大对跨行业以及系统性风险的防范。加强金融风险管理培训。

完善金融监管协调机制，改进金融监管方式，加强跨行业间和市场间的监管协作，实现金融监管信息共享。加强地方人民政府与各部门之间的沟通协调。完善地方政府金融管理体制。

（六）建设金融环境

金融发展环境是金融中心建设的重要基础。很多金融中心城市在"十二五"规划中提出改进政府公共服务职能、进行金融制度创新、出台各种有利于集聚金融资源发展的政策措施，加快建设良好的金融发展环境。

1. 金融生态优化和金融业空间布局

各金融中心城市进一步优化金融生态的主要措施有：进一步健全完善建设金融中心城市的推进机制；高标准、高效率地推进金融功能区的建设规划，加快拓展金融发展空间；推进金融后台服务产业集聚发展。

2. 加强金融法治环境建设

很多金融中心城市提出发挥国家金融立法的作用，制定既切合我国实际又与国际接轨的金融法律制度，使金融纠纷能得到公平、公正的解决。

保护金融消费者和投资者的合法权益。完善地方政府部门与其他管理部门之间的金融法制沟通协调机制。提升司法人员和执法人员的金融执法水平。

完善金融税制，促进金融创新发展。研究有利于金融市场发展、有利于促进金融创新的金融税收政策。

3. 完善金融会计标准和信用体系

各金融中心城市根据国家统一的会计准则制度和国际财务报告准则，结合建设国际金融中心的实际需要，丰富和完善金融工具和金融机构适用的会计标准。

完善社会信用体制机制建设，加快推进企业和个人征信工作，完善社会征信体系。

4. 完善金融监管制度和中介服务体系

各金融中心城市根据国际金融监管改革发展趋势，结合我国实际，推动建立符合市场需求、推动创新、风险可控的金融监管平台和制度。进行金融监管理念的传信，不断改进金融监管方式。研究完善政策措施，加快构建与金融市场发展相适应的专业服务和中介服务体系。

5. 聚集金融人才

各金融中心城市提出要聚集金融人才。根据金融中心建设的新形势和新任务，选择各地方金融服务部门缺少的各类人才。利用金融教育资源，构建多层

次金融人才教育培训体系，发展金融继续教育。开发和引进高端金融人才培训项目和培训机构，建设一批与国际前沿接轨、具有较高培训能级的高层次金融人才培训基地。

加强金融干部金融知识课程体系建设，进行常规化培训。大力引进国际化的金融人才，完善金融人才引进相关政策和配套措施。在户籍、医疗、住房、子女入学等方面给予优惠。健全金融人才评价体系。完善金融人才激励约束机制，逐步建立短期激励与长期激励相结合、收入与业绩挂钩、人才价值和贡献合理匹配的薪酬分配体系。

五 中国金融中心城市规划保障措施评述

在提出城市"十二五"期间的金融发展重点任务后，中国金融中心城市还纷纷提出了保障这些重点任务得到贯彻执行的具体措施。一般来说，中国金融中心城市为了保障自己制定的金融规划能够确实执行，主要提出了三个方面的具体措施：加强组织领导；完善配套政策；强化实施保障。这三条保障措施如果能够得到切实执行，将为各金融中心城市建设提供坚实的保障。

（一）加强组织领导

中国金融中心城市一般是政治、经济中心城市，因此金融中心建设离不开本市政府的大力支持和坚强领导。市级金融工作核心的统筹领导作用不可忽视。金融工作牵一发而动全身，事关重大，因此免不了与上级政府部门、"一行三会"及其分支机构保持密切的联系和良好的沟通。同时，市政府通常还要对下级区县政府和各类功能区加强指导，促进其服务金融的能力不断提高。因此，加强组织领导就成为中国金融中心城市建设过程中的头等大事。

就我们掌握的材料来看，北京、上海、广州、杭州、重庆、成都、厦门、昆明、大连、苏州、济南、青岛、福州、长沙等城市在其金融规划中提出了要加强组织领导，确保规划有效实施。

1. 充实金融工作部门力量

金融工作部门主要包括市金融办或市金融工作局等，充实其力量，建立与各部门、各区县协同实施规划机制。金融办或金融工作局承担金融中心城市金融业发展的服务协调工作。

为加强区县政府金融发展能力的建设，建议市级金融工作部门指导其设立专门的金融工作部门，完善金融功能区管理机构功能，不断完善市与区县一站式、立体化金融服务体系，为规划实施提供组织保障。

2. 建立健全金融决策咨询机制

建立市金融发展决策咨询委员会，积极发挥其作用，不断扩大专家队伍，充分利用各类智力资源，为金融业重大政策、规划献计献策，提供决策咨询，提高政策制定的战略性、科学性、民主性。

3. 强化政府金融意识，提高服务水平

强化金融意识，提高政府行政效率。促进政府部门各级领导掌握金融理论，提高对金融业发展意义的认知水平，更好地把握金融业发展的客观市场规律，强化金融业在国民经济发展中的核心地位及其对城市发展的支撑作用。进一步加强政府金融服务部门的职能，增强服务意识，优化行政流程，提高经济和金融业信息的统计水平，加强与各类金融机构的信息沟通和交流，及时传递相关信息，全面提高服务水平。

（二）完善配套政策

各类配套政策的支持主要体现在不断完善金融改革发展政策支持体系、完善支持金融机构发展的财税优惠政策和健全政策实施反馈机制三大方面。

1. 不断完善金融改革发展政策支持体系

大力增强金融中心建设政策扶持力度。加强金融工作部门与其他有关部门的政策协调与合作推进，制定相关的配套政策。不断学习借鉴国内外金融中心城市金融业发展的成功经验，使政策优惠力度具有较大的竞争力。出台相关优惠政策，大力扶持私募基金、融资担保、产权交易等新兴准金融行业发展。不断完善对金融创新支持的政策体系。

2. 完善支持金融机构发展的财税优惠政策

进一步完善支持金融机构发展的财税优惠政策。扩大金融发展资金规模，加大对金融中心建设的财税政策支持力度。完善现有评价奖励政策和金融落户

奖励政策，提高针对性和政策导向性，将奖励范围和力度与金融业服务能力和贡献挂钩。探索设立金融创新奖。出台并落实改制上市激励政策，对企业上市给予补贴和奖励。加大专项补贴和财政支持力度，并在规划、国土、人才等方面给予政策支持，引导更多金融机构和金融人才来本市发展。对政府倡导和支持的各类金融机构提供更多税收优惠或补贴政策；对引进的各类金融人才提供更大的税收优惠或补贴政策。

3. 健全政策实施反馈机制

要加强对金融政策落实状况的跟踪，研究区域金融政策的落实情况。完善现有金融发展政策，对其实施效果进行评估，对政策效果不明显的进行修订，对政策尚未覆盖到的，及时出台相应政策，发挥其激励引导效应。设立年度报告制度。

（三）强化实施保障

为了进一步保障规划实施能够落到实处，必须从规划宣传、规划实施、规划评估等方面进一步强化机制。

1. 加大对规划的宣传

建议采用金融论坛、电视、网络、报纸等多种方式和渠道宣传"十二五"金融规划。在规划实施过程中，要开展专项课题研究，明确各项金融重点项目，及时与各类金融机构进行沟通。加强与国内、国际金融机构的交流与合作。

2. 完善规划实施机制

要按照分阶段逐步实施原则，把规划目标任务层层分解落实到各相关部门，并制订详细的考核计划，纳入部门年度工作计划。

3. 设立规划评估机制

根据"十二五"金融规划的内容，制定合理的规划落实情况的反馈和评估机制，对预期目标进行动态评估和监测，切实落实规划的内容。建立各金融中心城市金融相关部门、国家金融管理部门、金融行业组织之间的定期会商机制，不断完善规划实施和评估机制。

❖ 皮书起源 ❖

"皮书"起源于十七、十八世纪的英国，主要指官方或社会组织正式发表的重要文件或报告，多以"白皮书"命名。在中国，"皮书"这一概念被社会广泛接受，并被成功运作、发展成为一种全新的出版型态，则源于中国社会科学院社会科学文献出版社。

❖ 皮书定义 ❖

皮书是对中国与世界发展状况和热点问题进行年度监测，以专业的角度、专家的视野和实证研究方法，针对某一领域或区域现状与发展态势展开分析和预测，具备权威性、前沿性、原创性、实证性、时效性等特点的连续性公开出版物，由一系列权威研究报告组成。皮书系列是社会科学文献出版社编辑出版的蓝皮书、绿皮书、黄皮书等的统称。

❖ 皮书作者 ❖

皮书系列的作者以中国社会科学院、著名高校、地方社会科学院的研究人员为主，多为国内一流研究机构的权威专家学者，他们的看法和观点代表了学界对中国与世界的现实和未来最高水平的解读与分析。

❖ 皮书荣誉 ❖

皮书系列已成为社会科学文献出版社的著名图书品牌和中国社会科学院的知名学术品牌。2011 年，皮书系列正式列入"十二五"国家重点图书出版规划项目；2012~2014 年，重点皮书列入中国社会科学院承担的国家哲学社会科学创新工程项目；2015 年，41 种院外皮书使用"中国社会科学院创新工程学术出版项目"标识。

法 律 声 明

权威报告·热点资讯·特色资源

皮书数据库
ANNUAL REPORT(YEARBOOK)
DATABASE

当代中国与世界发展高端智库平台

S 子库介绍
ub-Database Introduction

中国经济发展数据库

涵盖宏观经济、农业经济、工业经济、产业经济、财政金融、交通旅游、商业贸易、劳动经济、企业经济、房地产经济、城市经济、区域经济等领域，为用户实时了解经济运行态势、把握经济发展规律、洞察经济形势、做出经济决策提供参考和依据。

中国社会发展数据库

全面整合国内外有关中国社会发展的统计数据、深度分析报告、专家解读和热点资讯构建而成的专业学术数据库。涉及宗教、社会、人口、政治、外交、法律、文化、教育、体育、文学艺术、医药卫生、资源环境等多个领域。

中国行业发展数据库

以中国国民经济行业分类为依据，跟踪分析国民经济各行业市场运行状况和政策导向，提供行业发展最前沿的资讯，为用户投资、从业及各种经济决策提供理论基础和实践指导。内容涵盖农业，能源与矿产业，交通运输业，制造业，金融业，房地产业，租赁和商务服务业，科学研究，环境和公共设施管理，居民服务业，教育，卫生和社会保障，文化、体育和娱乐业等100余个行业。

中国区域发展数据库

以特定区域内的经济、社会、文化、法治、资源环境等领域的现状与发展情况进行分析和预测。涵盖中部、西部、东北、西北等地区，长三角、珠三角、黄三角、京津冀、环渤海、合肥经济圈、长株潭城市群、关中一天水经济区、海峡经济区等区域经济体和城市圈，北京、上海、浙江、河南、陕西等34个省份及中国台湾地区。

中国文化传媒数据库

包括文化事业、文化产业、宗教、群众文化、图书馆事业、博物馆事业、档案事业、语言文字、文学、历史地理、新闻传播、广播电视、出版事业、艺术、电影、娱乐等多个子库。

世界经济与国际政治数据库

以皮书系列中涉及世界经济与国际政治的研究成果为基础，全面整合国内外有关世界经济与国际政治的统计数据、深度分析报告、专家解读和热点资讯构建而成的专业学术数据库。包括世界经济、世界政治、世界文化、国际社会、国际关系、国际组织、区域发展、国别发展等多个子库。